U0907544

作者简介

颜旭　国防大学国家安全学院政治理论教研室副主任，博士，大校军衔，硕士研究生导师，国防大学中国特色社会主义理论体系研究中心高级研究员。出版专著合著4部，在《求是》《人民日报》《解放军报》《光明日报》等报刊杂志上发表文章100余篇，主持国家社科基金项目1项，参与完成国家社科基金重大项目4项。多项成果获国家、军队和国防大学优秀科研成果奖。

本书是军队“双重”学科建设项目之一“马克思主义理论研究”项目的阶段性成果。

新时代中国共产党文化观

颜旭◎著

人民日报出版社·北京

图书在版编目（CIP）数据

新时代中国共产党文化观／颜旭著．—4 版．—北京：人民日报出版社，2021.3

ISBN 978－7－5115－6775－8

Ⅰ.①新… Ⅱ.①颜… Ⅲ.①中国共产党—文化—党的建设—研究 Ⅳ.①D26

中国版本图书馆 CIP 数据核字（2020）第 236316 号

书　　名：新时代中国共产党文化观
XINSHIDAI ZHONGGUO GONGCHANDANG WENHUAGUAN
著　　者：颜　旭

出 版 人：刘华新
责任编辑：葛　倩
封面设计：中联华文

出版发行：人民日报出版社
社　　址：北京金台西路 2 号
邮政编码：100733
发行热线：（010）65369509　65369846　65363528　65369512
邮购热线：（010）65369530　65363527
编辑热线：（010）65363486
网　　址：www. peopledailypress. com
经　　销：新华书店
印　　刷：三河市华东印刷有限公司
法律顾问：北京科宇律师事务所　（010）83622312

开　　本：710mm×1000mm　1/16
字　　数：262 千字
印　　张：16
版次印次：2021 年 3 月第 1 版　2021 年 3 月第 1 次印刷

书　　号：ISBN 978－7－5115－6775－8
定　　价：95.00 元

目 录
CONTENTS

绪 论

文化观是人们对文化的总体看法。对于个人来说，有什么样的文化观，就会有什么样的文化态度；对于一个政党来说，有什么样的文化观，就会有什么样的文化战略和文化实践。党的十九大报告指出，要"广泛开展理想信念教育，深化中国特色社会主义和中国梦宣传教育，弘扬民族精神和时代精神，加强爱国主义、集体主义、社会主义教育，引导人们树立正确的历史观、民族观、国家观、文化观"①。在领导中国特色社会主义文化建设的过程中，中国共产党坚持以马克思主义为指导，坚持为人民服务、为社会主义服务，坚持百花齐放、百家争鸣，坚守中华文化立场，不仅极大地推动了社会主义文化的繁荣兴盛，也形成了具有鲜明时代特色的文化观。

一、文化与中国特色社会主义文化

文化是一个十分复杂的范畴，具有多重含义。美国文化人类学家克罗伯和克拉克洪在《文化：一个概念定义的考评》一书中收集考察的文化定义达160多种，文化含义的多样性、复杂性可见一斑。我国学者对文化也持多种见解，莫衷一是。目前使用较多的，主要有以下几种：

第一，文化是指人类在社会发展过程中所创造的一切文明成果，包括物质文化、制度文化、行为文化以及精神文化等。从本源意义上说，有人才有文化。文化是人的活动的产物，是人类社会特有的现象。在有人之前，整个世界是自然的，动物是自然界的一部分，根本不存在什么文化。从本性意义

---

① 习近平：《决胜全面建成小康社会　夺取新时代中国特色社会主义伟大胜利——在中国共产党第十九次全国代表大会上的报告》，人民出版社2017年版，第42—43页。

上说，文化是人的内在规定性。凡是有人的时空也就有文化，凡是人触及的东西都是文化。

第二，文化是相对于人类所创造的物质财富之外的精神财富，是社会生活的重要组成部分。在这种文化观的文化结构内，包含三个层次：第一个层次是哲学、宗教，这是社会的最高指导思想；第二个层次是文学、艺术、科学、技术等；第三个层次是社会心理，其中包括风俗习惯以及一般人的思想意识。

第三，文化是与政治、经济、科技相对应的一个概念，主要指哲学、社会科学、文学艺术和宗教等。在这里，文化主要是观念体系和思想体系，科学与技术被排除在外。我们讲的“新民主主义文化”和“中国特色社会主义文化”中的“文化”就是从这个意义上讲的。

关于文化定义的讨论是沉闷和极端抽象的。可是，在我们研究中，没有严格的定义就无法进行深入的研究。从客观实际和研究需要出发，本书涉及的文化是从第三种意义上讲的，即它是相对于政治、经济而言的哲学、社会科学、文学艺术、宗教以及蕴含其中的思想观念、意识形态。在此基础上，我们所理解的中国特色社会主义文化是植根于中国特色社会主义伟大实践的观念体系和思想体系，包括源自中华民族5000多年文明历史所孕育的中华优秀传统文化，熔铸于党领导人民在革命、建设、改革中创造的革命文化和社会主义先进文化，是中华优秀传统文化、革命文化、社会主义先进文化的“集合体”。发展中国特色社会主义文化，就是以马克思主义为指导，坚守中华文化立场，立足当代中国现实，结合当今时代条件，发展面向现代化、面向世界、面向未来的，民族的科学的大众的社会主义文化。

二、文化观与新时代中国共产党文化观

正如世界观是人们对世界的总体看法一样，文化观是人们对文化的总体看法。所谓文化观，是指一定主体对“什么是文化、为何发展文化、怎样发展文化”等问题的认识和看法。从文化观的产生过程来看，文化观是文化主体对文化的认识和评价的内化，是人们对文化关系、文化实践、文化产品的长期经验的理性积淀，是文化认识的结果在主体意识中的反映；从文化观的结构和功能特征来看，它是主体的文化立场、文化观念、文化行为的综合，这种综合性的观念结构，往往呈现为一种“先验”构架模式，渗透于主体的

文化思维和文化实践过程中，影响和规范着主体的文化认识和文化行为指向。已经形成的文化观，甚至可以成为主体观文处事的直接前提和衡量与文化有关一切社会行为的标准。同时，文化观还具有较强的稳定性，其一旦形成就不易发生变化，就会对主体的文化认识和文化行为产生持续恒久的影响。文化观还具有非自觉性的特点，常常通过“不言自明”的内在心理和习惯形式起作用，因而文化观为社会成员所共有，是一种普遍的社会意识，广泛地影响和引导广大群众的文化心理和文化行为。这也是文化观既深厚又强大的一个重要原因。

就文化观的具体形式看，文化价值观、文化创新观、文化发展观、文化交往观、文化安全观等都是它的基本表现形式。当然，这种划分是相对的，诸如传统文化观、民族文化观、时代文化观等也都是文化观的不同层次。一定社会的各种形式、各个层次的文化观念的总和，就构成了一定社会的文化观。对于一个政党特别是执政党来说，其文化观既同整个社会的文化观密切相关，也同政党自身的政治立场、历史传统、价值追求密切相关；它既要反映社会文化发展的一般规律要求，也要符合自身对文化的特殊要求。

文化建设有其内在规律，都需要面对和解决一些共同的问题，如外来文化与民族文化的关系问题、文化产业与文化事业的关系问题、文化传承与文化创新的关系问题、文化安全与文化发展的关系问题，等等。这些问题在不同的时代可能会有不同的表现，但对这些问题的不同回答则会反映不同的文化观。作为马克思主义政党，中国共产党自其成立起，就将社会主义先进文化写在了自己的旗帜上，将建设社会主义先进文化、满足人民群众的精神文化需求作为自己的文化使命。尤其是进入新时代以来，以习近平同志为核心的党中央，立足国际环境和具体国情的历史性变化，围绕“什么是新时代中国特色社会主义文化、怎样发展新时代中国特色社会主义文化”这一重大时代文化课题，深入探索了外来文化与民族文化、文化产业与文化事业、文化传承与文化创新、文化安全与文化发展等关系问题，形成了具有鲜明特色的新时代文化观。

新时代中国共产党文化观内涵丰富，其中建设文化强国是目标，回答的是新时代中国特色社会主义文化发展走向的问题，强调实现中华民族伟大复兴必须坚持中国特色社会主义文化，激发全民族文化创新创造活力，建设社会主义文化强国；坚定文化自信，回答的是如何看待外来文化与民族文化的关系，强调文化自信是一个国家、一个民族发展中更基本、更深沉、更持久的力量，必须坚定文化自信和价值观自信；传承文化基因，回答的是如何处理传统文化与现代文化的关系，强调我们要坚守中华文化立场，传承中华文化基因，展现中华审美风范；培育核心价值，回答的是文化建设的内核和外层的关系问题，强调培育和弘扬社会主义核心价值观是凝魂聚气、强基固本的基础工程，必须广泛开展社会主义核心价值观宣传教育，不断夯实中国特色社会主义的思想道德基础；坚守文化立场，回答的是文化为谁服务的问题，强调人民需要文化、文化需要人民、文化要热爱人民；推动文化创新，回答的是新旧文化问题，强调文化创新是引领文化发展的第一动力，必须推动文化内容创新和文化体制机制创新；推动文化交流，回答的是如何看待文化“走出去”与“引进来”的关系问题，强调应推动不同文化相互尊重、和谐共处，让文化交流互鉴成为增进各国人民友谊的桥梁、推动人类社会进步的动力、维护世界和平的纽带；维护文化安全，回答的是如何处理文化安全与发展的关系问题，强调既要积极主动阐释好中国道路、中国特色，又要有效维护我国政治安全和文化安全。

新时代中国共产党文化观，以建设文化强国为目标，以坚持和发展中国特色社会主义文化为主题，以坚定中华文化自信为根本，以培育社会主义核心价值观等为关键，有理论有实践、有理念有举措、有目标有路径、有要求有方法，系统回答了新时代建设和发展什么样的中国特色社会主义文化、怎样建设和发展中国特色社会主义文化这一新时代文化基本问题，构成了一个科学严谨的思想体系。

三、新时代中国共产党文化观的鲜明特征

新时代中国共产党文化观，运用辩证唯物主义和历史唯物主义的世界观和方法论，特别注重从实现中华民族伟大复兴宏大事业，从当代世界发展大势特别是世界文化发展大势出发，谋划建设文化强国大计，体现出坚定的文化立场、强烈的文化问题意识、浓厚的文化情怀、宽阔的文化视野。

第一，坚定的文化立场。这个立场就是党的十九大报告提出的“中华文化立场”，具体包括中华优秀传统文化、革命文化和社会主义先进文化立场。其中，中华优秀传统文化不仅是中华民族独特的精神标识，为中华民族生生不息、发展壮大提供了丰厚滋养，也是中国特色社会主义的重要基础。

习近平总书记多次指出："独特的文化传统，独特的历史命运，独特的基本国情，注定了我们必然要走适合自己特点的发展道路。"① 中华优秀传统文化是中国特色社会主义道路的历史文化渊源，是社会主义核心价值观的根和本，是中国特色国家治理体系形成和发展的基础，是中国特色哲学社会科学成长发展的深厚基础，是我们最深厚的文化软实力。对于革命文化和社会主义先进文化，我们党更是从事关旗帜、事关道路、事关党执政安全的高度予以重视，多次强调无论是发展文化事业还是文化产业，无论是构建中国特色哲学社会科学还是推动文艺发展，都必须坚持社会主义先进文化的方向。习近平总书记在全国宣传思想工作会议上指出："关于文化体制改革，我只强调一点，就是要在继续大胆推进改革、推进文化事业全面繁荣和文化产业快速发展、建设社会主义文化强国的同时，把握好意识形态属性和产业属性、社会效益和经济效益的关系，始终坚持社会主义先进文化前进方向，始终把社会效益放在首位。无论改什么、怎么改，导向不能丢。"②

第二，强烈的文化问题意识。问题是时代的声音，问题是时代的口号。从某种意义上说，理论创新的过程就是发现问题、研究问题、解决问题的过程。改革开放以来，我国文化建设在取得重大进展的同时，也存在着一系列急需解决的矛盾和问题。在哲学社会科学领域，存在着马克思主义被边缘化、空泛化、标签化，在一些学科中"失语"、教材中"失踪"、论坛上"失声"的问题；在文艺创作方面，存在着有数量缺质量、有"高原"缺"高峰"的现象，存在着抄袭模仿、千篇一律的问题，存在着机械化生产、快餐式消费的问题；在思想道德领域，还存在着一些人观念没有善恶、行为没有底线的问题；在思想宣传工作方面，还存在着政治敏感性不足、责任感不强，在重大意识形态问题上含含糊糊、遮遮掩掩的现象；在网络空间，还存在着利用网络进行欺诈活动、散布色情材料、进行人身攻击、兜售非法物品等言行；在国际话语权方面，还没有解决"挨骂"的问题，还存在着有理说不出、说了传不开的现象；等等。这些问题都是我国文化发展中存在的突出问题，也是干部群众普遍关注的热点问题。不解决文化发展中的问题，就

① 习近平：《习近平谈治国理政》，外文出版社 2014 年版，第 156 页。

② 中共中央文献研究室：《习近平关于社会主义文化建设论述摘编》，中央文献出版社 2017 年版，第 185 页。

会危及中国特色社会主义事业，中华民族伟大复兴也就无从谈起。正是着眼于文化发展中出现的问题，党中央先后召开了全国宣传思想工作会议、哲学社会科学工作座谈会、文艺工作座谈会、党的新闻舆论工作座谈会、网络安全和信息化工作座谈会，深入分析文化问题表象成因、着力揭示问题破解之道，为新时代中国文化发展提供了思想武器。

第三，浓厚的文化情怀。文化最有情怀，文化最能反映情怀。新时代中国共产党文化观中始终贯穿着一股浓厚的文化情怀。习近平总书记曾充满感情地说道："中华民族文艺创造力是如此强大、创造的成就是如此辉煌，中华民族素有文化自信的气度，我们应该为此感到无比自豪，也应该为此感到无比自信。"① 他还特别强调指出，中国共产党人"不是历史虚无主义者，也不是文化虚无主义者，不能数典忘祖、妄自菲薄"②。面对西方文化的渗透，又旗帜鲜明地指出："在意识形态领域斗争上，我们没有任何妥协、退让的余地，必须取得全胜。"③ 面对人民的精神文化需求，他又深情指出，文艺要热爱人民，对人民要爱得真挚、爱得彻底、爱得长久，要懂得人民需要文艺、文艺也需要人民。④ 这些所言所行，充满着浓浓的家国情怀和人民情怀。

第四，宽阔的文化视野。小视野是写不出大文章的，大文章需要大视野。新时代中国共产党文化观既扎根于中华民族探索现代化的伟大实践，也积极面向人类创造的一切优秀文化成果，体现出了海纳百川的文化胸怀和文化视野。对于世界文化发展大势，强调经济全球化不等于西方化，更不等于文化一元化，"对待不同文明，我们需要比天空更宽阔的胸怀。我们应该推动不同文明相互尊重、和谐共处，让文明交流互鉴成为增进各国人民友谊的桥梁、推动人类社会进步的动力、维护世界和平的纽带"⑤。对于世界优秀

---

① 中央文献研究室：《习近平关于社会主义文化建设论述摘编》，中央文献出版社 2017 年版，第 17 页。

② 习近平：《牢记历史经验历史教训历史警示为国家防治能力现代化提供有益借鉴》，《人民日报》2014 年 10 月 14 日，第 1 版。

③ 中央文献研究室：《习近平关于社会主义文化建设论述摘编》，中央文献出版社 2017 年版，第 37 页。

④ 习近平：《论党的宣传思想工作》，中央文献出版社 2020 年版，第 103—107 页。

⑤ 习近平：《在联合国教科文组织总部的演讲》，《人民日报》2014 年 3 月 28 日，第 2 版。

文化成果，强调“他山之石，可以攻玉”，必须更加注重学习吸收世界各国人民创造的优秀文明成果，同世界各国相互借鉴、取长补短；对于中华优秀传统文化和社会主义先进文化，强调要坚定价值观自信和文化自信，努力传播当代中国价值观念，“不仅要让世界知道‘舌尖上的中国’，还要让世界知道‘学术中的中国’、‘理论中的中国’、‘哲学社会科学中的中国’，让世界知道‘发展中的中国’、‘开放中的中国’、‘为人类文明作贡献的中国’”①。

① 中央文献研究室：《习近平关于社会主义文化建设论述摘编》，中央文献出版社 2017 年版，第 214 页。

第一章

建设文化强国

战略目标，是较长时期内关于发展全局的奋斗目标，规定着战略谋划的基本指向。没有战略目标，建设发展就没有了方向，各种战略规划和战略举措也就无从谈起。建设社会主义先进文化，推动社会主义文化发展，同样需要战略目标做牵引。在领导中国革命、建设、改革的各个历史时期，中国共产党始终高度关注文化建设，始终将建设社会主义文化强国视为实现中华民族复兴的组成部分和重要支撑，反映了高度的文化自觉。特别是党的十八大以来，以习近平同志为核心的党中央围绕为什么要建设社会主义文化强国、怎样建设社会主义文化强国等问题进行了深入的探索，形成了一系列新思想新观点新论断，拎起了新时代中国特色社会主义文化建设的总纲。

一、一以贯之的文化追求

中国共产党既是中华优秀传统文化的忠实传承者和弘扬者，又是中国先进文化的积极倡导者和发展者。自成立之日起，中国共产党就将建设文化强国视为自己的历史使命，在实践创造中不断进行文化创造，在历史进步中不断推动文化进步。

历史地看，在五千多年的文明发展史中，中华民族不仅创造了辉煌的物质文明，也创造了灿烂的精神文明，为人类作出了卓越贡献。但近代封建王朝的腐朽统治、西方列强的入侵，使中国逐渐沦为半殖民地半封建社会，主权沦丧，民生多艰，中华民族跌入了未曾有过的历史低谷。实现主权独立、民族解放、国家富强，成为所有仁人志士的共同希望。中国共产党的成立，为这种希望的实现提供了领导力量和组织保证。在中国共产党的领导下，通过土地革命、抗日战争和解放战争的浴血奋战，中华民族在民族复兴的道路上披荆斩棘、一路奋进。在这个伟大历史进程中，实现包括文化复兴在内的中华民族伟大复兴始终是中国共产党带领中国人民奋勇前进的目标指向。1940年1月，毛泽东在《新民主主义论》中指出："我们共产党人，多年以来，不但为中国的政治革命和经济革命而奋斗，而且为中国的文化革命而奋斗；一切这些的目的，在于建设一个中华民族的新社会和新国家。在这个新社会和新国家中，不但有新政治、新经济，而且有新文化。这就是说，我们不但要把一个政治上受压迫、经济上受剥削的中国，变为一个政治上自由和经济上繁荣的中国，而且要把一个被旧文化统治因而愚昧落后的中国，变为一个被新文化统治因而文明先进的中国。一句话，我们要建立一个新中国，建立中华民族的新文化，这就是我们在文化领域中的目的。"① 1949年9月21日，毛泽东在中国人民政治协商会议第一次全体会议上又指出："随着经济建设的高潮的到来，不可避免地将要出现一个文化建设的高潮。中国人被人认为不文明的时代已经过去了，我们将以一个具有高度文化的民族出现于世界。"②

新中国的成立，解决了一直制约中国发展的国家主权问题，但客观而言，此时的中国只是一个政治大国，无论是从经济、军事上讲，还是从文化上讲，都不能说是大国。1954年6月14日，毛泽东在中央人民政府委员会第十三次会议上指出："我们的总目标，是为建设一个伟大的社会主义国家而奋斗。……现在我们能造什么？能造桌子椅子，能造茶碗茶壶，能种粮食，还能磨成面粉，还能造纸，但是，一辆汽车、一架飞机、一辆坦克、一辆拖拉机都不能造。"③ 刚刚成立的新中国，落后的不仅是工业，还有文化。毛泽东在《论十大关系》中指出："我曾经说过，我们一为'穷'，二为'白'。'穷'，就是没有多少工业，农业也不发达。'白'，就是一张白纸，文化水平、科学水平都不高。"④ 如何在经济文化落后的东方大国实现现代化，成为中国共产党必须面对的现实课题。1954年9月23日，周恩来在全国人大一次大会上作的《政府工作报告》中提出了"四个现代化"概念，"如果我们不建设起强大的现代化的工业、现代化的农业、现代化的交通运

---

① 《毛泽东选集》第二卷，人民出版社1991年版，第663页。

② 《毛泽东文集》第五卷，人民出版社1996年版，第345页。

③ 《毛泽东文集》第六卷，人民出版社1999年版，第329页。

④ 《建国以来毛泽东文稿》第6册，中央文献出版社1992年版，第104页。

输业和现代化的国防，我们就不能摆脱落后和贫困，我们的革命就不能达到目的"①。这是我们党对"四个现代化"最早的表述，但这个表述之中没有提到科学文化的现代化。

随着我国社会主义改造基本完成和社会主义制度确立，我们党对"现代化"的内涵进行了丰富和完善。着眼现代化对科学文化的更高要求，1957 年毛泽东修改了早先的"四个现代化"说法，增加了"现代科学文化"一项，要求努力把"我国建设成为一个具有现代工业、现代农业、现代科学文化的社会主义国家"②。1958 年 5 月，刘少奇代表党中央在八大二次会议所作的《工作报告》中指出："在继续完成经济战线、政治战线和思想战线上的社会主义革命的同时，逐步实现技术革命和文化革命；在重工业优先发展的条件下，工业和农业同时并举……通过这些，尽快地把我国建设成为一个具有现代工业、现代农业和现代科学文化的伟大的社会主义国家。"③ 1959 年 12 月到 1960 年 2 月，毛泽东强调："建设社会主义，原来要求是工业现代化，农业现代化，科学文化现代化，现在要加上国防现代化。"④ 1964 年 12 月，周恩来根据毛泽东的建议，在三届全国人大一次会议上所作的政府工作报告中，提出了在不太长的历史时期内把我国建设成一个具有现代农业、现代工业、现代国防和现代科学技术的社会主义强国的目标。应该说，这种认识是符合社会主义建设规律和文化发展规律的，也在一定程度上推动了社会主义文化的发展，只是这种认识随着极"左"思潮的泛滥而逐渐被淡化，留下了深刻的历史教训。

在改革开放和社会主义现代化建设的历史新时期，全党的工作重心已经由疾风骤雨式的阶级斗争，转移到以经济建设为中心的轨道上来。在这个过程中，邓小平重新定义了社会主义文化的性质，将其由阶级斗争的工具发展成为精神文明不可替代的组成部分，并将社会主义文化纳入社会主义精神文明的范畴，提出了"两个文明"的思想。他明确指出："我们要在建设高度物质文明的同时，提高全民族的科学文化水平，发展高尚的丰富多彩的文化

---

① 《周恩来选集》下卷，人民出版社 1984 年版，第 132 页。

② 《毛泽东选集》第五卷，人民出版社 1977 年版，第 366 页。

③ 薄一波：《若干重大决策与事件的回顾》下册，中共中央党校出版社 1993 年版，第 665 页。

④ 《毛泽东文集》第八卷，人民出版社 1999 年版，第 116 页。

生活，建设高度的社会主义精神文明。”① 1982 年，在党的十二大开幕词中，邓小平强调：“我们一定要兢兢业业地做好自己的工作，加强同全国各族人民的团结，加强同全世界人民的团结，为把我国建设成为现代化的，高度文明、高度民主的社会主义国家，为反对霸权主义，维护世界和平，推进人类进步事业，而努力奋斗。”② 1986 年 9 月，党的十二届六中全会通过的《关于社会主义精神文明建设指导方针的决议》，从我国社会主义现代化建设总体布局的高度，阐述了精神文明建设的战略地位、根本任务、指导思想和工作方针等一系列基本问题。随着改革开放的深入，邓小平提出的精神文明建设理论得到进一步完善和深化。1996 年 10 月，党的十四届六中全会通过的《关于加强社会主义精神文明建设若干重要问题的决议》，强调我们要建设的社会主义国家，不但要有高度的物质文明，而且要有高度的精神文明，并要求努力提高全民族思想道德素质，积极发展社会主义文化事业，深入持久地开展群众性精神文明创建活动，切实增加精神文明建设的投入，加强和改善党对精神文明建设的领导。

世纪之交，世界迎来大发展大变革大调整时期，世界多极化、经济全球化深入发展，科学技术日新月异，各种思想文化交流交融交锋更加频繁，文化在综合国力竞争中的地位和作用更加凸显，维护国家文化安全任务更加艰巨，增强国家文化软实力、中华文化国际影响力要求更加紧迫。适应时代发展对文化发展的要求，党的十七届六中全会通过了我们党的历史上第一个有关文化建设的决定——《中共中央关于深化文化体制改革推动社会主义文化大发展大繁荣若干重大问题的决定》（以下简称《决定》），对“坚持中国特色社会主义文化发展道路，努力建设社会主义文化强国”作出战略部署。这是我们党历史上首次明确提出“努力建设社会主义文化强国”的战略目标。在此基础上，《决定》还按照实现全面建成小康社会奋斗目标的要求，明确了到 2020 年文化改革发展的目标：“社会主义核心价值体系建设深入推进，良好思想道德风尚进一步弘扬，公民素质明显提高；适应人民需要的文化产品更加丰富，精品力作不断涌现；文化事业全面繁荣，覆盖全社会的公共文化服务体系基本建立，努力实现基本公共文化服务均等化；文化产业成为国

---

① 《邓小平文选》第二卷，人民出版社 1994 年版，第 208 页。

② 《邓小平文选》第三卷，人民出版社 1993 年版，第 4 页。

民支柱性产业，整体实力和国际竞争力显著增强，公有制为主体、多种所有制共同发展的文化产业格局全面形成；文化管理体制和文化产品生产经营机制充满活力、富有效率，以民族文化为主体、吸收外来有益文化、推动中华文化走向世界的文化开发格局进一步完善；高素质文化人才队伍发展壮大，文化繁荣发展的人才保障更加有力。"①《决定》还号召全党全国要为实现这些目标共同努力，不断提高文化建设科学化水平，为把我国建设成为社会主义文化强国打下坚实基础。可以说，党的十七届六中全会确定的文化强国战略目标，与中国特色社会主义事业总体布局相适应，与建设富强民主文明和谐的社会主义现代化国家目标相衔接，与我国深厚文化底蕴和丰富文化资源相匹配，既顺应时代潮流又体现人民愿望，既符合实际又催人奋进，为社会主义文化繁荣发展指明了奋斗的方向。

进入21世纪第二个十年，世界正经历百年未有之大变局，中华民族迎来伟大复兴的关键期，国家文化软实力竞争更加激烈。为顺应世界文化发展趋势和我国文化发展方位，党的十八大报告在进一步阐述加强文化建设重要性和紧迫性的基础上，明确提出了"扎实推进社会主义文化强国"的目标要求，指出"建设社会主义文化强国，必须走中国特色社会主义文化发展道路，坚持为人民服务、为社会主义服务的方向，坚持百花齐放、百家争鸣的方针，坚持贴近实际、贴近生活、贴近群众的原则，推动社会主义精神文明和物质文明全面发展，建设面向现代化、面向世界、面向未来的，民族的科学的大众的社会主义文化"②。报告强调"建设社会主义文化强国，关键是增强全民族文化创造活力。要深化文化体制改革，解放和发展文化生产力，发扬学术民主、艺术民主，为人民提供广阔文化舞台，让一切文化创造源泉充分涌流，开创全民族文化创造活力持续迸发、社会文化生活更加丰富多彩、人民基本文化权益得到更好保障、人民思想道德素质和科学文化素质全面提高、中华文化国际影响力不断增强的新局面"③。这一认识进一步丰富和发展了中国特色社会主义文化建设理论，为我国文化建设指明了方向。

以战略目标引领战略筹划，是习近平总书记治国理政的一个重要特色。

① 《十七大以来重要文献选编》(下)，中央文献出版社2013年版，第562—563页。

② 《十八大以来重要文献选编》(上)，中央文献出版社2014年版，第24页。

③ 《十八大以来重要文献选编》(上)，中央文献出版社2014年版，第24页。

他在主持中央工作后不久，就先后提出了实现中华民族伟大复兴中国梦这个强国目标和建设一支听党指挥、能打胜仗、作风优良的人民军队这个强军目标。这两个目标的制定，极大地引领了经济社会和国防军队建设的发展。在文化领域，习近平总书记则继续高举起建设社会主义文化强国的旗帜，号召全党全国人民要努力建设社会主义文化强国。他在十八届中央政治局第十二次集体学习时明确指出："要弘扬社会主义先进文化，深化文化体制改革，推动社会主义文化大发展大繁荣，增强全民族文化创造活力，推动文化事业全面繁荣、文化产业快速发展，不断丰富人民精神世界、增强人民精神力量，不断增强文化整体实力和竞争力，朝着建设社会主义文化强国的目标不断前进。"① 党的十九大报告对社会主义现代化建设进行了战略安排："第一个阶段，从二〇二〇年到二〇三五年，在全面建成小康社会的基础上，再奋斗十五年，基本实现社会主义现代化。到那时，……社会文明程度达到新的高度，国家文化软实力显著增强，中华文化影响更加广泛深入……"② "第二个阶段，从二〇三五年到本世纪中叶，在基本实现现代化的基础上，再奋斗十五年，把我国建成富强民主文明和谐美丽的社会主义现代化强国。到那时，我国物质文明、政治文明、精神文明、社会文明、生态文明将全面提升……"③ 可以看出，这两个阶段的现代化目标都包含着文化建设的目标。党的十九届五中全会通过的《中共中央关于制定国民经济和社会发展第十四个五年规划和二〇三五年远景目标的建议》进一步指出："坚持马克思主义在意识形态领域的指导地位，坚定文化自信，坚持以社会主义核心价值观引领文化，加强社会主义精神文明建设，围绕举旗帜、聚民心、育新人、兴文化、展形象的使命任务，促进满足人民文化需求和增强人民精神力量相统一，推进社会主义文化强国建设。"并明确提出到二〇三五年，"建成文化强国、教育强国、人才强国、体育强国、健康中国，国民素质和社会文明程度

---

① 习近平：《建设社会主义文化强国　着力提高国家文化软实力》，《人民日报》2014年1月1日，第1版。

② 习近平：《决胜全面建成小康社会　夺取新时代中国特色社会主义伟大胜利——在中国共产党第十九次全国代表大会上的报告》，人民出版社2017年版，第28页。

③ 习近平：《决胜全面建成小康社会　夺取新时代中国特色社会主义伟大胜利——在中国共产党第十九次全国代表大会上的报告》，人民出版社2017年版，第28页。

达到新高度”①。党的十八大以来，正是在文化强国目标引领下，我国思想文化领域掀起了建设新高潮，取得了重大进展。

二、文化强盛则国家强盛

文化强盛是国家强盛的重要支撑，也是国家强盛的重要标识。党的十九大报告指出：“文化是一个国家、一个民族的灵魂。文化兴国运兴，文化强民族强。”② 这个论断既是对人类发展规律的科学揭示，也是对大国崛起经验的历史总结，更是对中国未来发展的战略要求。

（一）大国崛起的重要支撑

历史地看，一个国家要成为“全球性大国”必须具备一些基本的条件：一是实力强，包括强大的政治、经济、文化、军事实力等；二是影响力大，即具备影响、引导、掌控国际事务的能力。而要满足这两个条件要求，都离不开文化的支撑。习近平总书记指出：“一个国家、一个民族的强盛，总是以文化兴盛为支撑的。”③ 回顾16世纪以来世界大国的演变史，我们可以清晰地发现，在大国崛起的过程中，经济、军事等硬实力因素在永恒地发挥作用的同时，技术、文化、观念等软实力因素的作用也越来越突出，并最终成为大国崛起必需的战略支撑。

18世纪的法国是世界上首屈一指的强国，而成就法国大国地位离不开它所拥有的强大工业经济、军事实力，也离不开繁荣发展的法国文化。2014年3月27日，习近平主席在出席中法建交50周年纪念大会时指出：“我青年时代就对法国文化抱有浓厚兴趣，法国的历史、哲学、文学、艺术深深吸引着我。读法国近现代史特别是法国大革命史的书籍，让我丰富了对人类社会政治演进规律的思考。读孟德斯鸠、伏尔泰、卢梭、狄德罗、圣西门、傅立

---

① 《中共中央关于制定国民经济和社会发展第十四个五年规划和二〇三五年远景目标的建议》，《人民日报》2020年11月4日，第1版。

② 习近平：《决胜全面建成小康社会　夺取新时代中国特色社会主义伟大胜利——在中国共产党第十九次全国代表大会上的报告》，人民出版社2017年版，第40—41页。

③ 中共中央文献研究室：《习近平关于社会主义文化建设论述摘编》，中央文献出版社2017年版，第3页。

叶、萨特等人的著作，让我加深了对思想进步对人类社会进步作用的认识。"① 习近平主席在演讲中所列举的七个人中有六个人生活在18世纪［孟德斯鸠（1689—1755）、伏尔泰（1694—1778）、卢梭（1712—1778）、狄德罗（1713—1784）、圣西门（1760—1825）、傅立叶（1768—1830）］。正是这些被恩格斯称为"为行将到来的革命启发过人们头脑的那些伟大人物"的存在，才使得法国成为当时世界文化的中心、欧洲启蒙运动的中心。勒费弗尔在《法国革命史》一书中曾这样评价法国启蒙运动：启蒙时代的欧洲是法国的欧洲。18世纪法国的启蒙运动对法国的发展发挥了两个革命性作用：一是生产关系方面的，它为法国大革命、推翻封建专制奠定了思想基础；二是生产力方面的，它为法国资本主义的发展、工业革命的推进提供了精神和智力支持。可以说，法国的文化催生了法国的"革命"，法国的"革命"也带来了整个法国社会的飞跃发展。没有18世纪法国文化的大发展，就没有18世纪法国的大国地位。

进入20世纪，美国在大国竞争中干成了两件大事：一件是取代英国成为世界第一大国，另一件是终结苏联成为世界唯一超级强国。美国之所以能够取代英国、终结苏联，既离不开美国强大的经济实力、军事实力，也离不开强大的文化软实力。德国《时代周刊》前副总编约瑟夫·约弗曾经评论说，美国的软实力远远超出其经济和军事资产的规模，"美国文化，无论雅俗，其对外传播的力度是自罗马帝国以来从未有过的，况且其中还颇有新意。罗马和苏联的文化影响止步于军事边界，而美国软实力统治着整个世界"②。可以说，美国的霸权地位离不开美元和美军的支撑，也离不开文化的支撑。大国崛起、民族复兴不仅是经济现象，也是文化现象。

如果说18世纪的法国超越荷兰、19世纪的英国超越法国、20世纪的美国超越英国，都是西方文化、西方资本主义制度内部的"自我革命""自我超越"，那么今天快速发展的中国对于西方来说，则是一种不同文明、不同文化、不同制度的崛起。所以无论对于西方，还是对于中国，中西之间的竞争必然是既包含经济、军事的竞争，也包含文化、意识形态的竞争。

---

① 习近平：《在中法建交50周年纪念大会上的讲话》，《人民日报》2014年3月29日，第3版。

② ［美］约瑟夫·约弗：《谁害怕"大块头先生"》，《国家利益》，2001年夏季刊。

历史地看，大国崛起的过程从来都不是一帆风顺的，其中必然包含着竞争乃至斗争。我们必须清醒地看到，面对社会主义中国的快速发展，“各种敌对势力绝不会让我们顺顺利利实现中华民族伟大复兴，这就是我们要郑重提醒全党必须准备进行具有许多新的历史特点的伟大斗争的一个原因。这场斗争既包括硬实力的斗争，也包括软实力的较量”①。历史表明，国与国之间竞争的烈度取决于两者之间的差距，差距越小离白热化越近。近年来，美国之所以对中国发动历史上规模最大的贸易战，之所以在应对新冠肺炎疫情过程中一再“甩锅”“抹黑”中国，至少有三重战略考量：一是守成大国对崛起大国的遏制战略；二是资本主义对社会主义的“和平演变”战略；三是西方发展道路对中国发展道路的竞争战略。中美之间的摩擦，不是“偶发事件”，也不是某个人的“心血来潮”，而是两条道路、两种制度根本性、结构性矛盾的必然结果。理解中西之间的竞争，需要战略的视野、历史的视野，也需要文化的视野。我们要在这场全面竞争中赢得主动，既需要大力提升我们的综合竞争力，也需要大力提升文化软实力。

（二）重塑世界文化格局的客观需要

所谓世界文化格局，一般是指在一定历史时期内，世界上若干主要的、影响力较大的文化体系之间的力量分布与对比的结构状态。伴随世界多极化、经济全球化、社会信息化、文化多样化的深入发展，国际力量对比发生新的变化，世界正经历百年未有之大变局。在这个大变局下，各种国际力量加快分化组合，大国关系进入全方位角力新阶段，围绕意识形态、发展道路、民族精神、国家形象的文化斗争日趋激烈，世界文化格局也迎来深度调整时期。在2020年8月24日召开的经济社会领域专家座谈会上，习近平总书记指出：“当今世界正经历百年未有之大变局，新冠肺炎疫情全球大流行使这个大变局加速变化，国际经济、科技、文化、安全、政治等格局都在发生深刻调整。”②

一方面，是西方文化的影响力和吸引力正呈现出下降的态势。进入21

① 中共中央文献研究室：《习近平关于社会主义文化建设论述摘编》，中央文献出版社2017年版，第208页。

② 习近平：《着眼长远 把握大势 开门问策 集思广益 研究新情况作出新规划》，《人民日报》2020年8月25日，第1版。

世纪以来，一些西方国家以“推进民主”“维护人权”为幌子，到处兜售西方价值观，先后在中亚地区、西亚北非地区策动了“颜色革命”。西方媒体曾一度欣喜狂呼：独联体地区的“民主浪潮”已经形成，这个地区人民将在“第三次欧洲解放浪潮”中最终获得民主和自由。但是，西方国家强加的“民主之花”，不仅没有给中亚、西亚北非地区带来理想中的清明政治，反而造成了政治乱局和社会倒退。“橙色革命”前的乌克兰，经济以5%的速度恢复增长，而“革命”后的2009年，经济萎缩了15%，国家债务缠身，甚至面临破产。而在西亚北非地区，被“阿拉伯之春”蛊惑而走上街头的普通民众，现在不仅面临着生存的困境，更面临着因恐怖主义泛滥生命无法得到保障的危险。在残酷的现实面前，西方一直引以为豪的所谓“普世价值观”正遭受前所未有的怀疑。而2017年以来包括美国在内的西方政治大选中频频出现的“黑天鹅”事件，更是反映了西方普通民众对西方政治制度的怀疑，民众不再信任所谓“主流政治家”“体制内政治集团”，已经厌倦了党派无休止的政治斗争，结果是“城头变幻大王旗”，让很多人大跌眼镜。

另一方面，则是以中国为代表的新兴市场国家和发展中大国的文化影响力则呈现上升的态势。这种上升的态势首先是由经济的快速发展带来的。2019年中国的GDP已经占到美国的67%，这个比例已经超过当年苏联对美国的GDP之比。大国崛起的历史表明，经济发展、国富民强代表的不仅是“硬实力”的提升，也是“软实力”的提升。中国现在已经成为世界第二大经济体、第二大投资国，对世界经济增长的贡献率保持在30%以上。中国在国际货币基金组织中的份额从第六位跃居第三位，人民币被纳入国际货币基金组织的特别提款权货币篮子，国际话语权和影响力得到显著提升。而中国发起筹建的亚洲基础设施投资银行、提出的人类命运共同体理念、发出的“一带一路”倡议，以及以负责任大国形象积极参与全球治理变革、为世界提供更多公共产品的行为等，无不在世界得到积极响应。习近平总书记曾深有感触地提到：“随着我国经济持续健康发展、综合国力和国际影响力不断提升，国际社会对中国的关注在加深，中国道路愈来愈成为人们研究的对象。”① 特别是在应对新冠肺炎疫情中的表现，更是让世界刮目相看，世界

---

① 中共中央文献研究室：《习近平关于社会主义文化建设论述摘编》，中央文献出版社2017年版，第209页。

卫生组织总干事谭德赛就指出，我一生从未见过这样的动员，中国采取的很多防控措施远远超出了应对突发事件的相关要求，为各国防疫工作设立了新标杆。德国《世界报》刊文指出，中国制度在紧急形势下效力巨大，它能够采取强大的应对措施，而这只能在人力物力充足和功能完善的制度下实现。实际上，无论是“北京共识”的形成，还是“中国方案”的提出，本身就意味着中国文化软实力的极大提升。

但我们也必须看到，如同国际战略格局的演变进程一样，世界文化格局的变化也将是一个复杂和漫长的过程，未来一段时期，世界文化格局仍将是“西强东弱”。对此，我们必须有清醒的认识。第一，经济影响力和文化影响力不是同步的。美国在1895年成为世界第一经济强国，但美国成为世界文化中心则是50年以后的事情。很长一段时间里世界文化交流中心还是在欧洲，一直到第二次世界大战以后才开始有欧洲人到美国学习文化艺术，世界文化中心才转移到美国。今天中国已经成为世界第二大经济体，但这个第二的位置才保持了10年，更何况今天中国的经济影响力同美国的经济影响力相比仍存在差距。第二，在当今世界，中国文化实力与美国文化实力相比仍存在差距。在国际上衡量国与国之间文化实力有很多指标，但有两个核心指标不能忽略：一是文化产业，二是国际影响力。中美之间文化实力的差距不是文化内容上的差距，而主要是文化产业和国际舆论方面的差距。根据国家统计局公布的数据，2018年我国文化及相关产业增加值为41171亿元，占GDP的比重为4.48%。有关美国文化产业总值没有确定的数字，但有一个大家比较公认的数字，就是美国文化产业产值数十年来一直占其GDP的20%以上（2018年美国的GDP为20.49万亿美元，以20%比例计算，美国2018年文化产业总值大概为4.1万亿美元）。国际舆论格局也是“西强我弱”。经过几代人的努力，已经基本解决了“挨打”“挨饿”的问题，但还没有根本解决“挨骂”的问题。

“西强东弱”的世界文化格局，使得以美国为首的西方国家在控制世界文化话语权的基础上，可以利用所拥有的话语优势、舆论优势不断对中国国际形象进行“妖魔化”渲染，并通过这种“妖魔化”打压中国的发展空间，这在一定程度上对中国的现代化建设产生了干扰。文化力量是中国冲破西方大国干扰的最有效力量。思想文化的扩张是任何力量都阻挡不住的，只要中国的价值观念不断为世界所认同、中国文化产业不断发展壮大、中国文化创新创造活力不断增强，就没有一个国家能够阻挡中国崛起的步伐和限制中国文化力量的增长。在今后相当长的一段时间内，我们都应当把民族文化精神重振、国家信仰体系建设、文化事业文化产业发展、文化创新创造活力提升作为文化建设的基本内容，大力推进文化强国建设，从而为重塑世界文化格局奠定最为厚实的力量基础。

（三）建设中华民族精神家园的应有之义

同历史上崛起的大国不同，中国的崛起不仅意味着一个国家的崛起，也意味着一个古老民族、一种古老文明的崛起。古代中国，物质富饶、文化繁荣，整个中华民族的精神面貌是向上的。但近代中国，主权沦丧、民生凋敝，整个中华民族精神萎靡不振。梁启超在《呵旁观者文》一文中曾有形象描述："饥而食，饱而游，困而睡，觉而起，户以内即其小天地，争一钱可以殒身命。彼等既不知有事，何所谓办与不办？既不知有国，何所谓亡与不亡？"马克思在《中国革命和欧洲革命》一文中论述当时中国问题时说："历史好像是首先要麻醉这个国家的人民，然后才能把他们从世代相传的愚昧状态中唤醒似的。"① 重建中华民族的精神家园，需要一场彻底的革命。马克思主义的传入，中国共产党的成立，不仅解决了中国的主权问题，也解决了中国人的精神问题。1949 年 9 月 16 日，毛泽东在批判艾奇逊时就论述了马克思主义和中国共产党对于中华民族精神振兴的意义，"自从中国人学会了马克思列宁主义以后，中国人在精神上就由被动转入主动。从这时起，近代世界历史上那种看不起中国人，看不起中国文化的时代应当完结了。伟大的胜利的中国人民解放战争和人民大革命，已经复兴了并正在复兴着伟大的中国人民的文化。这种中国人民的文化，就其精神方面来说，已经超越了整个资本主义的世界"②。一种主义、一个政党、一场战争，不仅可以改变一个民族的命运，也可以改造一个民族的精神状态。

如果说，在革命时期和社会主义建设时期，我们党通过"革命化"建设托起了整个民族的精神脊梁，那么随着世界现代化浪潮的到来，人们发现仅仅靠"革命化"是无法托起整个民族精神脊梁的。1978 年 12 月，邓小平在中央工作会议上讲了这样一段话："不重视物质利益，对少数先进分子可以，

① 《马克思恩格斯选集》第 1 卷，人民出版社 1995 年版，第 691 页。

② 《毛泽东选集》第四卷，人民出版社 1991 年版，第 1516 页。

对广大群众不行，一段时间可以，长期不行。革命精神是非常宝贵的，没有革命精神就没有革命行动。但是，革命是在物质利益的基础上产生的，如果只讲牺牲精神，不讲物质利益，那就是唯心论。"① 随之，推进改革开放、实行市场经济、实施按劳分配等逐渐成为全民族的共识。经过几十年持续不断的发展，我国逐渐走出了物质贫乏的困境，但"发展起来以后"的问题逐渐凸显，集中表现为"三个失衡"问题：经济发展与资源能源和生态环境的失衡、传统阶层与新兴阶层利益关系失衡、物质文明发展与精神文明发展的失衡。以上三种"失衡"，凸显了中国现代化建设中的现代性问题，而在这之中，物质文明发展与精神文明发展的失衡尤其让人痛心。市场经济创造了巨大的物质财富，但也放大了资本的力量和物质的诱惑，忽略内在追求的人迅速沦为物的奴隶，人的精神家园无处安放。

在所有的动物中，唯独人有两重生活——物质生活和精神生活；在所有的制度形态中，只有社会主义社会旗帜鲜明地提出，自己是物质文明和精神文明全面发展的社会。在文艺工作座谈会上，习近平总书记指出："我们始终强调，两个文明都搞好才是中国特色社会主义。邓小平同志早就告诫我们：风气如果坏下去，经济搞成功又有什么意义？会在另一方面变质。"②"经济总量无论是世界第二还是世界第一，未必就能够巩固住我们的政权。经济发展了，但精神失落了，那国家能够称为强大吗？"③ 这是时代之问，需要我们每个人都能作出回答。今天的中国已经走出物质贫乏的历史，我们绝不能再掉进精神贫乏的陷阱，绝不能再让中华民族的精神家园无处安放。

宋代朱熹在《答张敬夫书》中曾提出过"安身立命"的概念："而今之后，乃知浩浩大化之中，自家自有安宅，正是自家安身立命、主宰知觉处，所以立大本行达道之枢要，所谓体用一源，显微无间，乃在于此。"人的精神同人的身体一样，都需要有个安放之处。解决这个问题不能靠科学，因为科学解决的是是非问题；靠市场更不行，市场解决的是资源配置效率问题。在西方，宗教可以起到安抚精神的作用，但中国不行。正如陈先达所言：

---

① 《邓小平文选》第二卷，人民出版社 1994 年版，第 146 页。

② 中共中央文献研究室：《习近平关于社会主义文化建设论述摘编》，中央文献出版社 2017 年版，第 4 页。

③ 中共中央文献研究室：《习近平关于社会主义文化建设论述摘编》，中央文献出版社 2017 年版，第 4 页。

"中国是社会主义国家，当然不能以宗教作为安身立命之学，同样不能把儒学变为儒教，但必须重建以人文文化为核心的精神家园。"① 中华民族精神家园不能安于宗教之处，只能安于文化之处。习近平总书记指出："在五千多年文明发展中孕育的中华优秀传统文化，在党和人民伟大斗争中孕育的革命文化和社会主义先进文化，积淀着中华民族最深沉的精神追求，代表着中华民族独特的精神追求。"② 重塑中华民族精神家园，就必须通过传承中华优秀传统文化、弘扬革命文化、发展社会主义先进文化，不断提高全民族的精神境界和精神追求。

（四）推进国家治理体系和治理能力现代化的内在要求

党的十九届四中全会通过的《中共中央关于坚持和完善中国特色社会主义制度　推进国家治理体系和治理能力现代化若干重大问题的决定》指出："发展社会主义先进文化、广泛凝聚人民精神力量，是国家治理体系和治理能力现代化的深厚支撑。"③ 话虽短，但旗帜鲜明地点出了文化在国家治理体系和治理能力建设中的重要作用。

静态地看，文化传统决定一个国家选择什么样的国家治理体系。习近平总书记指出："一个国家选择什么样的治理体系，是由这个国家的历史传承、文化传统、经济社会发展水平决定的，是由这个国家的人民决定的。"④ 这实际上点出了中国特色国家治理体系形成的四大标准：历史传承、文化传统、经济发展水平、人民的态度。在这四个标准当中，历史传承、文化传统是首要标准。独特的历史和文化传统，决定了中国必然选择不同于西方的国家治理体系。中国从有文字记载开始，在国家治理方面，就存在两个传统，用中国古代话语就是"道统"和"治统"。明末清初思想家王夫之认为："天下所极重而不可窃者二：天子之位也，是谓治统；圣人之教也，是谓道统。"所谓"道统"，主要指尧、舜、禹、汤、文、周、周公、孔子、孟子等圣人的思想传统，也就是后来的儒家思想传统。所谓"治统"，主要指国家

---

① 陈先达：《马克思主义信仰十讲》，人民出版社 2018 年版，第 122 页。

② 中共中央文献研究室：《习近平关于社会主义文化建设论述摘编》，中央文献出版社 2017 年版，第 15 页。

③ 《中共中央关于坚持和完善中国特色社会主义制度　推进国家治理体系和治理能力现代化若干重大问题的决定》，人民出版社 2019 年版，第 22 页。

④ 《习近平谈治国理政》，外文出版社 2014 年版，第 105 页。

治理的传统，也就是以王权（后来发展成皇权）为核心的政治集团。历代的统治者特别是居于权力顶端的皇帝，为了维护自身的统治地位，一方面是不断地从思想上论证自身统治的合法性，另一方面则是在传承的基础上不断完善巩固以中央为核心的国家治理方式。1973 年 8 月，毛泽东写了一首诗叫《七律·读〈封建论〉呈郭老》："百代都行秦政法，十批不是好文章。熟读唐人封建论，莫从子厚返文王。"所谓"秦政法"，就是秦始皇统一中国后所建立起来的国家治理方式，主要有两个方面的内容：第一，自上而下的中央集权体制，标志是秦始皇废除了"封建制"，改成了"郡县制"，郡县长官由中央任命，从而稳固了中央集权，也基本形成了中国政治体制的格局。虽然秦以后的历朝在国家治理体系的具体环节方面时有变化，但并没有改变中央集权体系，反而都是以此为中心进行改革。而深受欧洲大陆自由、分权文化影响的美国，则建构了一个与中国迥异的国家治理体系。中国是先有中央，再有州府郡县，一切强调的是自上而下。而美国是先有县、市、州，然后才有联邦，一切是自下而上。第二，敬畏权威。就是中国人愿意接受国家作为自已的"守护人、管理者和代表"。而西方人并不信任政府，认为"最小的政府才是最好的政府"。在 2020 年抗击新冠肺炎疫情的过程中，东西方文化、东西方人的行为特点的差异性表现得一览无遗：中国人强调集体利益、自觉服从党和政府的领导；西方人则强调个人自由、不愿意服从政府的安排，在中央政府和地方政府之间甚至出现互相"甩锅"和抢夺抗疫物资的局面。文化基因塑造了国家、国民，也塑造了一个国家的治理体系。

动态地看，文化的发展程度影响着国家制度、国家治理体系、国家治理能力的现代化程度。没有现代化的文化，也不可能有现代化的治理体系和治理能力。近代中日两国在西方坚船利炮的轰击下，几乎是同时走上了"维新变革"之路（日本从 1868 年开始推进"明治维新"，进行近代化政治改革，建立君主立宪政体；中国则从 1861 年开始"洋务运动"，后来又搞个了"戊戌变法"）。但如果深入研究可以发现，中日两国"维新变革"的路径是不一样的。中国走的是一条"器物—制度—文化"的路子，日本走的则是一条"文化—制度—器物"的路子。不同的路径选择，也带来了不同的效果。19 世纪 70 年代，德国首相俾斯麦先后接见了来自中国和日本的官方代表团。俾斯麦对比两个代表团到德国后的表现后说："三十年后，日本其兴，中国其弱乎。"1894 年甲午战争爆发，开展"洋务运动"的中国惨败于实行"明治维新”的日本。为什么俾斯麦能做出如此准确的预判？用他的话说就是：“日人之游欧洲者，讨论学业，讲究官制，归而用之；中人之游欧洲者，询某厂船炮之利，某厂价值之廉，购而用之。”日本近代思想家福泽谕吉认为，一个国家要谋求文明的发展，应按照从难到易的顺序进行三个方面的变革：第一是文化的变革；第二是政治制度的变革；第三是器物的变革。这个顺序不能颠倒，如果颠倒，不但不起作用，反而是有害的。① 日本就是按照福泽谕吉指出的这个顺序走的，而清朝则走反了。结果是日本成功了，清朝失败了。这给我们的启示是：今天我们要推进国家治理体系和治理能力现代化，一个重要的前提是推进文化的繁荣发展。对于国家治理体系和治理现代化而言，文化至少可以起到三大作用：一是价值指引作用，就是文化可以引领国家治理的走向；二是精神凝聚作用，就是文化可以最大凝聚起支撑治理体系改革的民意支持；三是能力支撑作用，就是文化可以通过提升智力为国家治理现代化提供人才支撑。对于今天我们要推进的国家治理体系和治理能力现代化事业而言，发展先进社会主义文化不仅是其重要内容，也是重要支撑。

三、文化强国的目标愿景

什么是文化强国？我们党并没有给出清晰的定义，更没有给出具体的指标，但这并不意味着建设文化强国就是一个政治口号。纵览党的政治文献和历代领导人的讲话，可以勾勒出文化强国的大概轮廓。比如，党的十七届六中全会指出：“建设社会主义文化强国，就是要着力推动社会主义先进文化更加深入人心，推动社会主义精神文明和物质文明全面发展，不断开创全民族文化创造活力持续迸发、社会文化生活更加丰富多彩、人民基本文化权益得到更好保障、人民思想道德素质和科学文化素质全面提高的新局面，建设中华民族共有精神家园，为人类文明进步做出更大贡献。”② 党的十九大报告在描述 2035 年“基本实现社会主义现代化”远景时指出：“社会文明程度达到新的高度，国家文化软实力显著增强，中华文化影响更加广泛深入。”③

① ［日］福泽谕吉：《文明论概略》，北京编译社译，商务印书馆 1960 年版，第 12 页。
② 《十七大以来重要文献选编》（下），中央文献出版社 2013 年版，第 562 页。
③ 习近平：《决胜全面建成小康社会　夺取新时代中国特色社会主义伟大胜利——在中国共产党第十九次全国代表大会上的报告》，人民出版社 2017 年版，第 28 页。

现代化强国有现代化强国的样子，文化强国也要有文化强国的样子。

（一）社会文明程度高

社会文明程度，反映的是整个社会的文明进步状态，是民族复兴的一个重要标志。16世纪欧洲宗教改革的倡导人马丁·路德曾经指出：一个国家的兴盛，不在于国库的殷实、城堡的坚固或是公共设施的华丽，而根本在于公民的文明素养。公民的文明素质、社会的文明程度已经成为衡量一个国家现代化水平的重要标志。梁启超也认为，国之见重于人也，亦不视其国土之大小，人口之众寡，而视其国民之品格。世界文明发展史也表明，一个信仰缺失、道德低下、精神萎靡的民族必然会陷于衰亡，根本谈不上振兴。实现中华民族伟大复兴中国梦，既要依靠社会物质财富的增长，更要依靠精神财富的极大丰富。

我们党也多次从文化建设和国民素质方面强调了精神文明建设的重要性和建设文明中国的目标要求。邓小平指出："我们现代化建设的目标是建立一个具有高度民主、高度文明的社会主义国家。为此就要使人们具有良好的精神面貌。"① "风气如果坏下去，经济搞成功又有什么意义？会在另一方面变质，反过来影响整个经济变质。"② 习近平总书记指出："经济总量无论是世界第二还是世界第一，未必就能够巩固住我们的政权。经济发展了，但精神失落了，那国家能够称为强大吗？"③ 不同的时代，相同的疑问，都向人们传达了一个清晰的信号：建设高度的精神文明，是社会主义现代化建设的应有之义，也是建设文化强国的重要内容。于是，在党的政治报告中，社会文明程度发展如何始终是重要的问题之一。党的十六大报告在设定全面建设小康社会目标时，就提出"全民族的思想道德素质、科学文化素质和健康素质明显提高"④ 的目标。党的十七大报告在提出实现全面建设小康社会奋斗目

① 中共中央文献研究室：《邓小平年谱》第五卷，中央文献出版社2020年版，第41—42页。

② 《邓小平文选》第三卷，人民出版社1993年版，第154页。

③ 中共中央文献研究室：《习近平关于社会主义文化建设论述摘编》，中央文献出版社2017年版，第4页。

④ 《十六大以来重要文献选编》（上），中央文献出版社2004年版，第15页。

标的新要求时指出，要“加强文化建设，明显提高全民族文明素质”①。党的十八大报告明确把“公民文明素质和社会文明程度明显提高”作为2020年实现全面建成小康社会宏伟目标的新要求。党的十九大报告则将“社会文明水平尚需提高”视为面临的困难和挑战之一。人无精神则不立，国无精神则不强。如果说，物质是一个民族赖以发展的血脉，精神则是一个民族赖以长久生存的灵魂，唯有精神上达到一定的高度，这个民族才能在历史的洪流中屹立不倒、奋勇向前。

那么，文化强国视野中的社会文明程度应该是什么样子的呢？党的十四届六中全会通过的《中共中央关于加强社会主义精神文明建设若干重要问题的决议》指出：“今后十五年，我国社会主义精神文明建设的主要目标是：在全民族牢固树立建设有中国特色社会主义的共同理想，牢固树立坚持党的基本路线不动摇的坚定信念；实现以思想道德修养、科学教育水平、民主法制观念为主要内容的公民素质的显著提高，实现以积极健康、丰富多彩、服务人民为主要要求的文化生活质量的显著提高，实现以社会风气、公共秩序、生活环境为主要标志的城乡文明程度的显著提高；在全国范围形成物质文明建设和精神文明建设协调发展的良好局面。”② 习近平总书记在党的十九大报告中指出：“要提高人民思想觉悟、道德水准、文明素养，提高全社会文明程度。”③ 这两段话集中概括了社会文明程度的基本内容，主要体现在公民思想觉悟、社会风气风尚、公共文明素养等三个方面。社会文明程度高，首先意味着公民思想觉悟高，就是广大人民在认同社会主义道德的基础上普遍具有良好的思想道德修养、较高的科学教育水平、自觉的民主法治观念以及文明的言行举止；其次，意味着社会风尚风气好，就是全社会形成知是非、讲正气、做奉献、促和谐的良好社会风尚和扶正祛邪、扬善惩恶的社会风气；最后，意味着公共文明素养高，就是全社会形成自觉遵守公共秩

---

① 胡锦涛：《高举中国特色社会主义伟大旗帜 为夺取全面建设小康社会新胜利而奋斗——在中国共产党第十七次全国代表大会上的报告》，人民出版社2007年版，第20页。

② 中共中央文献研究室：《社会主义精神文明建设文献选编》，中央文献出版社1996年版，第9页。

③ 习近平：《决胜全面建成小康社会 夺取新时代中国特色社会主义伟大胜利——在中国共产党第十九次全国代表大会上的报告》，人民出版社2017年版，第42页。

序、爱护公共资源的行为习惯。

（二）国家文化软实力强

文化软实力集中体现了一个国家基于文化而具有的凝聚力和生命力，以及由此而产生的吸引力和影响力。提高国家文化软实力，关系国家综合国力的提升，关系国家形象的展示，关系国家文化安全的维护。“古往今来，任何一个大国的发展进程，既是经济总量、军事力量等硬实力提高的进程，也是价值观念、思想文化等软实力提高的进程。”① 从18世纪的法国到19世纪的英国，再到20世纪的美国，无不如此。时至今日，一个国家的国际地位和国际影响力，既表现在经济、科技和军事等硬实力上，也表现在文化软实力上，这已经成为一个普遍的共识。

历史地看，矢志民族复兴的中国共产党始终高度重视文化软实力建设，始终将其视为建设文化强国、提高国家综合国力的应有之义。毛泽东在《新民主主义论》中提出：“新的政治力量、新的经济力量、新的文化力量，都是中国的革命力量，它们是反对旧社会旧经济旧文化的。”② 邓小平说：“衡量一个国家的国力，要综合地看，全面地看。”③ “全面地看”无疑就包含着文化的标准。进入21世纪，我们党对文化软实力的地位和作用的认识进一步深化。党的十七大报告提出“三个越来越”的判断：“当今时代，文化越来越成为民族凝聚力和创造力的重要源泉、越来越成为综合国力竞争的重要因素，丰富精神文化生活越来越成为我国人民的热切愿望。要坚持社会主义先进文化前进方向，兴起社会主义文化建设新高潮，激发全民族文化创造活力，提高国家文化软实力，使人民精神风貌更加昂扬向上。”④ 党的十八大以后，习近平总书记则反复强调我们一定要从建设现代化强国的高度深刻认识提高文化软实力的战略意义，“提高国家文化软实力，不仅关系我国在世

① 中共中央文献研究室：《习近平关于社会主义文化建设论述摘编》，中央文献出版社2017年版，第198页。

② 《毛泽东选集》第二卷，人民出版社1991年版，第695页。

③ 中共中央文献研究室：《习近平关于社会主义文化建设论述摘编》，中央文献出版社2017年版，第198页。

④ 胡锦涛：《高举中国特色社会主义伟大旗帜　为夺取全面建设小康社会新胜利而奋斗——在中国共产党第十七次全国代表大会上的报告》，人民出版社2007年版，第33—34页。

界文化格局中的定位，而且关系我国国际地位和国际影响力，关系‘两个一百年’奋斗目标和中华民族伟大复兴中国梦的实现”①。党的十九大报告进一步指出：“推进国际传播能力建设，讲好中国故事，展现真实、立体、全面的中国，提高国家文化软实力。”② 这样的认识，反映了我们党高度的文化自觉。

按照我们党建设文化强国的总体要求，参照当今世界文化强国的有关指标，国家文化软实力强意味着：第一，国际价值理念建构能力强。在当今世界，国际机制规则、国际价值理念的竞争是最高层面的竞争，提高国际价值理念建构能力已成为提高国家文化软实力的重要战略选择和必由之路。国际价值理念建构能力强，意味着中国价值理念在国际社会中具有较强的感召力和认同度，中国不仅仅是国际先进价值理念的追随者，更是先进国际价值理念的提出者、倡导者。第二，积极正面的国家形象牢固树立。国家形象是文化软实力在国际上的整体表达。国家形象积极正面，意味着经过长期不懈的努力，我国的文明大国形象、东方大国形象、负责任大国形象、社会主义大国形象已经在国际社会牢固树立。第三，文化产业竞争力强。文化产业既具有经济属性，又具有意识形态属性，是国家文化软实力的重要物质性载体。文化产业竞争力强，既意味着我国文化产业总值在 GDP 构成中要达到 1/5 以上，也意味着我国文化产业在全球文化产业竞争中能够处于优势地位并处于价值链的高端。第四，文化创新力强。在当今世界，西方之所以仍然能够占有国际文化格局的主导权，离不开它的硬实力，但更离不开自近代以来就走在世界前列的文化知识体系。文化创新力强，意味着我国在建立起属于自己文化知识体系的基础上，已经成为世界文化知识体系的重要创造者、贡献者，世界不仅知道“舌尖上的中国”，更知道“学术中的中国”“理论中的中国”“哲学社会科学中的中国”。

（三）中华文化影响力大

世界文化丰富多彩，每一个国家和民族的文化都有自己的优势和长处，

---

① 中共中央文献研究室：《习近平关于社会主义文化建设论述摘编》，中央文献出版社 2017 年版，第 198 页。

② 习近平：《决胜全面建成小康社会　夺取新时代中国特色社会主义伟大胜利——在中国共产党第十九次全国代表大会上的报告》，人民出版社 2017 年版，第 44 页。

不同文化之间的相互学习和借鉴是文化发展的必要条件。与他国人民进行文化交流是塑造国家形象、营造友好氛围、降低交往成本的一种有效途径，也是对其他国家产生政治、经济、军事影响的催化剂。文化“走不出去”或限制向其他国家输出文化的国家，将使自己在争夺国际影响力的竞争中处于劣势。推动文化双向交流，建设社会主义文化强国，内在要求之一就是要使中华文化能够“走出去”并“扎下根”，具有强大的文化影响力。

中华文化影响力是指中华文化凭借自身优势而对其他国家和民族所产生的作用力，它反映着中华文化被世界认同的程度和对人类文明发展的贡献程度。文化强国视野中的中华文化，意味着经过充分的文化挖掘和传播推广，中华文化已经走向世界，并成为影响世界文化发展走向的重要力量。

第一，文化资源充分挖掘。文化资源是文化影响力的力量源泉，但文化资源丰富并不意味着文化影响力就必然强大，如果不能通过科学合理的开发和利用，将资源优势变为实力优势，就会造成巨大的资源浪费。只有充分深入挖掘文化资源，将静态资源变为动态资源，才能夯实提高文化影响力的资源基础。对于建设文化强国而言，文化资源充分挖掘，意味着通过长期的创造性转化、创新性发展，中华文化的独特创造、价值理念、鲜明特色得到了充分阐释，意味着中华优秀传统文化的思想精华和道德精髓得到了充分吸收，意味着中华文化中具有跨越时空、超越国度、富有永恒魅力、具有当代价值的文化精神得到了充分弘扬。

第二，强大的感召力和吸引力。感召力和吸引力是影响力的重要组成部分，也是形成影响力的前提。没有感召力和吸引力的文化，也不可能产生影响力。习近平总书记指出：“古往今来，中华民族之所以在世界有地位、有影响，不是靠穷兵黩武，不是靠对外扩张，而是靠中华文化的强大感召力和吸引力。”① 对于建设文化强国而言，强大的感召力和吸引力，意味着崇德向善、讲信修睦、协和万邦的中华文化在国际社会具有更高的公信力和亲近感，了解、认知中华文化正成为一种普遍的文化自觉，在世界思想家的著作中都可以找到更多的中华文化元素。

第三，国际文化传播能力强。现代管理学有一个基本原理，就是不仅要

---

① 中共中央文献研究室：《习近平关于社会主义文化建设论述摘编》，中央文献出版社 2017 年版，第 6 页。

做，而且要人知道做了什么。文化传播是文化影响力的重要生成途径和表现方式。无论是传播中国价值观念，还是塑造中国国家形象，都离不开国际文化传播。国际文化传播能力强，意味着“西强我弱”的国际舆论格局、“失语挨骂”的话语困境已经根本改变，中国已经成为国际话题的重要制造者、国际舆论的重要引导者。

第四，强大的文化整合力。多元文化整合是全球化时代文化发展的必然结果，也是推动文化创新发展的内在要求。历史地看，工业革命以来，西方文化依托其现代化先发优势，在世界各国的文化整合中一直处于优势地位，西方文化也因此获得了强大的影响力。对于建设文化强国而言，文化整合力强，不仅意味着中华民族对自身文化的坚定自信，也意味着中华文化能够在世界各地“落地”“入心”，成为其他民族进行文化整合、推动文化创新的重要“有益借鉴”。

四、新时代文化强国建设的总体要求

文化建设有其内在规律，都需要面对和解决一些共同的问题，包括外来文化与民族文化、文化传承与文化创新、文化安全与文化发展的关系问题。建设社会主义文化强国，必须回答和解决好这些关系问题。

（一）坚定文化自信

对于中国这样一个具有深厚历史文化底蕴、正在和平崛起的社会主义大国来说，建设文化强国必须树立正确的文化心态。习近平总书记曾经多次说过“大就要有大的样子”。在他看来，大的政党要有大的政党的样子，强大军队要有强大军队的样子，大国也要有大国的样子。2014 年 3 月 28 日，他在德国科尔伯基金会演讲时引用了中国先哲老子曾讲的一句话——“大邦者下流”，并进行了解释，就是说大国要像居于江河下游那样，拥有容纳天下百川的胸怀。大国的文化心态就应该是能够雍容自信、开放宽容、温和理性地看待自己的文化与世界的文化。其中最核心的是要有文化自信，因为“文化自信，是更基础、更广泛、更深厚的自信，是更基本、更深沉、更持久的力量。坚定文化自信，是事关国运兴衰、事关文化安全、事关民族精神独立性的大问题”①。坚定文化自信，一方面要坚决摒弃“以洋为尊”“以洋为美”“唯洋是从”的文化自卑心态，另一方面也要坚决摒弃“东方文化救世论”“东方文化主导论”等文化自负心态。一个妄自菲薄、数典忘祖的民族注定是没有前途的，但一个目光狭隘、妄自尊大的民族也是注定不会成功的。

（二）传承文化基因

文化基因是一个民族或国家生长延续的精神族谱，是彰显民族和国家特性的独特标识，它不仅支配着该民族或国家成员的思维方式和行为习惯，也影响着该民族或国家对社会发展制度、道路的选择。习近平总书记指出，中华优秀传统文化是中华民族的精神命脉，“我们要坚守中华文化立场、传承中华文化基因，展现中华审美风范”②。对于中华民族来说，独特的文化基因塑造了中华儿女独特的精神品格；对于中国来说，独特的文化基因决定了我们只能走社会主义道路。面对多元文化的冲击，习近平总书记强调，我们“要努力从中华民族世世代代形成和积累的优秀传统文化中汲取营养和智慧，延续文化基因，萃取思想精华，展现精神魅力”③。传承中华文化基因，绝不是简单复古，也不是盲目排外，而是古为今用、洋为中用，辩证取舍、推陈出新，摒弃消极因素，继承积极思想，“以古人之规矩，开自己之生面”，实现中华文化的创造性转化和创新性发展。

（三）推动文化创新

习近平总书记指出：“创新是引领发展的第一动力。抓创新就是抓发展，谋创新就是谋未来。”④ 建设文化强国，要坚持向文化创新要文化生产力、吸引力、影响力。相对于过去，今天中国的文化创新力得到了很大提高，但与此同时也要看到，与建设文化强国的要求相比，与西方文化强国相比，我们还有很大的提升空间。比如在哲学社会科学方面，习近平总书记就指出：

---

① 习近平：《在文艺工作座谈会上的讲话》，《人民日报》2015 年 10 月 15 日，第 2 版。

② 习近平：《在文艺工作座谈会上的讲话》，《人民日报》2015 年 10 月 15 日，第 2 版。

③ 习近平：《大力弘扬伟大爱国主义精神　为实现中国梦提供精神支柱》，《人民日报》2015 年 12 月 31 日，第 1 版。

④ 习近平：《当好改革开放排头兵创新发展先行者　为构建开放型经济新体制探索新路》，《人民日报》2015 年 3 月 6 日，第 1 版。

"我国是哲学社会科学大国，研究队伍、论文数量、政府投入等在世界上都是排在前面的，但目前在学术命题、学术思想、学术观点、学术标准、学术话语上的能力和水平同我国综合国力和国际地位还不太相称。"① 推动一个人的观念创新需要因人而异，但推进一个国家的文化创新，则需要营造有利于创新的政策环境和制度环境。习近平总书记曾深刻指出，我们已经具备了自主创新的物质技术基础，当务之急是要加快改革步伐、健全激励机制、完善政策环境，从物质和精神两个方面激发创新的积极性和主动性。推动文化创新，必须不断深化文化体制机制改革，以最大限度地激发文化主体的积极性和创造性。

（四）维护文化安全

发展是安全的前提，安全是发展的保证。能否有效维护文化安全，事关国家长治久安，事关党的执政地位，事关文化发展。建设社会主义文化强国，必须切实维护文化安全。维护我国文化安全，必须解决好两个问题：一是解决有没有文化实力的问题。实力不足是影响文化安全的最大障碍，解决这个问题只能靠发展，就是要大力发展文化生产力、提升文化创新力、扩大文化国际影响力。二是解决会不会运用文化实力的问题。习近平总书记指出："落后就要挨打，贫穷就要挨饿，失语就要挨骂……经过几代人不懈奋斗，前两个问题基本得到解决，但'挨骂'问题还没有得到根本解决。"② 造成"挨骂"的局面，既同自身实力不足有关，也同不善于运用实力有关。我们要学会把中华文化的资源优势转化为实力优势，学会把当代中国道路的价值优势转化为国际话语优势，学会把中国经济影响优势转换为文化影响优势，加快世界文化格局重塑。

（五）推动全球文化治理体系变革

近代以来，携带着工业文明的发展成果，西方国家设计了战后全球治理体系结构，并主导建立了联合国、北约、"G7 集团"等政治、经济、文化、安全机制。在这种治理体系下，广大发展中国家总是处于受制状态。对于中

---

① 习近平：《在哲学社会科学工作座谈会上的讲话》，《人民日报》2016 年 5 月 19 日，第 2 版。

② 中共中央文献研究室：《习近平关于社会主义文化建设论述摘编》，中央文献出版社 2017 年版，第 211 页。

国而言，在新中国成立后很长的一段时间内，囿于主观认识，我们对参与包括文化在内的全球治理体系兴趣并不高。改革开放后，我国虽然提出了建立国际新秩序的主张，但受制于自身能力的不足，提出的主张和建议要变成现实并不容易。但进入 21 世纪特别是第二个十年以后，伴随着西方国家整体实力和提供公共文化产品能力的不断下降，全球文化治理领域正面临着重新洗牌的局面。而与此同时，我国则坐上了全球治理的“主桌”，参与全球治理能力不断增强，国际社会希望听到更多的中国声音、看到更多的中国方案。在这样的时代背景下，我们要精心运筹、主动作为，在文化理念上大力倡导构建人类命运共同体，大力弘扬多彩、平等、包容的新文明观，积极参与全球文化治理体系变革，积极推动国际文化新秩序的构建，逐步形成一套带有中国印记的国际文化治理理念和文化治理规则，提升我国在全球化文化治理中的影响力和话语权。

第二章

坚定文化自信

全球化是当今时代的主要特征和发展趋势。在全球化的推动下，世界文化的多样性特征更加明显，各种思想文化交流交融交锋更加频繁，保持民族文化特性、维护民族文化安全的任务更加紧迫。问题是时代的声音，问题是工作的导向。面对时代发展提出的新课题，中国共产党站在复兴中华民族和维护中国特色社会主义长远发展的高度，旗帜鲜明地提出文化自信是一个国家、一个民族发展中更基本、更深沉、更持久的力量，全党全国人民必须坚定文化自信，正确看待和处理好外来文化与民族文化、西方文化与中国特色社会主义文化之间的关系。坚定文化自信，反映了中国共产党高度的文化自觉和对中华文化的真诚信仰。

一、文化自信是中华民族伟大复兴的应有之义

文化自信是一个民族、一个国家、一个政党对自身文化价值和生命力的坚定信念和高度认可，其要解决的是如何看待外来文化与民族文化、西方文化与中国特色社会主义文化之间的关系问题。习近平总书记指出："没有高度的文化自信，没有文化的繁荣兴盛，就没有中华民族的伟大复兴。"① 在当代中国，坚定文化自信不仅是事关社会主义文化繁荣兴盛的文化命题，更是事关中华民族伟大复兴的战略命题。

（一）文化自信事关国运兴衰

习近平总书记指出："坚定文化自信，是事关国运兴衰、事关文化安全、

---

① 习近平：《决胜全面建成小康社会　夺取新时代中国特色社会主义伟大胜利——在中国共产党第十九次全国代表大会上的报告》，人民出版社 2017 年版，第 41 页。

事关民族精神独立性的大问题。"① 这个认识，是对人类社会发展规律、世界文化发展规律的总结，也是对中华民族发展规律的总结。文化与国运兴衰与共，文化兴则国运兴，文化衰则国运衰；反之，国运兴则文化兴，国运衰则文化衰。

历史地看，在中华民族几千年的发展史上，自信曾经是最为厚重的文化底色。基辛格在《论中国》一书中曾指出："在过去的2000年里，有1800年中国在世界国内生产总值中所占的比例要超过任何一个欧洲国家。直到1820年，中国在世界国内生产总值的比例仍大于30%，超过了西欧、东欧和美国国内生产总值的总和。"② 发达的农业文明不仅赋予了中华文化独特的价值追求，也赋予了其坚定的文化自信品格。正如习近平总书记所言："在每一个历史时期，中华民族都留下了无数不朽作品。从诗经、楚辞、汉赋，到唐诗、宋词、元曲、明清小说等，共同铸就了灿烂的中国文艺历史星河。中华民族文艺创造力是如此强大、创造的成就是如此辉煌，中华民族素有文化自信的气度，我们应该为此感到无比自豪，也应该为此感到无比自信。"③

无论是在中华民族发展史上，还是在中华文化发展史上，鸦片战争都是一道分水岭。鸦片战争以后，腐朽的清政府在西方列强坚船利炮的胁迫下割地赔款、苟延残喘。一个个不平等条约，卷走了中国人民数以亿计的财富，也羞辱了一个泱泱大国应有的尊严。中国文化自信，遭受到了前所未有的冲击，陷入了前所未有的低谷时期。曾经引以为傲的中华文化成为整个民族反思最为深刻的领域，而反思的结果就是：中国不仅器物不如人、制度不如人，文化也不如人；欲救中国，只能"改弦更张""驰骋欧美"。缺失的文化自信与不断加深的民族危机犹如一副"枷锁"，将中华民族慢慢推向了半殖民地半封建的历史深渊。文化危机深化到一定程度必然带来文化的转型。中国传统封建文化主导地位的丧失，为马克思主义的传入提供了必要条件。马克思主义的传入，不仅掀开了中国革命的崭新一页，也掀开了中华文化发展

① 中共中央文献研究室：《习近平关于社会主义文化建设论述摘编》，中央文献出版社2017年版，第16页。

② ［美］亨利·基辛格：《论中国》，胡利平、林华、杨韵琴、朱敬文译，中信出版社2012年版，第8页。

③ 中共中央文献研究室：《习近平关于社会主义文化建设论述摘编》，中央文献出版社2017年版，第17页。

的崭新一页。文化的支柱一旦确立，中华民族的发展从此焕然一新，中华文化由此开启了全新的发展历程。在这个过程中，中国共产党领导广大军民在马克思主义指导下创立的包括井冈山精神、长征精神、延安精神、西柏坡精神等在内的革命文化，犹如涓涓细水不断注入中华文化之中，不仅为其增添了“新鲜血液”，更升华了其境界。

如果说中国共产党领导的新民主主义革命为中华民族重建文化自信打开了一扇窗，那么新中国的成立则为重建文化自信奠定了最为根本的政治前提和制度基础。世界文化发展史表明：国家主权的独立和完整是任何国家、任何民族推动文化发展、树立文化自信都必需的历史条件，没有这个历史条件，再美妙的文化蓝图都只能是海市蜃楼。新中国成立后，获得彻底解放的中华民族，不仅实现了主权的独立，更是获得了精神上的独立。“百花齐放，百家争鸣。”在砥砺奋进的社会主义建设运动中，中国共产党把马克思主义与中国现实国情相结合，锤炼出既反映时代潮流又有鲜明中国特色的文化精神，创造了社会主义先进文化，实现了对传统文化的全面超越和现代转型。这一文化超越、转型的过程，也是文化自信的重建过程。我们党把这一过程积聚的精神力量释放于社会主义现代化建设，迅速建立起了独立的比较完整的工业体系和国民经济体系。全新的国家、全新的制度、全新的文化相互支撑，共同照亮了中华民族伟大复兴的光明前途。

恩格斯曾经说过：“从人类发展的历史来看，没有哪一次巨大的历史性灾难不是以历史的进步为补偿的。”① 鉴于传统社会主义现代化方案弊端的凸显，以党的十一届三中全会为标志，我们党带领中国人民毅然走上了通过改革开放建设社会主义现代化的新道路。改革开放不仅创造了中华民族发展的新高度，也创造了中华文化发展的新高度。美国学者迈克尔·巴尔在谈到中国经济快速发展时曾指出：“中国崛起不仅是一个经济事件，还是一个文化事件。”② 大国崛起的历史也表明，经济发展代表的不仅是“硬实力”的提升，也是“软实力”的提升。伴随着中国成为世界第二大经济体，越来越接近世界舞台中心，国际战略格局的重心、国际文化的版图正朝着于我国有利的方向发展，今天的中国不仅企业、商品、游客遍布世界，中国文化、中

---

① 《马克思恩格斯全集》第39卷，人民出版社1974年版，第149页。

② ［美］迈克尔·巴尔：《中国软实力》，万竹芳译，中信出版社2013年版，前言。

国智慧、中国价值也响彻世界。对此，习近平总书记深有感触地指出：“当今世界，要说哪个政党、哪个国家、哪个民族能够自信的话，那中国共产党、中华人民共和国、中华民族是最有理由自信的。”①

历史是一面镜子，从历史中，我们能够更好地看清世界、参透生活、认识自己。回顾近代以来特别是新中国成立以来的历史，我们不难发现，文化自信与国家命运息息相关。只有国家强盛，文化自信才能获得最为厚实的支撑；只有坚定文化自信，国家发展才能获得最为深厚的精神支撑，才能迈过坎坷再踏坦途。对于今天的中国来说，我们既取得了前所未有的发展成就，但也面临着前所未有的矛盾挑战。化“危机”为“机遇”，化“矛盾”为“动力”，需要始终不渝地坚定道路自信、理论自信、制度自信、文化自信。

（二）文化自信事关文化安全

2017年6月12日，《光明日报》发表了中国人民大学教授陈先达的一篇题为《文化自信中的政治与学术》的文章。文章指出：“文化自信问题，是一个既具有政治性又具有学术性的问题。不理解它的政治性，就不懂它在当代中国的重大现实意义；不能从学理上阐明这个问题，就不懂它何以在当代中国具有的重大现实意义。”② 理解文化自信，需要文化的视角，也需要政治的视角、安全的视角。对于一个民族、一个国家来说，文化自信缺失在一定程度上可以说是最大的文化安全问题。

第一，文化自信事关党执政的思想基础。按照马克思主义的观点，政党是一定阶级或集团为了取得或维持政权而组织起来的政治组织。政党的形成和发展不是没有条件的，既要有物质基础、组织基础，也要有思想基础。思想基础出了问题，必然会影响到执政党的执政安全。苏共的解体，就是首先从思想解体开始的。美国人大卫·科兹与弗雷德·威尔所著的《来自上层的革命——苏联体制的终结》中的调查数据显示，1991年6月在苏共党政要员群体中，有76.7%的人认为应当实行资本主义。中国共产党是靠先进的意识形态或者说信仰发展壮大的，但现在各种迹象表明，思想问题尤其是意识形态问题，已经成为我们党自身建设和政治建设亟须加强的重要环节之一。文

---

① 习近平：《在庆祝中国共产党成立95周年大会上的讲话》，人民出版社2016年版，第12页。

② 陈先达：《文化自信中的政治与学术》，《光明日报》2017年6月12日，第13版。

化自信不足，必然会造成一些人包括一些党员干部的文化选择始终游离于主导文化，甚至转向五花八门的宗教或低俗不堪的拜金主义、享乐主义。对此，习近平总书记在十八届中央纪律检查委员会第七次全体会议上的讲话中指出："领导干部要不忘初心、坚守正道，必须坚定文化自信。没有中华优秀传统文化、革命文化、社会主义先进文化的底蕴和滋养，信仰信念就难以深沉而执着。"①

第二，文化自信事关中国道路的文化基础。中国道路的形成和拓展，有两个条件不可或缺：一是政治权力、国家机器、法律法规，这是维护中国道路安全的"硬实力"；二是文化认同、思想认同、价值认同，这是维护中国道路安全的"软实力"。前者是标，后者是本。如果文化出了问题，则从根本上削弱了中国道路的精神支撑。2016 年 5 月 17 日，习近平总书记在哲学社会科学工作座谈会上强调："我们说要坚定中国特色社会主义道路自信、理论自信、制度自信，说到底是要坚定文化自信。文化自信是更基本、更深沉、更持久的力量。"② 通过几十年持续不断的努力和奋斗，我国越来越走近世界舞台中心，中国道路的世界历史意义越来越凸显，在世界的影响力日益提升。对此，自诩为"现代化模板"的一些西方国家自然不甘，不仅加大了战略遏制的力度，更是利用其在世界舆论格局的优势地位对中国道路进行大肆抹黑歪曲，中国发展道路仍然承受着"受疑"甚至"挨骂"的局面。而且要看到，这种局面在短时期内并不会结束，需要我们充分做好进行具有许多新的历史特点伟大斗争的思想准备和能力准备。在国家综合国力竞争中，文化软实力之争是最根本的竞争，文化软实力的高低从根本上影响综合国力竞争的最终走向。能否跨越意识形态上的各种挑战，扭转"受疑""挨骂"的局面，最终也取决于我们自身有没有牢固的精神主心骨和坚定的文化自信。因此，坚定文化自信，也就成为当务之急。文化自信没了，中国道路也必将失去最深厚的根基。

第三，文化自信事关国家理论原创能力。理论是文化的精华，最能代表

---

① 中共中央文献研究室：《习近平关于社会主义文化建设论述摘编》，中央文献出版社 2017 年版，第 18 页。

② 中共中央文献研究室：《习近平关于社会主义文化建设论述摘编》，中央文献出版社 2017 年版，第 12 页。

一个国家的思维水平，也最能引导一个国家的思想舆论走向。所以，理论的碰撞与纷争，才会被人们看作“灵魂的交流与交锋”，理论领域才会成为意识形态斗争最为深刻、影响最为持久的场所。但文化自信的缺失，会使人始终无法登上这个制高点。在中国的理论研究中，从现代主义、结构主义、殖民主义、全球化，到后现代主义、后结构主义、后殖民主义、全球化，全是西方理论话语。在中国的学术界，总有一些人不屑于研究社会主义文化，也不屑于用中国原创的理论去研究中国的现实问题，而是喜欢用西方的理论来解读中国的现实。习近平总书记在文艺工作座谈会上的讲话中指出：一些人“以洋为尊”、“以洋为美”、“唯洋是从”，把作品在国外获奖作为最高追求，跟在别人后面亦步亦趋、东施效颦，热衷于“去思想化”、“去价值化”、“去历史化”、“去中国化”、“去主流化”。① 2015 年 3 月 19 日，《人民日报》所刊文章《一味“拿来”成就不了理论自信》对此种现象的危害进行了揭示：大量西方的思想观念、理论主张被不加辨别地“拿”了进来。无论概念、理论框架还是研究方法、思维模式，都不顾我国现实和语境，盲目按照西方的模式走，深深打上了西方哲学社会科学的烙印。久而久之，一味“拿来”伤害了中国理论的原创力。② 没有原创力的文化是没有战斗力的，也根本无法抵御西方的文化霸权。

（三）文化自信事关民族凝聚力

马克思主义民族理论认为，民族是在历史上形成的一个有共同语言、共同地域、共同经济生活以及表现于共同文化上的共同心理素质的稳定的共同体。德国学者雅布·格林也认为，构成民族界限的，不是河流，也不是山脉，而只能是跨越河流和山脉的民族文化。可以看出，民族从本质上讲是作为人类文化类别的概念存在的。民族是历史的产物，也是文化的产物。所以，习近平总书记指出：“文明特别是思想文化是一个国家、一个民族的灵魂。无论哪一个国家、哪一个民族，如果不珍惜自己的思想文化，丢掉了思

① 中共中央文献研究室：《习近平关于社会主义文化建设论述摘编》，中央文献出版社 2017 年版，第 9 页。

② 韩喜平：《一味“拿来”成就不了理论自信》，《人民日报》2015 年 3 月 19 日，第 7 版。

想文化这个灵魂，这个国家、这个民族是立不起来的。”①

历史上的契丹人，曾经与北宋、金长期对峙，并建立了辽，国力之强盛，非比寻常。俄文里“中国”一词，就是契丹的音译。但是契丹人追慕异族文化，不珍视本民族文化，久而久之，民族凝聚力不断下降，直至消亡。尽管今天契丹的子孙们还在繁衍生息，但由于失去了彼此认同的文化，他们已经永远地退出了历史舞台。对于一个民族来说，文化是影响其生存与发展的重要的因素，文化的摧毁就意味着一个民族的消亡。所以，习近平总书记深有感触地说：“历史和现实都表明，一个抛弃了或者背叛了自己历史文化的民族，不仅不可能发展起来，而且很可能上演一场历史悲剧。”② 中华民族为什么能够成为世界最古老的民族之一？是因为我们有世界上5000年未曾断过的中华文化！为什么经历那么多的困难而不倒？是因为我们始终坚守住中华民族的文化基因！用习近平总书记的话表述就是：“回顾历史，支撑我们这个古老民族走到今天的，支撑5000多年中华文明延绵至今的，是植根于中华民族血脉深处的文化基因。”③

伴随着世界文化的大交流大交融大交锋，全球化已经成为当今时代文化发展的一个重要特征，但全球化并不意味着民族文化的消失。从本质上来讲，全球化本身就是一个充满矛盾的统一体，它既包含一体化的趋势，同时又含有分裂化的倾向；既有单一化的表现，又有多样化的特征。从现实来看，在当今世界，我们也找不到两个完全相同的民族文化或民族文化发展模式。全球化不仅没有消弭民族性，反而更加凸显了民族文化的重要性。英国学者戴维·莫利在《认同的空间》曾指出，在全球化时代，民族文化和认同才是更为真实的归属意识的基础，只有在民族主义意识中才能够找到在家的感觉。不要以为全球化就是跟别人一样，如果那样丢失的只能是自己；也不要认为全球化就是“化全球”，如果那样，碰壁的也只能是自己。20世纪90年代，在关贸总协定的乌拉圭回合谈判中，美国要求欧洲国家开放文化市

---

① 中共中央文献研究室：《习近平关于社会主义文化建设论述摘编》，中央文献出版社2017年版，第5页。

② 中共中央文献研究室：《习近平关于社会主义文化建设论述摘编》，中央文献出版社2017年版，第12页。

③ 习近平：《携手建设更加美好的世界——在中国共产党与世界政党高层对话会上的主旨讲话》，《人民日报》2017年12月2日，第2版。

场，允许美国电影、电视、磁带、书籍等文化产品自由进入欧洲市场，但这项要求受到了欧洲国家的普遍反对。法国认为“文化不是土豆”，率先提出了“文化例外”原则（“文化例外”是法国文化部前部长雅克·朗于20世纪80年代提出来的，是法国一项重要的文化政策。主要内容是：文化产品有其特殊性，不能与其他产品一样流通），受到当时欧共体各国的拥护。在全球化时代，越是传承民族的，才越能彰显自己的；越是尊重民族的，才越具有世界意义。

二、文化自信是更基础、更广泛、更深厚的自信

在建党95周年庆祝大会的讲话中，习近平总书记强调“文化自信，是更基础、更广泛、更深厚的自信”。党的十九大更是将“文化自信”写进党章，充分彰显了新时代中国共产党人高度的文化自觉和文化自信。

（一）文化自信是“四个自信”的根基

在我国的政治话语系统中，文化自信最早出现在党的十七届六中全会决定中。党的十七届六中全会决定指出：“坚持中国特色社会主义文化发展道路，深化文化体制改革，推动社会主义文化大发展大繁荣，必须……发展面向现代化、面向世界、面向未来的，民族的科学的大众的社会主义文化，培养高度的文化自觉和文化自信，提高全民族文明素质，增强国家文化软实力，弘扬中华文化，努力建设社会主义文化强国。”① 可以看出，在全会决定中，“文化自信”是作为“坚持中国特色社会主义文化发展道路”“建设社会主义文化强国”的实践要求提出来的，尚没有上升到中国特色社会主义的高度。

党的十八大以后，在习近平总书记反复强调下，文化自信问题越来越引起人们的关注。在十八届中央政治局第十三次集体学习会上，习近平总书记第一次提到“文化自信”问题，强调“要讲清楚中华优秀传统文化的历史渊源、发展脉络、基本走向，讲清楚中华文化的独特创造、价值理念、鲜明特色，增强文化自信和价值观自信”②。2014年10月15日，在文艺工作座谈会上，习近平总书记再次强调指出：“中华优秀传统文化是中华民族的精神

---

① 《十七大以来重要文献选编》（下），中央文献出版社2013年版，第562页。

② 习近平：《把培育和弘扬社会主义核心价值观作为凝魂聚气强基固本的基础工程》，《人民日报》2014年2月26日，第1版。

命脉，是涵养社会主义核心价值观的重要源泉，也是我们在世界文化激荡中站稳脚跟的坚实根基。增强文化自觉和文化自信，是坚定道路自信、理论自信、制度自信的题中应有之义。”① 2016 年 5 月 17 日，在哲学社会科学工作座谈会上，习近平总书记再次强调：“我们说要坚定中国特色社会主义道路自信、理论自信、制度自信，说到底是要坚定文化自信。文化自信是更基本、更深沉、更持久的力量。”② 党的十九大报告指出：“没有高度的文化自信，没有文化的繁荣兴盛，就没有中华民族伟大复兴。”③

习近平总书记关于文化自信的一系列重要论述，深刻阐述了在世界文化交流交融交锋不断加剧、中国特色社会主义发展机遇与挑战并存的时代背景下，如何认识看待、怎样坚持坚定文化自信的一系列重大问题。理解和把握习近平总书记有关文化自信的重要论述，至少有两点值得注意：第一，习近平总书记不是仅仅从文化的角度谈文化自信问题的，而是主要着眼于增强道路自信、理论自信和制度自信来强调文化自信的。也就是说，文化自信既是一个文化命题，也是一个政治命题；它既事关文化的安全与发展，也事关中国特色社会主义事业的安全和发展。第二，文化自信和道路自信、制度自信、理论自信并不处于同一个层面。习近平总书记在阐述文化自信时用了很多词，如“基础”“最根本”“题中应有之义”“本质”“更基本、更深沉、更持久”“更基础、更广泛、更深厚”等，从这些定位词中，我们不难体会到文化自信更为基础、更为根本的地位和作用。

之所以说相对于道路自信、制度自信、理论自信，文化自信是更基础、更广泛、更深厚的自信，从根本上讲是由文化的地位作用决定的。文化是人类的灵魂，是民族的血脉，人民的精神家园。文化的影响无处不在、无时不有，既体现在个人的言行举止之间，也体现在宏大的历史发展进程之中。在习近平总书记看来，中华文化是中国道路的历史文化渊源，“每个国家和民族的历史传统、文化积淀、基本国情不同，其发展道路必然有着自己的特

---

① 习近平：《在文艺工作座谈会上的讲话》，《人民日报》2015 年 10 月 15 日，第 2 版。
② 习近平：《在哲学社会科学工作座谈会上的讲话》，人民出版社 2016 年版，第17 页。
③ 习近平：《决胜全面建成小康社会 夺取新时代中国特色社会主义伟大胜利——在中国共产党第十九次全国代表大会上的报告》，人民出版社 2017 年版，第 41 页。

色”①。“独特的文化传统，独特的历史命运，独特的国情，注定了中国必然走适合自己特点的发展道路。”② 中华文化是社会主义核心价值观的根和本，“一个民族、一个国家的价值观必须同这个民族、这个国家的历史文化相契合”。“我们生而为中国人，最根本的是我们有中国人的独特精神世界，有百姓日用而不觉的价值观。”③ 中华文化是中国特色国家治理体系形成和发展的基础，“一个国家选择什么样的治理体系，是由这个国家的历史传承、文化传统、经济社会发展水平决定的，是由这个国家的人民决定的。我国今天的国家治理体系，是在我国历史传承、文化传统、经济社会发展的基础上长期发展、渐进改进、内生性演化的结果”④。可以说，文化自信是根植于人们内心深处的自觉认同，是浸润中国道路自信、理论自信、制度自信的土壤。如果缺乏文化自信，那么道路自信、理论自信、制度自信就很难立起来，即使立起来也会因为缺乏文化的支撑而显得脆弱。在世界文化交流交融交锋不断加剧的今天，只有坚定文化自信，才能进一步坚定道路自信、理论自信和制度自信，“四个自信”之间才能相得益彰、弥久常新。

（二）中国道路因文化而更自信

唯物史观认为，社会发展从来都是“历史合力”作用的结果。一个国家发展道路的选择，会受到各种因素的影响，经济发展程度、阶级力量的对比、政治人物的价值取向都会影响一个国家的发展走向，但文化始终是一个必不可少的重要因素。马克斯·韦伯曾说，任何一项伟大事业的背后，都有支撑这一事业的文化精神，西方之所以能够率先打开现代化的大门，一个重要原因是新教伦理在西方的广泛传播，以及诞生在新教伦理基础上的资本主义精神的支撑。西方现代化离不开资本主义精神，资本主义精神也塑造了西方现代化。后现代化国家可以学习西方现代化的经验，但决不能照搬西方模式，因为发展模式可以照搬，而文化是没法照搬的。拉美一些国家在照搬西方发展模式后为什么会陷入发展的“陷阱”而不能自拔？一个重要的原因就

---

① 习近平：《胸怀大局把握大势着眼大事　努力把宣传思想工作做得更好》，《人民日报》2013 年 8 月 21 日，第 1 版。

② 《习近平谈治国理政》，外文出版社 2014 年版，第 156 页。

③ 习近平：《青年要自觉践行社会主义核心价值观》，《人民日报》2014 年 5 月 5 日，第 1 版。

④ 《习近平谈治国理政》，外文出版社 2014 年版，第 105 页。

是文化土壤不同，照抄照搬只能引发“水土不服”。

中国选择走中国特色社会主义道路，毫无疑问也是历史合力作用的结果。在影响中国道路选择的各种因素之中，“独特的文化传统”是首要因素。一是中国文化奠定了中国道路的根基，二是中国文化孕育了中国道路的自信。如果我们回顾中国道路的形成、开拓历程，就会发现，文化犹如一只看不见的手指引着中国道路的走向。同样是革命，苏维埃俄国选择的是从城市到农村的革命路径，而中国则选择的是从农村到城市的革命路径；同样是现代化，西方走的是外向型暴力式扩张之路，而中国走的是内敛式和平发展之路。这些都与中国独特的文化传统有关。马克思曾说过：“人们自己创造自己的历史，但是并不是随心所欲地创造历史，而是在现实的、既定的、从过去继承下来的条件下创造。”① 实际上，诞生在我们脚下这块土地上的中国道路，怎么能离开赋予了这块土地以灵魂的中华文化呢？可以说，是中华文化赋予了中国道路最为深厚的根基和自信。

伴随全球化的发展，世界已经成为一个你中有我、我中有你的命运共同体，但全球化并没有带来发展模式的趋同化，根本的原因还在于文化的不同。在全球化背景下，人类发展的“共同性”确实在显著增加，这种“共同性”既体现在利益方面，也体现在价值追求方面，比如经济的市场化、政治的民主化、发展的生态化等，但如果我们据此将全球化理解为“世界趋同”，理解为民族性的让位，那就是对全球化的误解。从本质上来讲，全球化本身就是一个充满矛盾的统一体，它既包含一体化的趋势，同时又含有多样化的倾向。从当今世界现实来看，我们也找不到两个完全相同的发展模式，在资本主义发达国家内部，有美国模式、德国模式、日本模式，等等；在发展中国家也有拉美模式、印度模式、中国模式，等等。我们姑且不说中国模式与美国模式的根本性区别，即使是同为资本主义模式的美国模式和日本模式，它们之间也有很大的区别。美国社会学家赫尔曼·卡恩曾深有体会地认为，现代化不再意味着美国化和西方化，虽然还可以从西方学到许多东西，但各个国家都将找到自己的道路。可以说，现代化始自西方，但现代化不等于西方化；全球化由西方开辟，但全球化并不等于趋同化。

实际上，发展模式的多样性已经被人类演化的历史所证实，那么是什么

---

① 《马克思恩格斯选集》第1卷，人民出版社1995年版，第585页。

原因使发展模式表现出如此多的差别性呢？习近平总书记指出："世界上没有放之四海而皆准的具体发展模式，也没有一成不变的发展道路。历史条件的多样性，决定了各国选择发展道路的多样性。"① 历史条件不同，发展道路也必然不同。当然，历史条件又是一个综合性范畴，由多种因素构成，其中有两个因素最为关键：一是生产力发展水平，这是最主要的因素，它决定一个国家的政治结构、文化结构，也决定发展模式的特点和形式；二是历史文化传统，这是影响最深刻的因素。如果说生产力发展水平会随着时间的变化而不断变化，那么历史文化传统则是稳定的。因此，历史文化的影响虽然不是决定性的，但却是最深刻的，也是最稳定的。

（三）文化自信面临诸多挑战

1980 年 1 月 16 日，邓小平在《目前的形势和任务》中指出："绝不允许把我们学习资本主义社会的某些技术和某些管理的经验，变成了崇拜资本主义外国，受资本主义腐蚀，丧失社会主义中国的民族自豪感和民族自信心。"② 随着我国经济社会的持续发展和国际地位的不断提高，国际社会对中华文化的理性认知逐步加深，国人对自身文化的信心不断增强。但我们也要清醒地看到，同实现中华民族伟大复兴的要求相比、同建设社会主义文化强国的要求相比，文化建设发展仍然任重道远，坚定文化自信仍面临诸多挑战。

一是虚无传统文化。中国传统文化是在几千年的演变中形成的物化形态以及内化到中国人言行中的思想文化因素的总和。其中的优秀内容能够奠定"做中国人的骨气和底气"，是我们最深厚的文化软实力，是中国道路、社会主义核心价值观的根脉所在。然而，当下仍有一些人对中国传统文化持否定的态度，认为诞生于农耕文明、封建社会的传统文化是"糟粕"，是"精神包袱"，"没有人性，只有奴性"，"它埋伏下一个民族和一种文化衰败的命运，既无感性生命的勃发，也无理性反省意识的自觉，只有生命本身的枯萎"，因此"中国传统文化早该后继无人"。还有一些人则秉持"西方文化中心论"，"言必称希腊"，认为中华传统文化已经完全过时，认为西方文明所

---

① 习近平：《在纪念毛泽东同志诞辰 120 周年座谈会上的讲话》，《人民日报》2013 年 12 月 27 日，第 2 版。

② 《邓小平文选》第二卷，人民出版社 1994 年版，第 262 页。

创作的文化才是真正值得我们采纳和践行的文明资源。这表明，文化虚无主义在当下中国仍有市场。

二是贬损革命文化。所谓革命文化，就是我们党在革命时期创建形成的优良传统、精神品格、道德规范等。革命文化是弥足珍贵的精神财富和智慧宝库，也是支撑我们党执政合法性的重要基础。近年来一些人以“重新评价”为名，不断诋毁、嘲弄中国革命历史，诋毁党的领袖、诋毁英雄人物，否定我们党的历史业绩，在社会上造成了恶劣影响。邱少云、黄继光都是我们从小敬仰的英雄，是中国共产党领导下人民军队的杰出代表，代表着中国共产党的坚定信仰。但就是这样的人也受到一些人的怀疑、抹黑。有人怀疑邱少云、黄继光的行为违背生理学常识，是我们党因宣传需要故意捏造出来的，从而引发了对英雄人物的怀疑甚至是侮蔑，造成了很坏的社会影响。

三是空泛社会主义先进文化。社会主义先进文化是社会主义建设和改革时期，在直接继承革命文化传统基础上形成和发展起来的。改革开放以来我国社会主义建设所取得的伟大成就，使得我们有充分理由对社会主义先进文化充满自信。但在现实中，对待社会主义先进文化存在着空泛化倾向。比如我们强调社会主义文化是先进文化，但在国际文化交往中对内讲社会主义文化，对外则讲中国传统文化。而在实际工作中，也出现“在有的领域中马克思主义被边缘化、空泛化、标签化，在一些学科中‘失语’、教材中‘失踪’、论坛上‘失声’”① 等问题。这些现象背后凸显的都是对社会主义文化先进性缺乏自信。

文化自信除了受到上述三种文化心态挑战外，还受到文化中心主义的挑战。所谓文化中心主义，一般是指具有某种文化背景的人或团体将自身文化当作中心和标准，并以此衡量和评价其他文化的倾向。历史地看，文化中心主义总是同民族兴盛、国家繁荣紧密相连的。近代西方依托工业革命的“红利”走在了世界的前列，西方文化中心主义随之盛行。古代中国富甲天下，华夏为“天下之中”、四方为“蛮夷之地”是当时人们基本的认识，以至于最早来华的传教士利玛窦作出了这样的评价：“就国家的伟大、政治制度和学术的名气而论，他们不仅把所有的别的民族都看成是野蛮人，而且看成是没有理性的动物。在他们看来，世上没有其他地方的国王、朝代或者文化是

---

① 习近平：《在哲学社会科学工作座谈会上的讲话》，人民出版社 2016 年版，第10 页。

值得夸耀的。”① 今天的中国，伴随着综合国力的不断发展和国际影响力的快速提升，包括“东方文化救世论”和“东方文化主导论”在内的文化中心主义也在悄然萌生。所谓“东方文化救世论”，就是强调西方文化在面对资本主义工业文明所带来的生态危机、道德危机、家庭危机、安全危机等问题时已经没有办法，只能依靠东方文化的智慧去解决这些问题。所谓“东方文化主导论”，就是认为在过去几百年的时间里，西方文化依托现代化的优势建立了西方文化在世界文化中的主导地位，今天伴随着以中国为代表的东方国家的崛起，西方文化的主导地位应让位于以中国为代表的儒家文化，东方儒家文化才是世界的未来。

三、在国际比较中培养文化自信

当今世界，全球化深入发展、科学技术日新月异，各国都在综合国力竞争的天平上追逐文化的砝码。在这样的国际背景下，如何培养文化自信越来越引起人们的关注。坚定文化自信，必须处理好中国特色和国际比较的关系，既不能因为“中国特色”而妄自尊大，也不能因为“国际比较”而妄自菲薄。

（一）培养文化自信要有国际比较视野

历史地看，大国崛起既应是经济、政治、军事的崛起，也应是文化的崛起，而文化崛起的核心是文化自信的确立。文化自信，说到底是人们在进行文化反思、比较、展望后形成的一种主观认同，这种主观认同，既包括对自身文化传统和内在价值的充分肯定，也包括对自身文化发展进程和生命力的坚定信念。能否形成文化自信，要受两个因素的制约，一是文化自身的价值和生命力如何，二是人们对文化价值和生命力如何认识评价。没有生命力的文化，是无法承载人们精神信念寄托的，也是无法得到人们肯定的；缺乏理性、科学的认识和评价，或妄自菲薄，或妄自尊大，也是不能让人真正感受文化内在价值和生命力的。

如果说在一定时期内，一种文化的价值和生命力是一个定量，对人们文化自信的培养影响比较小，那么，人们的认识和评价则是一个变量，很容易

---

① ［意］利玛窦：《利玛窦中国札记》，何高济、王遵仲、李申译，中华书局 1983 年版，第 181 页。

受到外部环境的影响，因此，能否以理性、科学的态度认识评价自身文化，对文化自信的形成至关重要。对自身文化形成理性、科学的认识，至少需要三个维度：民族历史维度、时代发展维度、国际比较维度。所谓民族历史维度，就是把文化放在民族发展进程之中，通过历史的纵向比较归纳出文化的点滴发展，感受其生命力之所在；所谓时代发展维度，就是把一种文化置于时代发展潮流之中，通过考察其对经济社会发展、人的发展的促进作用，感受其时代价值之所在；所谓国际比较维度，就是把文化置于世界文化发展的浪潮之中，通过与其他文化的横向比较，感受其独特创造、价值理念、鲜明特色之所在。对于当代中国而言，如果说民族历史维度解决的是古代中国文化与当代中国文化的关系问题，时代发展维度解决的是文化发展与其他社会发展的关系问题，国际比较维度解决的则是中国文化与世界文化、社会主义文化与资本主义文化的关系问题。

在全球化时代，我们之所以强调培养文化自信要有国际比较维度，首先是由全球化的内在本质决定的。全球化首先是一种生产现象、交换现象、消费现象，但全球化同时也是一种文化现象、思维现象。对此，马克思有过精辟论述："过去那种地方的和民族的自给自足和闭关自守状态，被各民族的各方面的互相往来和各方面的互相依赖所代替了。物质的生产是如此，精神的生产也是如此。"① 在前全球化时代，建立在领土疆域之上的民族国家一直是我们进行思考和分析的基本依托和主要坐标，政治认同、文化认同主要建立在民族国家发展的历史纵向比较基础之上。人类进入全球化时代以后，伴随着民族国家传统疆域的打破，人类考察事物赖以参照的坐标系不能再仅仅局限于一国疆域，而应扩展到世界。此时，我们认识评价事物，必须同时具备民族历史和国际比较视野，既要坚持进行民族的思考，也要学会全球的分析比较。其次是由中国的具体实际决定的。今天的中国早已深深地融入全球化的浪潮之中，并成为全球化进程的主要推动者。在这样的背景下，如果缺乏国际比较的视野，对于一个矢志建设文化强国的民族来说是不可思议的。回顾鸦片战争以来我国一百多年的文化发展史，可以发现，我们一度在坚守民族特色和学习外来文化中飘忽不定。虽然也提出过"师夷长技以制夷""洋为中用"等口号，制定过把更多优秀文化推向世界的举措，但始终

① 《马克思恩格斯文集》第2卷，人民出版社2009年版，第35页。

未能在世界上真正树立起中国文化的品牌，根本原因就在于对自身文化缺乏一个科学的定位，对中国文化在全球化背景中和人类历史发展进程中的依据和独特价值等问题，缺乏深入的、有说服力的研究，没有形成关于中国文化研究的自觉的“世界维度”和“国际比较视野”。这也是我们在试图扩大中国文化国际影响力时，无法有效地开展国际交流和对话的重要原因之一。

（二）克服文化自卑与文化自负

依托改革开放所释放的巨大能量，中国与世界的关系已经成功实现了从“面向世界”到“融入世界”再到“改变世界”的历史性飞跃。这为我们树立民族自信心奠定了根本。但问题是，物化的目标很容易达到，而精神的塑造却是一件精心的事。与经济自信、军事自信等相比，文化自信的树立可能需要一个更长的过程。在这个过程当中，我们必须克服两种心理。

一是“文化自卑”心理。自卑是一种不自信的表现，培养文化自信，必须抛弃文化自卑心理。中华民族素有文化自信的气度，但伴随着鸦片战争、甲午战争等一系列军事、外交、政治的失败，整个民族的自信心受到严重挫伤，从器物技艺到社会制度，再到民族文化，曾经支撑中华民族发展的一切要素都成了怀疑的对象，整个民族在排洋又崇洋、自大又自卑的怪圈中，逐渐失落了自信、迷失了自我，由自大到自惭，由自卑到自戕，开始了长期漂泊游弋。新中国的成立，使得国人第一次在列强主导的国际体系下挺直了腰杆，但当时的中国还是一个贫弱的政治大国。改革开放所带来的历史性变化，使得我们有充分理由在世界面前挺直腰杆，但西方普遍主义的影响，文化虚无主义的桎梏，使得“言必称希腊”“外国月亮总比中国圆”在今日的中国仍有追捧者。须知，历史上没有任何一个强盛的民族是靠否定自身而崛起的，也没有任何一个国家的崛起是靠虚无主义托起的。习近平总书记指出：“在中外文化沟通交流中，我们要保持对自身文化的自信、耐力、定力。”① 全球化的深入发展，要求我们无论在经济领域、政治领域，还是在文化领域，都必须睁眼看世界，必须具有国际比较视野，但如果在国际比较中丢失了自己，甚至否定了自己，那这样的比较没有意义。

二是“文化自负”心理。中国有句古话，叫“物无美恶，过则成灾”。

---

① 中共中央文献研究室：《习近平关于社会主义文化建设论述摘编》，中央文献出版社2017年版，第205页。

相对于文化自卑，文化自负则是一种过度自信，其带来的后果就是在文化的自我满足、自我陶醉中排斥外来文化，实施对外的闭关锁国和对内的文化专制，中国文化在近代衰落的根源正在于此。今日中国，伴随着经济社会的快速发展，文化领域也蔓延开一股自负心态，一些人文必行“最先进”、言必称“最强音”，似乎中国已经实现了文化强国的战略目标。客观而言，历经5000年积淀的中国传统文化具有强大的生命力和独特价值，我们党团结带领人民所创造的社会主义文化也代表了人类文化的前进方向。但应然并不等于实然，正如毛泽东1956年在《同音乐作者的谈话》中所说的那样，“近代文化，外国比我们高，要承认这一点”。一个妄自菲薄、数典忘祖的民族注定是没有前途的，但一个目光狭隘、妄自尊大的民族也是注定不会成功的。尤其需要指出的是，同近代以来历史上崛起的所有大国都不同，中国的崛起不仅意味着一个文明古国的崛起，更意味着一个社会主义国家、一条新型发展道路的崛起，因此，中国与西方在经济上可以融合，但在一定的历史时间内，中国与西方在文化上的“铁幕”并不会消失，任何战略上的失误和言语上的妄自尊大都可能引发外来的压力。特别是在国际战略格局深度调整、西方文化的影响力和吸引力正呈现出下降态势，西方一些国家已经明确将中国视为首要战略竞争对手的背景下，更要避免文化自负心态给自身的发展可能带来的额外战略压力。

（三）进行理性的国际比较

当今世界的文化是多元杂处、多样共生的，在这样的背景下培养文化自信，不仅需要热情，更需要理性。在全球化进程中进行理性的国际比较，我们应处理好以下两种关系：

一是文化引进来与文化走出去的关系。全球化时代，文化只有不断交流，影响力才能不断扩大。封闭的文化不仅是无声的，也是无力的。在当代中国，积极构建“引进来”和“走出去”相结合的文化发展格局，已经成为我们党和政府的基本文化政策。但我们也要看到，在文化“引进来”和“走出去”的对比上，我国仍存在着巨大的“文化逆差”。这种“逆差”，不仅表现在“量”上，也表现在“质”上。文化交流可以分为三个层次：实用文化（器）交流、艺术文化（术）交流、思想文化（道）交流。真正意义上的文化交流，应是思想上的交流。停留在实用文化和艺术文化层次的交流很难触及文明的内部神经。然而在当前，走出去的我国文化还主要集中在实用文化和艺术文化层面，思想文化层面的则很少。习近平总书记在十八届中共中央政治局第十二次集体学习时曾指出："要加强提炼和阐释，拓展对外传播平台和载体，把当代中国价值观念贯穿于国际交流和传播方方面面。"① 当代中国价值观念的根是优秀传统文化，魂是社会主义文化，努力传播当代中国价值观念，说到底就是要把这两种文化都推向世界。当前，我们对于推动传统文化走向世界都无异议，但在社会主义文化能否"走出去"问题上，大都讳莫如深，实际上这是缺乏文化自信的表现。要全面提升中国文化国际影响力，必须敢于突破这个认知障碍。

二是文化借鉴与文化创新的关系。世界文化丰富多彩，不同文化之间的相互学习和借鉴是文化发展的必要条件。历史上，希腊通过学习埃及创造了希腊文化，罗马通过学习希腊缔造了罗马时代，中世纪的欧洲通过学习东罗马实现了文艺复兴。改革开放以来，为推进我国现代化建设的步伐，我国积极引进优秀文化成果。这对于推进我们观念更新、理论创新起到了积极作用。但在这个过程当中，也出现了一些值得我们深刻反思的现象，就是一些人把文化创新变成了对西方文化话语系统和价值观念的复制和传播，把西方学者的观念和话语体系提高到无以复加的地步，言必称"西方范式"、文必行"西方话语"已经成为这些人对"文化创新"的另类解读。须知，文化借鉴只是手段，文化创新才是目的，一个只会"鹦鹉学舌"般运用别人话语系统来进行思维、建构体系，而不能通过创造自己独立的概念系统去进行文化生产和文化创造的民族，是永远不可能实现对他者文化的超越的。我们必须在借鉴的基础上，建构起具有中国特色的新概念新范畴新观念。

四、在拓展中国道路中坚定文化自信

马克思曾深刻指出："人们按照自己的物质生产方式建立相应的社会关系，正是这些人又按照自己的社会关系创造了相应的原理、观念和范畴。"② 文化自信问题既是一个主观认识问题，也是客观实践问题。坚定文化自信，

① 习近平：《建设社会主义文化强国　着力提高国家文化软实力》，《人民日报》2014年1月1日，第1版。

② 《马克思恩格斯选集》第1卷，人民出版社2012年版，第222页。

需要主观上树立正确的文化价值观，也需要经济、政治、文化等诸方面的全面协调发展。

（一）在继续推动中国现代化进程中坚定文化自信

物质基础决定上层建筑，社会存在决定社会意识。习近平总书记指出："每到重大历史关头，文化都能感国运之变化。"① 近代之前，中国人对自身文化充满信心，主要得益于中国经济社会发展长期走在世界的前列。鸦片战争后，国运衰败，曾经支撑中华民族发展的一切要素都成了怀疑的对象，整个民族逐渐失去了文化自信。改革开放以后，伴随着经济社会的快速发展，国人对自身文化评价才逐渐走出自卑的泥沼而恢复自信心态。纵观近代以来国人所经历的文化心路，不难发现一个朴素的真理：没有国家的强盛，文化自信是立不起来的。习近平总书记指出："只有牢牢扭住经济建设这个中心，毫不动摇坚持发展是硬道理、发展应该是科学发展和高质量发展的战略思想，推动经济社会持续健康发展，才能全面增强我国经济实力、科技实力、国防实力、综合国力，才能为坚持和发展中国特色社会主义、实现中华民族伟大复兴奠定雄厚物质基础。"② 对于当今中国来说，现代化仍是未竟的目标。面对浩浩荡荡的时代潮流和正在深度调整的国际战略格局，丝毫的自满和点滴的懈怠，都会给中国的现代化之路增添障碍，必须再接再厉、一往无前，继续把中国特色社会主义现代化事业推向前进。唯有如此，才能为文化自信奠定更为厚实的物质基础。

对于坚定文化自信而言，在中国特色社会主义现代化的整个蓝图上，建设社会主义文化强国应是最为重要的部分，这不仅在于其可以为社会主义现代化建设提供强大的精神力量，更在于其对文化自信的直接支撑作用。在当今世界，中国价值观念存在太多被扭曲、被屏蔽的真相；在当今中国，主导文化存在太多被歪曲、被虚无的问题。解决被屏蔽、被虚无的问题，既要靠政治谋划，更要靠文化实力支撑。要通过大力发展文化产业、文化事业，解决软实力和硬实力之间存在的"落差"问题；要通过推动中华文化走出去、

① 中共中央文献研究室：《习近平关于社会主义文化建设论述摘编》，中央文献出版社2017年版，第7页。

② 习近平：《在庆祝改革开放40周年大会上的讲话》，人民出版社2018年版，第28页。

增强文化国际传播力，解决信息流进和流出之间存在的“逆差”问题；要通过积极参与全球文化治理、增强国际话语权，解决“失语”“挨骂”的问题；通过深化文化体制改革、完善公共文化服务体系，解决“占领人心”的问题。

（二）在推动文化共享中坚定文化自信

满足人民群众日益增长的精神文化需求，是新时代坚持和发展中国特色社会主义的重要内容，也是坚定文化自信的内在要求。一个人思想观念的形成，不仅取决于理论的支持程度，也取决于生活的支持程度。列宁曾说：“大多数人是根据实际生活得出自己信念的，他们不相信书本和空谈。”① 随着我国经济社会持续快速发展和人民生活水平不断提高，城乡居民文化需求越来越旺盛，文化消费进入了高速增长期，呈现出多层次、多形式、多样化的特点。这既为文化建设注入新的动力，也使文化发展中存在的不平衡不充分矛盾日益凸显。“满足人民过上美好生活的新期待，必须提供丰富的精神食粮。”② 满足人民群众日益增长的精神文化需求，既是一个“做蛋糕”问题，也是一个“分蛋糕”问题。破解新时代社会主要矛盾，推动文化繁荣发展，坚定文化自信，必须坚持社会效益和经济效益相统一，在满足人民群众多样化、多层次文化需求的同时，保证好人民群众的基本文化需求。

在文化领域，解决“分蛋糕”问题的关键是在推动文化事业全面繁荣和文化产业快速发展的过程中，要始终不渝地坚持正确的方向。习近平总书记在看待文化体制改革问题上，既强调要通过全面深化改革推动文化事业和文化产业快速发展，更强调要通过改革不断加强公共文化体系建设，促进基本公共文化服务标准化、均等化。在全国宣传思想工作会议上，他强调文化体制改革必须始终坚持社会主义先进文化前进方向，始终把社会效益放在第一位。在党的十八届四中全会第一次全体会议上他强调，要“继续推进文化体制改革，着力建设现代公共文化服务体系和现代文化市场体系，促进文化繁荣发展。制定国家公共文化服务标准和指标体系，促进基本公共文化服务标

---

① 《列宁全集》第35卷，人民出版社1985年版，第374页。

② 习近平：《决胜全面建成小康社会　夺取新时代中国特色社会主义伟大胜利——在中国共产党第十九次全国代表大会上的报告》，人民出版社2017年版，第43—44页。

准化、均等化。继续实施文化惠民工程，推进基层公共文化设施共建共享”①。在十八届六中全会第一次全体会议上他又强调，要加快完善促进基本公共文化服务标准化、均等化等体制机制。党的十九大报告提出的“增加公共服务供给”“实施脱贫攻坚工程”“提高教育质量，推动义务教育均衡发展”“促进就业创业，坚持就业优先战略”“缩小收入差距”等，看似和文化建设无关，但从根本上决定了文化自信的程度。可以说，推动基本公共文化服务标准化、均等化，让人民更好地分享文化发展成果，是坚持和发展中国特色社会主义文化的首要价值追求。

（三）在推进党建设新的伟大工程中坚定文化自信

社会主义文化能否得到人民群众认同，党员干部形象至关重要。对于普通百姓来说，他们对马克思主义、社会主义文化的了解和判断，以及心理上的认同，进而理想和信仰上的追随，主要是通过同党员干部接触实现的。党员干部出问题，影响的不仅是人们对党的认同，还有对文化的认同。原苏共中央委员格·阿·阿尔巴托夫在《苏联政治内幕：知情者的见证》中讲到苏共信仰危机时认为，特权腐败在苏联不仅造成国家物质上的损失，“道德上的损失就更为惨重：经常遇到磨难的大多数人对那些不仅享受福利照顾而且享有种种特权、任意攫取不义之财而又逍遥法外的‘上流人物’的憎恨之情与日俱增，埋下了社会冲突的地雷，党、政府、整个领导层的威信不断下降，同时作为一种自然反应，右的和左的平民主义都冒出来了”②。在思想价值多元、考验多样的社会条件下，解决文化自信不足问题，必须实现两个结合：一是把文化建设和党的建设结合起来；二是把理论正义性和实践正义性结合起来。

文化建设只能解决文化认知问题，解决不了文化认同问题。革命年代，人民群众之所以信马克思主义，愿意冒着被杀头的危险跟共产党走，既在于它有感人的社会理想，更在于有无数真诚信仰并为之奋斗牺牲的践行者。今天之所以出现一些文化认同问题，一个重要原因是领导干部中出现的消极腐

---

① 中共中央文献研究室：《习近平关于社会主义文化建设论述摘编》，中央文献出版社2017年版，第188页。

② ［俄］格·阿·阿尔巴托夫：《苏联政治内幕：知情者的见证》，徐葵、张达楠等译，新华出版社1998年版，第341页。

败问题。我们党必须经常“注意整党整风”，必须“坚持坚持再坚持，把作风建设抓到底”，让为人民服务的根本宗旨，权为民所用、利为民所谋的执政理念，永葆先进性、纯洁性的政治追求，真正转化为我们的执政行动，让一切损害人民利益的行为彻底消失。唯有如此，才能提升人民群众对主导文化的认同感。

第三章

传承文化基因

基因是生物体遗传的基本单位，决定着生物的种类、性状。所谓文化基因，则是一个民族或国家生长延续的精神族谱，是彰显民族和国家特性的独特标识，它不仅支配着该民族或国家成员的思维方式和行为习惯，也影响着该民族或国家对社会发展制度、道路的选择。习近平总书记指出，中华优秀传统文化是中华民族的精神命脉，“我们要坚守中华文化立场、传承中华文化基因，展现中华审美风范”①。对于中华民族来说，独特的文化基因塑造了中华儿女独特的精神品格；对于中国来说，独特的文化基因决定了我们只能走社会主义道路；对于中国共产党来说，独特的文化基因决定了其独特的政治追求。面对多元文化的冲击，我们“要努力从中华民族世世代代形成和积累的优秀传统文化中汲取营养和智慧，延续文化基因，萃取思想精华，展现精神魅力”②。

一、植根于中华民族血脉深处的文化基因

文化作为人类创造的精神成果，是随着人类实践和历史进步而不断发展的。一个民族的历史或长或短，或厚或薄，都有自己的文化传统。传统的持续延续、不断积淀，逐渐演化成一个民族的文化基因。每一个民族都有自己的文化传统，也都有自己的文化基因。对于中华民族的文化基因，习近平总书记指出：“支撑我们这个古老民族走到今天的，支撑5000多年中华文明延

① 《十八大以来重要文献选编》（中），中央文献出版社2016年版，第136页。

② 习近平：《大力弘扬伟大爱国主义精神　为实现中国梦提供精神支柱》，《人民日报》2015年12月31日，第1版。

绵至今的，是植根于中华民族血脉深处的文化基因。”①

在世界几大古代文明中，中华文明是唯一没有中断、延续发展至今的文明，已经有5000多年历史了。曾经与中华文明齐名的古巴比伦文明、古埃及文明，在岁月一轮轮的冲刷下，早已化为文化的记忆埋在人们内心深处，而唯有中华文化，虽历经碰撞冲突、交融整合，仍然坚韧地延续了下来。源远流长的中华文化如一股活水，孕育于夏商周，形成于春秋战国，发展于秦汉隋唐，成熟于宋元明。在这个过程当中，中华文化以其超强的包容融合能力、吸收消化能力，不断自我升华，最终成为人类文化发展史上的一座丰碑。站在时代的高度，考察中华传统文化，其虽有糟粕之处，但更多的是能够超越时空限制的道德精髓和思想精华。

在中华传统文化中，道德文化独树一帜，并成为中华文化的显著特征。如果说西方文化是一种求真文化，关注的重心是自然和认识问题，那么中华文化则是一种求善文化。虽然在中华传统文化中也有科技思想，也讲心物之辩、理气之辩、道器之辩，但重点始终是人生问题、道德问题。习近平总书记指出：“中华民族在长期实践中培育和形成了独特的思想理念和道德规范，有崇仁爱、重民本、守诚信、讲辩证、尚和合、求大同等思想，有自强不息、敬业乐群、扶正扬善、扶危济困、见义勇为、孝老爱亲等传统美德。中华优秀传统文化中很多思想理念和道德规范，不论过去还是现在，都有其永不褪色的价值。”② 在中华传统文化的视野中，人类最为天下贵，具有自然万物所不及的最高价值；群体利益是最高利益，人的社会价值、群体价值最为重要；个人价值主要体现在道德品质上，而不是体现在知识和能力上。中华文化的道德取向，虽然在社会实践特别是在中国由传统社会向现代社会的转化中产生了一定的消极阻滞作用，但其也赋予了中华民族强大的自信力，极大地促进了中国社会科学尤其是伦理道德学说的发展和完善，增强了全民族的亲和力和凝聚力，为使中国成为高度文明的“礼仪之邦”发挥了重要作用。

在世界文化范围内，中华文化还以鲜明的“和合”“和平”追求而为世

① 习近平：《携手建设更加美好的世界——在中国共产党与世界政党高层对话会上的主旨讲话》，《人民日报》2017年12月2日，第2版。

② 《十八大以来重要文献选编》（中），中央文献出版社2016年版，第136页。

人所认同。在中华民族5000多年的悠久历史中，“和合”“和平”文化始终居于重要地位，其不仅构成了中华民族思维方式和行为方式的内在支撑，也是世界认识中华民族的重要文化符号。在古代中国人的眼里，国家内部讲究的是“亲睦九族”，君子之道强调的是“和而不同”，家庭成员推崇的是父慈子孝、兄良弟悌。更为重要的是，封建士大夫们不但有志于实现中华民族内部的和谐，还试图把和谐的社会秩序推行到整个世界，以谋求世界秩序的和平与稳定。中国绝大多数封建王朝在对外交往中，都注意止戈息武，强调“协和万邦”“万国咸宁”“天下太平”。西汉始起的“和亲”政策，就是古代外交实践中对外倡导“社会和谐、天下太平”理想的集中体现。即便是实力鼎盛的唐朝，也将“和亲”政策作为处理对外关系的重要手段，因而才有“文成公主入吐蕃”的佳话。在“贞观之治”和“开元盛世”的大治时期，唐朝的经济发展水平达到了前所未有的高峰，社会文化也呈现出开放、宽容、大度的特点，中华文化的辐射力空前强大。尽管如此，唐代中国也没有进行大规模的对外征战。清代“康乾盛世”也同样如此。所以习近平主席指出：“中国人自古以来信奉‘己所不欲，勿施于人’、‘天下为公’、‘和谐万邦’的理念，中国绝不会搞国强必霸，也不认同你输我赢的零和游戏，因为中国人从来没有这种文化基因，也没有这种野心。”① 总之，中国在历史上处理对外关系时所采取的天下主义文化模式无不体现了“社会和谐、天下太平”的理想追求。

如果说中华文化在处理人与人、人与社会关系的问题上强调的是和谐，在处理国与国关系的问题上讲究的是和平，那么在处理人与自然的关系上强调的则是“天人合一”。习近平总书记多次指出：“中华文明历来强调天人合一、尊重自然。”② “道法自然、天人合一是中华文明内在的生存理念。”③ 总结中华文化典籍对人与自然关系的认识，大都蕴含着浓浓的“合一”思想。从儒家提倡的“亲亲而仁民，仁民而爱物”，到道家主张的“道法自然”，无不如此。西方文化虽然也蕴含着和谐思想，主张尊重自然，但总体

---

① 《习近平同希腊总统帕夫洛普洛斯会谈》，《人民日报》2019年11月12日，第1版。

② 习近平：《携手构建合作共赢、公平合理的气候变化治理机制——在气候变化巴黎大会开幕式上的讲话》，《人民日报》2015年12月1日，第2版。

③ 习近平：《深化文明交流互鉴 共建亚洲命运共同体——在亚洲文明对话大会开幕式上的主旨演讲》，《人民日报》2019年5月16日，第2版。

而言，其主格调还是“天人相分”，强调的是人对自然的征服和利用。在工业革命爆发以来的300多年中，伴随着西方资本主义在世界的扩张，其文化中所蕴含的个人主义、自我中心主义、物质主义、消费主义也在“浸透”世界，成为影响当今世界社会生产方式和生活方式的重要思想之源。无节制的生产、无节制的消费，最终引发了全球性的生态危机。面对快速工业化引发的生态问题，习近平总书记指出：“世界上一些有识之士认为，包括儒家思想在内的中国优秀传统文化中蕴藏着解决当代人类面临的难题的重要启示，比如，关于道法自然、天人合一的思想。”① 站在人类文明发展的高度看，“道法自然、天人合一”蕴含的生态文明理念，不能不说是具有超越时空局限、符合人类文明进步的健康发展理念。

在中华优秀传统文化的大观园中，诸子学说熠熠生辉，构成了中华文化的一道亮丽风景。2014年3月27日，习近平主席在中法建交50周年纪念大会上的讲话指出：“中国和法国都是有着独特文明的古老国度。以黄河长江和卢瓦尔－罗讷水系为母亲河的两个伟大民族，都曾经长期引领各自所在地区的文明发展进程。老子、孔子、墨子、孟子、庄子等中国诸子百家学说至今仍然具有世界性的文化意义，声名远扬的法国思想家们为全人类提供了宝贵精神财富。”② 2000多年前，中国就出现了诸子百家的盛况，老子、孔子、墨子等思想家上究天文、下穷地理，广泛探讨人与人、人与社会、人与自然关系的真谛，提出了博大精深的思想体系。他们提出的很多理念，如孝悌忠信、礼义廉耻、仁者爱人、与人为善、天人合一、道法自然、自强不息等，至今仍然深深影响着中国人的生活。按照雅斯贝尔斯的说法，2000多年前，人类迎来了思想发展的“轴心时代”，在西方出现了苏格拉底、柏拉图、亚里士多德，在印度出现了释迦牟尼，在中国则出现了老子、孔子，是他们奠定了各自文化发展的基础。在中华文化中尤其如此。从文化意义上可以说，没有诸子思想，就没有中华文化的盛况。虽然他们的思想不可避免地具有时代的局限性，但他们科学上求大真、伦理上求大善、艺术上求大美的文化精

---

① 习近平：《在纪念孔子诞辰2565周年国际学术研讨会暨国际儒学联合会第五届会员大会开幕会上的讲话》，《人民日报》2014年9月25日，第2版。

② 习近平：《在中法建交50周年纪念大会上的讲话》，《人民日报》2014年3月29日，第3版。

神，早已积淀为中华民族的文化基因，源源不断地为中华民族提供精神支撑和心灵慰藉。

二、中国共产党始终是中华优秀传统文化的忠实传承者和弘扬者

中华优秀传统文化凝聚着中华民族自强不息的精神追求和历久弥新的精神财富，是建设中华民族共有精神家园的重要支撑，是中国共产党发展壮大的丰厚沃土。2014 年 3 月 29 日，习近平主席在德国柏林同德国汉学家、孔子学院师生代表举行座谈时说："我作为国家主席，有一些老前辈就跟我讲，作为中国的领导人要干什么呢？就是不要把中国 5000 年的文明文化搞丢了，还应该在你们手里传承下去。"在党的十九大报告中，习近平总书记旗帜鲜明地指出："中国共产党从成立之日起，既是中国先进文化的积极引领者和践行者，又是中华优秀传统文化的忠实传承者和弘扬者。"① 作为中华优秀传统文化的忠实传承者和弘扬者，中国共产党不仅从中华优秀传统文化中汲取了丰富的精神营养，也以自身的行动推动了中华优秀传统文化的繁荣发展。

（一）中华优秀传统文化契合了中国共产党的政治追求

同重利轻义、个人至上的西方文化相比，中华文化秉承的是"以民为本"，推崇的是"天下为公"，追求的是"大同社会"，认同的是"协和万邦"。这些独特的价值追求，与中国共产党的政治追求有着天然的契合性，从而使得中国共产党的政治追求可以获得最为深厚的文化支撑。

在政治领域，传承以民本、统一、德治为主要内容的传统政治文化，中国共产党始终坚持中国特色政治发展道路。政治文化不同，政治发展道路就不同。西方传统政治文化从根本上讲是一种诞生在商业经济之上的以个体主义为指导，以正义、法治、分权、自由为主要内容的政治文化；而中国传统政治文化则是一种诞生在农业经济之上的以王权主义为核心，以民本、统一、德治为主要内容的政治文化。三权分立、宪政民主在西方具有深厚的文化土壤，而在中国则行不通，这已为近代中国的政治实践所证明。今日中国同一百年前的旧中国相比，已经发生了翻天覆地的变化，但作为最深沉、最

---

① 习近平：《决胜全面建成小康社会　夺取新时代中国特色社会主义伟大胜利——在中国共产党第十九次全国代表大会上的报告》，人民出版社 2017 年版，第 44 页。

稳定的部分，文化包括传统政治文化并没有发生断裂式的改变，它正在以民族政治心理、政治态度、政治情感等方式影响着人们对现有政治发展道路的评价和认同。今天，中国共产党在政治实践中探索出的以党的领导、人民当家作主、依法治国为关键的中国特色政治发展道路，既是马克思主义政治思想指导的结果，也是中国传统政治文化现代转换的结果。

在经济领域，传承“不患寡而患不均”的价值取向，中国共产党始终坚持“共同富裕”的中国特色社会主义根本原则。纵览世界历史发展，一个国家与阶级的堕落乃至毁灭，往往是因为人们无法容忍社会资源向极少数人手里汇聚，从而使得两极分化的矛盾日趋凸显，这几乎是奴隶社会、封建社会与资本主义社会的一个共性。基于对世界历史发展教训的反思和社会主义的本质要求，新中国成立以来，中国共产党一直将共同富裕视为社会主义和资本主义的根本区别，将实现共同富裕视为中国社会主义的根本目标和根本任务。这一目标和任务的确定，既体现了中国共产党人对中国特色经济社会发展必由之路的高瞻远瞩，也体现了对几千年来中华文明“不患寡而患不均”的社会价值目标的传承。出自《论语·季氏》的“不患寡而患不均”，经过人们口口相传，在中国传统价值体系中已经不仅仅是一种经典的表达，更成为中国人的一种社会价值追求和衡量社会发展的重要标尺。我们剔除“不患寡而患不均”消极的一面之后，可以看到其中渗透着一种对未来社会发展目标的期待。而当中国走上社会主义道路之后，这种古老价值追求也就获得了政治实践的土壤。

在社会领域，传承中华和谐文化，中国共产党始终坚持社会和谐的中国特色社会主义的本质属性。和谐文化在中华传统文化中占有重要的位置，“和而不同”“以和为贵”“厚德载物，天人合一”等许多人所熟知的词语，都有和合、和谐、协调的含义。当然，西方人也讲和谐，但与东方文化相比，在立意和主旨上还是有很大差别的。西方文化讲的和谐是对立基础上的和谐，对立是第一位的；而中国传统文化虽然也讲“不同”，但是为了和谐，和谐是第一位的。对于中西文化的这一差别，罗素曾做过一个精辟的论述，中国人发现使全世界幸福的生活方式——和谐，并为此进行了长达几个世纪的实践，而欧洲人的生活方式是争斗、剥削、不稳定的变化、不满及强烈的寻求破坏。作为一种国家的宏观战略选择，中国共产党提出的建设和谐社会目标，并不是哪一个领导人或哪一届政府心血来潮的偶然举措，而是改革开放进入新的时期后形成的一种全新的国家治理共识。这种共识既同中国共产党对我国国情、社会主要矛盾的判断密切相关，也同历史地延续了中国古人对社会建设的美好要求有关。

在国际政治领域，秉持“协和万邦”和平文化传统，中国共产党始终坚持和平发展的道路。同崇尚竞争和丛林法则的西方文化不同，中华优秀传统文化是一种和平文化，追求的是“协和万邦”。中华民族的血液中没有侵略他人、称霸世界的基因。布热津斯基在《大棋局》一书中曾指出：“在中国的全盛时期，中国在全球没有可以与之匹敌的国家，这是指没有其他大国向中国的帝国地位挑战，甚至如果中国想进一步扩张，也没有任何其他大国能够抵挡中国的扩张，但中国还是比较有限地使用武力。”① 历史也确实如此，自西罗马帝国崩溃后的1500多年里，中国在大多数时间内都是世界上最强大的国家，但中国从来没有对世界和平形成威胁。中国人民在厚重的和平文化的影响下，对内重视道德教化，主张各族人民和谐相处；对外重视睦邻友好，主张各国和平共处。今天，中国共产党始终坚持走和平发展的道路，来源于对实现自身发展目标条件的认知，来源于对世界发展大势的把握，也来源于中华文明的深厚渊源。用“国强必霸”的历史思维定性中华民族的复兴，不仅是对中国道路的刻意歪曲，更是对中华传统文化的无知。

总之，中华传统文化是中华民族在5000多年的发展过程中形成的物化形态以及内化到中国人言行中的思想精神因素的总和，其中的优秀内容能够奠定“做中国人的骨气和底气”，是我们最深厚的文化根基，足以让生于斯、长于斯的每一个华夏儿女、每一个先进政治组织自信。悠久的中华优秀传统文化是中国共产党的文化基因，它不仅为中国共产党的发展壮大提供了最为深厚的文化支撑，也孕育了中国共产党最为宝贵的精神基因。

（二）毛泽东与马克思主义中国化命题的提出

历史地看，中国共产党自成立之日起，就把马克思主义写在自己的旗帜上，并为之奋斗不已。但客观环境和自身认识的局限，使得刚刚成立的中国共产党内部逐渐出现了把马克思主义教条化、共产国际决议神圣化和苏联经验绝对化的倾向，尤其是以王明为代表的“左”倾错误，在思想上、政治

---

① ［美］兹纽比格·布热津斯基：《大棋局》，中国国际问题研究所译，上海人民出版社1998年版，第21页。

上、军事上、组织上表现得最为充分和完整。面对马克思主义教条化给中国革命带来的伤害，毛泽东逐步看到了实现马克思主义中国化的必要性和迫切性，认识到照搬马克思主义书本或苏联革命经验都不能给中国革命带来成功的希望，于是下决心从中国革命的具体历史条件出发，最终开创了中国特色的、以农村包围城市武装夺取政权的革命道路，并提出了“马克思主义中国化”这一历史性命题。“马克思主义中国化”这一命题是毛泽东在1938年9月至11月召开的六届六中全会代表党中央在会上所作的《论新阶段》的政治报告中首次提出的，“对于中国共产党来说，就是要学会把马克思列宁主义的理论应用于中国的具体的环境。成为伟大中华民族的一部分而和这个民族血肉相连的共产党员，离开中国的特点来谈马克思主义，只是抽象空洞的马克思主义。因此，使马克思主义在中国的具体化，使之在其每一表现中带着必须有的中国的特性”①。在毛泽东看来，马克思主义中国化就是把马克思主义和中国具体实际相结合，使马克思主义在中国具体化，它包括两个方面的内容：一是要使马克思主义与中国具体实践相结合，把马克思主义“应用于中国的具体的环境”；二是要使马克思主义与中国传统文化相结合，使马克思主义具有“为中国老百姓所喜闻乐见的中国作风和中国气派”。

对于毛泽东强调的马克思主义必须同中国传统文化相结合的思想，施拉姆曾评价道：“毛泽东确信中国文化是一个伟大的奇迹，而且或许是独一无二的奇迹，历史上的成就加强了他的民族自豪感。另一方面，他的目的非常明确：用民族传统中的思想和财富来丰富马克思主义，使其成为进行革命转变、最终实现西方化的最强有力的动力，而不是用什么披着马克思主义外衣的新教条主义去取代中国传统文化。”② 而在实践中，正是在马克思主义中国化科学思维的指导下，“农民革命”才逐渐取代了“城市革命”，“山沟里的马克思主义”才最终战胜了“教条化的马克思主义”。

新中国成立后，毛泽东并未放弃成功的历史经验，“一直在探索中国的现代化进程与革命战争精神的结合、马克思主义与中国传统文化、专政与人

---

① 《毛泽东选集》第二卷，人民出版社1991年版，第533—534页。

② ［美］斯图尔特·施拉姆：《毛泽东的思想》，田松年、杨德等译，中国人民大学出版社2013年版，第97页。

民民主等一系列问题"①。1958年5月，毛泽东在党的八大二次会议上的四个讲话提纲中多次写道："要破除迷信"，要"敢讲、敢想、敢做"；"马克思、列宁都反对将他们的主义当教条"，"马列是指导，不是教条，教条论是最无出息的，最丑的"，"教条诸公对我没有发言资格"，要"大讲特讲，破除迷信"。② 1959—1960年，毛泽东在《读苏联〈政治经济学〉（教科书）的谈话》中再次强调："马克思这些老祖宗的书，必须读，他们的基本原理必须遵守，这是第一。但是，任何国家的思想界，都要创造新的理论，产生自己的理论家，来为当前的政治服务，单靠老祖宗是不行的。"③ 毛泽东是马克思主义中国化的光辉典范，他善于从中国建设的实际出发，以中国传统文化为基础，喜欢用平民百姓喜闻乐见的形式表达深刻的政治理论，这为他独立探索适合中国的现代化道路奠定了基础。美国学者阿瑞夫·德里克在论及毛泽东如何推进马克思主义中国化时认为：毛泽东的马克思主义是全球社会主义在中国的反映，"毛所进行的使社会主义本土化的工作并不仅仅是为了使民族利益或民族富强的考虑成为衡量社会主义相关性或社会主义主张有效性的标准，而是标志着社会主义的真正民族化，即要使有效性社会主义学说成为当地的社会文化环境的声音"。"本土化的社会主义标志着社会主义被融入了中国的大地之中，标志着社会主义理想在一种表达了民族理想的语言之中的再现。"④

毛泽东之所以在提出马克思主义中国化命题时，将与中国传统文化相结合视为马克思主义中国化的一个"结合点"，一个重要的原因是其浓厚的传统文化情结。李锐就曾分析认为，比较毛泽东受马克思主义和中国传统文化的影响，毛泽东实际上受中国传统文化的影响更大，特别是新中国成立以后，"显然对中国古籍更感兴趣。他首倡标点印行的古书第一部是《资治通鉴》，其次是《二十四史》……通观《毛选》四卷，极少引用马恩原著，列宁著作也限于哲学，斯大林著作稍多几处，而中国古籍则信手拈来，触目皆是，从四书五经到诸子百家、《二十四史》、《资治通鉴》到诗词曲赋、笔记

---

① ［美］斯图尔特·施拉姆：《毛泽东的思想》，田松年、杨德等译，中国人民大学出版社2013年版，第173页。

② 《毛泽东文集》第七卷，人民出版社1999年版，第194—203页。

③ 《毛泽东文集》第八卷，人民出版社1999年版，第109页。

④ 转引自萧延中主编《历史的天平上》，中国工人出版社1997年版，第226页。

小说，能找到几百条成语典故。尤其《资治通鉴》是常置案头的，跟人说过，他读过七遍。可以说，中国传统文化是毛泽东一生主要的思想土壤”①。毛泽东对于古书的热爱，以及对于历史经验教训的灵活运用，曾令周恩来印象深刻。在《学习毛泽东》一文中，周恩来评价道：“读古书使他的知识更广更博，更增加了他的伟大。”② 阿里夫·德里克则在运用批判思想与结构主义方法深入研究毛泽东思想的基础上认为：“毛泽东的马克思主义在现代性上打上了中国历史处境的烙印。”③ 毛泽东对传统文化全方位地汲取，为其思想的形成提供了养料。历史已经充分证明：毛泽东之所以能够成为一代伟人，与其本身长期善于从中国传统文化中不断汲取养分有着重大关联。

（三）邓小平与中国特色社会主义的开辟

经典现代化理论认为，现代化之路就是西方道路。在这种理论的引导下，西方现代化道路成为很多发展中国家纷纷效仿的对象。但纵观世界现代化历史进程，“全盘西化”不仅没有给非西方国家带来想象中的繁荣，反而带来了不尽的政治冲突和经济发展的跌宕起伏。非洲的贫穷、拉丁美洲经济发展的停滞，就是最好的佐证。而中国特色社会主义道路的探索之所以成功的一个根本经验，就是将现代化与本土文化和本国国情结合起来，走出有自己特色的现代化道路。

历史地看，作为改革开放的总设计师，邓小平在设计中国特色社会主义现代化道路时始终秉持两个视角：一个是世界视角，一个是中国视角。社会主义建设时期所遭遇的挫折清晰地表明，中国要实现现代化，必须走向开放的世界，做“世界公民”。“现在的世界是开放的世界”——“没有一个国家能够在孤立状态下实现现代化”——“中国的发展离不开世界”④，这是邓小平制定对外开放战略的现实基础和历史依据。“社会主义要赢得与资本主义相比较的优势，就必须大胆地吸收和借鉴人类社会创造的一切文明成果，吸收和借鉴当今世界各国包括资本主义发达国家的一切反映现代社会化

① 李锐：《毛泽东的早年和晚年》，贵州人民出版社 1992 年版，第 173 页。

② 《周恩来选集》上卷，人民出版社 1980 年版，第 333 页。

③ ［美］阿里夫·德里克、［美］保罗·希利、［澳］尼克·奈特：《毛泽东思想的批判性透视》，张放等译，中国人民大学出版社 2015 年版，第 60 页。

④ 《邓小平文选》第三卷，人民出版社 1993 年版，第 78 页。

生产规律的先进经营方式、管理方法。”① 但邓小平也深知，在中国这块具有深厚文化历史传承的土地上实现现代化，还必须从中国的实际出发，从中国的国情出发。1979 年 12 月 6 日，邓小平在会见日本首相大平正芳时说：“我们要实现的四个现代化，是中国式的四个现代化。”② 在实践中，中国现代化需要借鉴世界各国特别是西方国家的经验，但在理论上必须始终保持清醒的头脑，那就是“照搬照抄别国经验、别国模式，从来不能得到成功”③。因此，中国必须走“中国式的现代化”道路，建设具有中国特色的社会主义。

“建设具有中国特色社会主义”构成了中国改革开放的思维坐标，也构成了邓小平设计中国现代化路线图的主轴，改革过程中改什么、坚持什么，对外开放中吸收借鉴什么、拒绝反对什么，都应以“建设中国特色社会主义”为标准和坐标。对于邓小平始终强调的“建设具有中国特色社会主义”，美国学者费正清从中国传统文化价值和历史观念角度认为其是一种“民族共产主义”，认为邓小平理论的属性是民族共产主义的理论形态。英国学者迈克尔·亚胡达也使用了费正清“民族共产主义”概念，认为“‘建设中国特色社会主义’这个纲领意味着，它是过去被称作‘民族共产主义’的一种形式。正如邓小平所阐述的那样，中国共产党完全可以独立地对什么是社会主义作出解释和创造，并可以根据自己的经验和对中国国情的认识来采取特定的形式”，“中国不能照搬别人的模式，也不能俯仰别人的鼻息。但更重要的是，它意味着别人无权对中国社会主义的这种理论体系指手画脚”④。美国学者戴维·W·张认为“有中国特色社会主义”这种提法的由来是至少 3000 年的中国政治传统，“当代中国的改革似乎也不能在本质上改变中国的传统文化。中国文化价值观是几千年来发展的结果，西方的价值观，马克思或非马克思的则只是在 20 世纪才进入中国，这个事实也许是邓小平坚持‘有中国特色社会主义’的原因所在。在经历了按苏联模式创立一个共产主义国家失败后，邓小平不得不从中国历史发展的方向发展一个现代化国家。例如政

① 《邓小平文选》第三卷，人民出版社 1993 年版，第 373 页。

② 《邓小平文选》第二卷，人民出版社 1994 年版，第 237 页。

③ 《邓小平文选》第三卷，人民出版社 1993 年版，第 2 页。

④ ［英］迈克尔·亚胡达：《国务活动家邓小平》，《国外中共党史研究动态》1994 年第 1 期。

治灌输和策略选择，并没有真正地改革传统价值观的本质”①。可以说，中国特色社会主义道路，既是全球化和现代化浪潮影响的表现，也是中华民族自觉适应世界文明发展潮流，调整自己并创造性地实现社会转型的过程。它一方面展示了中华民族积极进取、敢于向世界开放，借鉴世界文明成果而改革自己的胸怀和眼光，另一方面也显示了本土文化的创造力。这是邓小平所开创的中国特色现代化道路给予我们的启示。

后工业社会理论创始人贝尔曾提出：“传统在保障文化的生命力方面是不可或缺的，它使记忆连贯，告诉人们先人们是如何处理同样的生存困境的。”② 这一观点不无启迪。经过江泽民、胡锦涛的传承和发展，中国特色社会主义道路的创造力、生命力得到了充分展现。

（四）习近平与新时代中国特色社会主义

习近平总书记所面对的中国现代化建设的环境同改革开放初期相比已经发生了巨大的变化，中国已经成为世界第二大经济体，中国前所未有地接近现代化的目标，但与此同时，改革开放也面临着被打断的风险，中国特色社会主义也面临着被颠覆的挑战。在这样的历史背景下，要不要传统、怎样坚持传统，考验的不仅仅是耐心，更是政治智慧。对此，习近平总书记给予了清晰的回答：第一，必须始终坚持中国特色社会主义，只有中国特色社会主义而不是别的什么主义才能发展中国；第二，必须尊重历史文化传统。“我们要虚心学习借鉴人类社会创造的一切文明成果，但我们不能数典忘祖，不能照抄照搬别国的发展模式。”③ 中国走社会主义道路，既是历史选择、人民选择的结果，也是文化选择的结果。

历史地看，无论是毛泽东、邓小平，还是江泽民、胡锦涛，他们作为我们党的最高领导人，在发展马克思主义、中国特色社会主义的过程中，对于民族文化都给予了高度关注，都强调马克思主义的发展、中国道路的拓展要同中国实际相结合，同中国传统文化相结合。但就对传统文化的重视程度而

---

① ［美］戴维·W·张：《邓小平领导下的中国》，喻晓译，法律出版社 1991 年版，第 13 页。

② ［美］丹尼尔·贝尔：《资本主义文化矛盾》，赵一凡、薄隆、任晓晋译，三联书店 1989 年版，第 24 页。

③ 习近平：《青年要自觉践行社会主义核心价值观》，《人民日报》2014 年 5 月 5 日，第 1 版。

言，习近平总书记应该说将其提升到了一个新的历史高度，即上升到了与中国特色社会主义生死攸关的高度。长期以来，在国际和国内舆论界，总有人对我们坚持和发展中国特色社会主义说三道四，抹黑的有之，歪曲的有之，科学阐释坚持和发展中国特色社会主义的合理性就成为我们党必须面对和解决的一个政治命题。为此我们党也进行了不懈的理论探索和理论创新工作，但纵观以往可以发现，我们党主要集中在从历史发展、法律规定、现实成就、人民满意等角度展开理论阐释工作，而缺乏文化的视角。文化上的契合是最深层次的契合，文化上的认同是最高层次的认同。

党的十八大以来，习近平总书记以宽阔的文化视野和深厚的民族文化情怀为我们认识坚持和发展中国特色社会主义合理性打开了一扇窗，这扇窗就是"中华优秀传统文化"。在他看来，中华优秀传统文化不仅是中国道路的文化基因，也是社会主义核心价值观的根和本，也是中国特色国家治理体系形成和发展的基础，没有对中华优秀文化的继承发展，就没有马克思主义、社会主义在中国的发展，就没有国家崛起、民族复兴。将传统文化提高到事业兴衰成败、民族复兴的高度，在我们党的历史上是不多见的。也正是得益于对中华优秀传统文化的忠实传承和弘扬，中国共产党的治国理政方略才获得了最深厚的文化支撑，马克思主义在中国的发展才获得了最丰沃的土壤滋养。

三、中国特色社会主义植根于中华文化沃土

增强文化自觉和文化自信，是坚定中国特色社会主义道路自信、理论自信、制度自信的题中应有之义。习近平总书记指出："中国特色社会主义植根于中华文化沃土、反映中国人民意愿、适应中国和时代发展进步要求，有着深厚历史渊源和广泛现实基础。"① 站在中华民族整个历史发展进程的高度审视，中国特色社会主义是历史的、人民的选择，也是文化的选择。

（一）马克思主义中国化的重要前提

任何文化都存在可传播性和可交流性，但任何文化的外传都必须有其文化契合点，即文化的共通性。只有具备内在的契合点，一种文化才能被另一

① 习近平：《胸怀大局把握大势着眼大事 努力把宣传思想工作做得更好》，《人民日报》2013 年 8 月 21 日，第 1 版。

种文化认同、吸收和同化，并在此基础上重构为新的文化形态。

作为一种科学的理论体系，马克思主义是在西方特有的社会历史条件下形成的，它对于中国传统文化以及深受这种文化熏陶的中华民族来说，确确实实是一种异体文化。马克思主义在中国得以被接受、传播并逐步中国化，是其倡导的革命精神与中华民族的生存境遇悲惨甚烈有关，但更重要的是其社会价值观与中国传统文化有深层次的契合之处。对于马克思主义与传统文化的内在契合点，当代知识分子从不同的角度给予了分析。张岱年、程宜山认为："中国人接受马克思主义，与中国传统文化有密切关系。中国文化中本有悠久的唯物论、无神论、辩证法的传统，有民主主义、人道主义思想的传统，有许多历史唯物主义的思想因素，有大同的社会理想，如此等等，因而马克思主义很容易在中国的土壤里生根。"① 汪澍白认为："我国传统文化具有一些与马克思主义相同或相近的先天素质。诸如辩证的思维方式，实用理性的致思路线，以群体为本位的价值取向，'治国平天下'的忧患意识，追求均等与'大同'的社会理想等，这些先天素质，正是促使知识分子在十月革命以后迅速地选择了马克思主义的文化原因。"②

如果说文化是一个民族精神的沉淀，社会理想则是民族文化精神的核心，是引导人们奋斗的目标，也集中地反映了一个民族对现实及历史的态度。从服务于"救亡图存"这个时代主题出发，马克思主义与中国传统文化最重要、最根本的契合点是在社会理想的追求上。对于马克思主义而言，无论是作为一种崇高的信仰追求，还是作为一种新型的文化，在马克思主义理论体系中，资本主义必然灭亡、共产主义必然取代资本主义是首要的也是最基本的命题。马克思主义的整个体系都是为论证这一理想社会而服务的。对于中国传统文化而言，对美好社会的向往也是中国传统文化的内在价值追求。《礼记·礼运》篇中描绘的大同世界和小康社会，成为影响中国社会几千年的社会理想的范本。近代康有为的《大同书》则是将几千年来中国人对大同世界的追求做了详细的规划和设计。虽然中国传统文化中的"大同世界"与马克思的"共产主义"之间有着质的区别，但无论是共产主义还是大

① 张岱年、程宜山：《中国文化与文化论争》，中国人民大学出版社 1990 年版，第 190 页。

② 汪澍白：《二十世纪中国文化史论》，中国青年出版社 1999 年版，第 212—213 页。

同世界，都是对私有制的否定，对剥削制度的否定，都充满着对平等的向往。因此，在生产关系方面，在终极关怀方面，两者是一致的。正是这种一致性大大地缩短了马克思主义与中国传统文化的距离，削弱了先进知识分子接受马克思主义的认知障碍，奠定了他们接受认同马克思主义的心理基础。梁启超就说："中国古代井田制，与近代社会主义，同一立足点。"① 孙中山也强调共产主义与中国"大同"理想的契合："井田之制，即均产主义之滥觞，而累世而居，又共产主义之矣。足见我国人民之脑际，久蕴蓄社会主义之精神。"② 李大钊则从社会发展的伦理要求出发，强调从"大同"理想发展至社会主义是伦理必然性，他说："一切形式的社会主义的根萌，都纯粹是伦理的。协合与友谊就是人类社会生活的普遍法则。"③

正是马克思主义和中国传统文化在社会理想上的内在契合，才使得马克思主义在中国能够获得高度的文化认同和普遍的文化共鸣，从而形成知识分子、普通民众和马克思主义的和谐共振。可以说，马克思主义在中国的生根、发芽是由近代中国先进知识分子通过传统文化中"大同"社会理想作为沃土来培植并推进其传播的。

（二）社会主义先进文化的深厚基础

社会主义先进文化代表人类文化发展趋势，能够引导我国文化建设的方向；决定当代中国文化的性质，能够统领我国文化建设的全局；汇聚优秀传统文化精华，能够夯实我国建设的根基。优秀传统文化是发展社会主义先进文化的深厚基础。建设社会主义文化强国，就要在传承优秀传统文化的基础上，强化文化认同，着力推动社会主义先进文化更加深入人心。

中华优秀传统文化为发展社会主义先进文化提供思想资源。马克思曾说过："人们自己创造自己的历史，但是并不是随心所欲地创造历史，而是在现实的、既定的、从过去继承下来的条件下创造。"④ 中国共产党倡导和发展的社会主义先进文化，并非无根之萍、无源之水，它既深深扎根于中国的革命、建设和改革伟大实践之中，也源自其对优秀传统文化的自觉吸收和借

① 梁启超：《饮冰室合集》下册，北京大学出版社 2005 年版，第 134 页。

② 《孙中山全集》第一卷，中华书局 1981 年版，第 145 页。

③ 《李大钊文集》第二卷，人民出版社 1999 年版，第 335 页。

④ 《马克思恩格斯选集》第 1 卷，人民出版社 1995 年版，第 585 页。

鉴。正是得益于对优秀传统文化的大力张扬，对传统文化价值的积极维护，社会主义先进文化才获得了源源不尽的思想资源。传统文化中蕴含的贵和持中、推崇天人合一的和谐思想是当今中国建立和谐社会、发展和谐文化的有益借鉴；传统文化中蕴藉的“知之为知之，不知为不知”的求真品格是社会主义先进文化实事求是、求真务实思想精髓的重要资源；传统文化中所蕴藉的“天行健，君子以自强不息”的进取精神是社会主义先进文化中自强不息、勇于进取精神的重要思想来源；传统文化追求的格物致知、修身齐家治国平天下的人生境界是构筑社会主义伦理道德的重要根据。作为中华优秀传统文化的传承者和弘扬者，我们党始终强调，优秀传统文化是发展社会主义先进文化的深厚基础和取之不竭的宝贵资源。坚持中国特色社会主义文化发展道路，建设社会主义文化强国，既要高扬社会主义先进文化的旗帜，又要不忘优秀传统文化；既要面向现代化、面向世界、面向未来，又要植根民族历史文化土壤。

中华优秀传统文化是社会主义核心价值观的重要源泉。当今中国，传统文化与现代文化相互交融，外来文化与本土文化相互交织，马克思主义与非马克思主义相互交锋。在这样的文化图景下，明确社会主义核心价值观的根本所在，不仅是一个文化命题，也是一个政治命题。习近平总书记指出：“牢固的核心价值观，都有其固有的根本。抛弃传统、丢掉根本，就等于割断了自己的精神命脉。”① 并明确指出社会主义核心价值观的根在中华传统文化、本在中华传统文化。“中华文明绵延数千年，有其独特的价值体系。中华优秀传统文化已经成为中华民族的基因，植根在中国人内心，潜移默化影响着中国人的思想方式和行为方式。今天，我们提倡和弘扬社会主义核心价值观，必须从中汲取丰富营养，否则就不会有生命力和影响力。”“我们生而为中国人，最根本的是我们有中国人的独特精神世界，有百姓日用而不觉的价值观。我们提倡的社会主义核心价值观，就充分体现了对中华优秀传统文化的传承和升华。”② 对于社会主义核心价值观来说，如果我们不能坚持在中华大地上形成和发展起来的价值观，丧失的不仅仅是民族特性，更是精

① 《习近平谈治国理政》，外文出版社 2014 年版，第 164 页。

② 习近平：《青年要自觉践行社会主义核心价值观——在北京大学师生座谈会上的讲话》，《人民日报》2014 年 5 月 5 日，第 2 版。

神独立性。面对西方“普世价值观”的冲击，我们要坚守住社会主义核心价值观，就必须守住自己的民族文化，因为民族文化是一个民族区别于其他民族的独特标识，这个标识模糊了，社会主义核心价值观就坚持不住了；面对民族文化虚无主义的蛊惑，我们应该树立起高度的民族文化自信，通过去粗取精、去伪存真，将其中所蕴含的文化精神继承和弘扬起来，使社会主义核心价值观因为汲取了中华优秀传统文化的精华而具有强大的生命力和影响力。

弘扬优秀传统文化是强化文化认同，推动社会主义先进文化更加深入人心的有效举措。文化认同，是文化主体对特定文化的认可和自觉践行。文化认同力强，则该文化的理论阐释力、行为规范力、实践引导力就强。同任何文化形态一样，社会主义先进文化也存在文化认同问题。经济体制的深刻变革、社会结构的深刻变动、利益格局的深刻调整、思想观念的深刻变化，使当今中国的社会主义先进文化遭遇前所未有的认同危机，马克思主义指导地位受到挑战，社会主义道德规范功能减弱。与此同时，倡导“以英美为师”的自由主义，主张回到“传统社会主义”的“左”派思潮，全面否定传统文化的文化虚无主义，推崇指导思想多元化的民主社会主义等诸种理论思潮却甚嚣尘上。要承认，导致文化认同危机的根源在文化之外，解决文化认同危机问题的根本路径也在文化之外。但我们也必须强调，弘扬中华优秀传统文化，是强化社会主义文化认同的有效举措。习近平总书记指出：“要以时代精神激活中华优秀传统文化的生命力，推进中华优秀传统文化创造性转化和创新性发展，把传承和弘扬中华优秀传统文化同培育和践行社会主义核心价值观统一起来，引导人民树立和坚持正确的历史观、民族观、国家观、文化观，不断增强中华民族的归属感、认同感、尊严感、荣誉感。”① 亨廷顿认为，文化认同“最独特的精髓”是“长久延续的历史文明”②。今天，我们建设社会主义文化强国，推动社会主义先进文化更加深入人心，还要继续利用好中华优秀传统文化与社会主义先进文化先天契合的优势，通过弘扬中华

---

① 习近平：《大力弘扬伟大爱国主义精神　为实现中国梦提供精神支柱》，《人民日报》2015 年 12 月 31 日，第 1 版。

② ［美］塞缪尔·亨廷顿著：《文明的冲突与世界秩序的重建》，周琪、刘绯、张立平、王圆译，新华出版社 2002 年版，第 7 页。

优秀传统文化，进一步强化人们对马克思主义的认同，对马克思主义中国化最新成果的认同，对中国共产党价值追求的认同。

（三）中国发展道路形成的历史文化渊源

世界上没有相同的两片树叶，也不可能有完全一样的发展模式。一个国家选择什么样的发展道路，受各种因素影响，但历史文化的影响最为深厚。习近平总书记指出：“每个国家和民族的历史传统、文化积淀、基本国情不同，其发展道路必然有着自己的特色。”① 可以说，有多少种文化，就可能存在多少种发展道路。

中国发展道路的开辟肇始于鸦片战争，形成于改革开放，在这漫长的一百多年时间里，先进的中国人为了实现国家富强、民族复兴、人民幸福的现代化之梦，进行了不懈的探索。历史地看，这个过程至少实现了三次历史性超越：第一次是在西方列强的枪炮声中，先进的中国人对规约中华民族千年历程的封建帝制进行了彻底的反思，反思的结果是推翻封建帝制传统而走上现代化之路；第二次是在封建帝制传统被推翻之后，面对军阀割据、官僚资本猖獗的现实，中国共产党以苏俄为师，毅然带领中国人民走上了社会主义革命的道路，实现了对西方资本主义道路的超越；第三次是在国家主权实现完全独立、社会主义现代化建设大面积铺开的背景下对苏联模式和自身现代化建设曲折历程进行了深刻反思，反思的结果是超越传统社会主义的桎梏而坚定走上中国特色社会主义道路。这三次超越，每一次都惊心动魄，每一次都具有革命性意义，但这三次超越，并不是三次历史断裂。每一次超越的背后都有一种无形的力量在制约着中国道路的发展方向和价值取向，这个力量就包括传统和文化的力量。

回顾历史，中国人民在选择发展道路的问题上既尝试过君主立宪制、复辟帝制，也尝试过议会制、多党制、总统制，但结果都行不通。杜维明认为，虽然现代化起源于西方，但东亚的现代化具有大大不同于西欧和北美的文化形式。同重利轻义、重私轻公的西方文化相比，中华文化强调的是“以民为本”、推崇的是“天下为公”、追求的是“大同社会”。这些独特的价值追求，使得社会主义道路在中国可以获得最为深厚的文化支撑。对此，毛泽

---

① 习近平：《胸怀大局把握大势着眼大事　努力把宣传思想工作做得更好》，《人民日报》2013 年 8 月 21 日，第 1 版。

东在中共六届六中全会上指出："今天的中国是历史的中国的一个发展；我们是马克思主义的历史主义者，我们不应当割断历史。从孔夫子到孙中山，我们应当给以总结，承继这一份珍贵的遗产。"① 习近平总书记也指出，中国道路"来之不易，它是在改革开放30多年的伟大实践中走出来的，是在中华人民共和国成立60多年的持续探索中走出来的，是在对近代以来170多年中华民族发展历程的深刻总结中走出来的，是在对中华民族5000多年悠久文明的传承中走出来的"②。"独特的文化传统，独特的历史命运，独特的国情，注定了中国必然走适合自己特点的发展道路。"③

需要指出的是，面对中国的快速发展，一些国家总是以"国强必霸"的历史思维，在世界鼓噪"中国威胁论"。实际上，"中国威胁论"不仅是对中国发展道路的刻意歪曲，更是对中华优秀传统文化的无知。同崇尚竞争和丛林法则的西方文化不同，中华优秀传统文化是一种和合文化，追求的是"万物并育而不相害，道并行而不相悖"。面对甚嚣尘上的"中国威胁论"，习近平主席以深厚的文化底蕴旗帜鲜明地指出："中华民族历来是爱好和平的民族，一直追求和传承和平、和睦、和谐的坚定理念。中华民族的血液中没有侵略他人、称霸世界的基因，中国人民不接受'国强必霸'的逻辑，愿意同世界各国人民和睦相处、和谐发展，共谋和平、共护和平、共享和平。"④"中国将坚持走和平发展道路，这不是权宜之计，更不是外交辞令，而是从历史、现实、未来的客观判断中得出的结论，是思想自信和实践自觉的有机统一。"⑤ 中国坚定不移地走和平发展道路，来源于对实现自身发展目标条件的认知，来源于对世界发展大势的把握，也来源于中华文明的深厚渊源。

（四）中国特色国家治理体系形成和发展的基础

完善和发展中国特色社会主义制度、推进国家治理体系和治理能力现代

---

① 《毛泽东选集》第二卷，人民出版社1991年版，第533—534页。

② 《习近平谈治国理政》，外文出版社2014年版，第156页。

③ 习近平：《在布鲁日欧洲学院的演讲》，《人民日报》2014年4月2日，第2版。

④ 《习近平出席中国国际友好大会暨中国人民对外友好协会成立六十周年纪念活动并发表重要讲话》，《人民日报》2014年5月16日，第1版。

⑤ 习近平：《共创中韩合作未来 同襄亚洲振兴繁荣——在韩国国立首尔大学的演讲》，《人民日报》2014年7月5日，第2版。

化，是全面深化改革的总目标。作为政治文明发展的产物，国家治理体系具有超越国界的一般属性和一般要求，但作为一种国家政治行为，国家治理体系又具有鲜明的国别属性。习近平总书记指出："一个国家选择什么样的治理体系，是由这个国家的历史传承、文化传统、经济社会发展水平决定的。"① 而在这之中，历史文化以其恒久的稳定性和强大的渗透力居于中心地位。

虽然一个国家的文化历经岁月的演变，其外在表现和结构会发生变化，但其内在的规定性并不会随着时间的演变而发生历史性断裂，而是凭借各种文化形式和社会化渠道，连绵不息地一代代延传下来。在人类发展史上，中华文明的独特性不仅在于其历史性，更在于其坚韧性。基辛格曾指出："中国是独一无二的，没有哪个国家享有如此悠久的连绵不绝的文明，抑或与其古老的战略和政治韬略的历史及传统如此一脉相承。"② 在中华民族几千年的文明演进中，在政治领域逐渐形成了独特的"道统"和"治统"。明末清初思想家王夫之曾总结道："天下所极重而不可窃者二：天子之位也，是谓治统；圣人之教也，是谓道统。"1662 年，刚刚登上皇帝宝座的康熙在"御制"祭黄帝陵文中也说："帝下继天立极，功德并隆，治统道统，昭垂奕世。"③ 简单来说，"道统"主要指尧、舜、禹、汤、文、武、周公、孔子、孟子这些圣人的思想传统，解决的是统治合理性、合法性问题；"治统"主要指政治统治的方式，解决的是治理效能问题。

历史地看，中国传统社会是一个王权居于核心的社会，整个国家政治、经济、文化、社会的发展无不受王权的支配。中国从有文字记载开始，就一直存在一个最显赫的政治集团，这就是以王权（后来发展为皇权）为核心的官僚集团。虽然这个集团的成员在不停地更替，但其结构则是十分稳定的。如在事关政权稳定和社会发展的权力结构、经济结构、等级结构、血缘结构中，王权体系居于主导地位；在社会诸种权力包括政权、族权、父权、夫权之中，王权是最高的权力；在日常社会运转中，王权起着枢纽作用。社会与

① 习近平：《完善和发展中国特色社会主义制度　推进国家治理体系和治理能力现代化》，《人民日报》2014 年 2 月 18 日，第 1 版。

② ［美］亨利·基辛格：《论中国》，胡利平、林华、杨韵琴、朱敬文译，中信出版社 2012 年版，前言。

③ 曲英杰：《祭祀典》，吉林文史出版社 2002 年版，第 396 页。

政治动荡的结局，最终是回复到王权秩序。虽然在每个新王朝诞生之初，新的帝王都会以前朝覆亡为鉴不断改进治理之术，强调自己尝试构建一种“新治统”，但其“新”是极其有限的，“王权支配社会”的“治统”始终未曾发生过根本改变。而深受欧洲大陆文化影响、一直视自由、民主、分权为圭臬的美国，则建构了一个与中国迥异的国家治理体系。中国是先有中央，再有州府郡县，一切强调的是自上而下。而美国是先有市县州，然后才有联邦，一切是自下而上。文化塑造了国家、塑造了国民，也塑造了一个国家的治理体系。对此，习近平总书记深刻总结：“我国今天的国家治理体系，是在我国历史传承、文化传统、经济社会发展的基础上长期发展、渐进改进、内生性演化的结果。”①

四、推动中华文化的创造性转化和创新性发展

中国人民的理想和奋斗，中国人民的价值观和精神世界，是始终深深根植于中国优秀传统文化沃土之中的，同时又是随着历史和时代前进而不断与日俱新、与时俱进的。习近平总书记指出：“传统文化在其形成和发展过程中，不可避免会受到当时人们的认识水平、时代条件、社会制度的局限性的制约和影响，因而也不可避免会存在陈旧过时或已成为糟粕性的东西。”②“传承中华文化，绝不是简单复古，也不是盲目排外，而是古为今用、洋为中用，辩证取舍、推陈出新，摒弃消极因素，继承积极思想，‘以古人之规矩，开自己之生面’，实现中华文化的创造性转化和创新性发展。”③ 面对内容庞杂、构成多元的中华传统文化，既不能搞厚古薄今，也不能搞以今非古，应坚持古为今用，辩证取舍、推陈出新，努力实现传统文化的创造性转化、创新性发展，使之与当代文化相融相通，共同服务于文化人的时代任务。

（一）科学认识中华传统文化，保持民族性

传统是过去的，也是现在和未来的。我们不可能留住时间的脚步，但我

---

① 习近平：《完善和发展中国特色社会主义制度　推进国家治理体系和治理能力现代化》，《人民日报》2014年2月18日，第1版。

② 习近平：《在纪念孔子诞辰2565周年国际学术研讨会暨国际儒学联合会第五届会员大会开幕会上的讲话》，《人民日报》2014年9月25日，第2版。

③《十八大以来重要文献选编》（中），中央文献出版社2016年版，第136页。

们可以保存时间留下的东西。中华文化中有着非常宝贵的民族精神财富，历史的积淀已经使这些精神财富升华为民族的精神家园，凝聚成为民族的脊梁。但长时间地对传统文化认识不到位，以及不时泛起的文化虚无主义思潮，无不在侵蚀着我们的精神家园。鸦片战争后，面对国家悲惨现状和如潮水般涌入的西方文化，中国人对自身文化的评价越来越低，从感觉器物的不足到感觉政治制度的不足，再到感觉文化精神的不足，每一次对西方文化认识的深入都伴随着对自身文化否定的加深，每一次民族危机的加重也都加剧了人们对自身文化的失望。在后来的一个世纪里，在“打倒孔家店”和“中国文化本位”的争论中，国人对于传统文化始终没有一个准确的定位，缺乏一种客观的认识。新中国成立后，虽然毛泽东多次指出社会主义文化建设要做到“古为今用”，但不时进行的“文化反传统”运动，硬是将本来就被边缘化的传统文化逼上了绝境。

近年来，文化虚无主义沉渣泛起、甚嚣尘上，“反传统”似乎又成为一句时髦的口号，“西方话语”也仿佛成了学术研究的基本范式，一些人提出在中国传统文化中，“真正的人不可能萌芽成长”，还有一些人甚至以马克思主义为依据，强调传统文化“非历史性”“非科学性”。历史不能割断，需要全面辩证地分析。尽管中国传统文化中有糟粕，但更多的是精华。古代中国曾有领跑世界千年的经济文化盛世，即使是在内忧外患、积弱积贫的近代中国，优秀传统文化依然屹立不倒。今天，经历改革开放伟大时代锻造的中华优秀传统文化更显成熟，在与其他民族优秀文化的交流中更加充实，呈现出与时俱进、开放包容的恢宏气度，彰显出自由平等、公平正义的时代追求，展现出民族的魅力、历史的厚重、时代的光芒、国际的视野，达到了前所未有的高度。所以，习近平总书记在谈到中国特色哲学社会科学应该具有什么特点这一重大理论问题时，认为首要的一条就是要“体现继承性、民族性”。在他看来，“哲学社会科学的现实形态，是古往今来各种知识、观念、理论、方法等融通生成的结果”①。创新当代中国哲学社会科学必须把握好三方面资源：一是马克思主义的资源，这是中国特色哲学社会科学的主体内容，也是中国特色哲学社会科学发展的最大增量；二是中华优秀传统文化的资源，这是中国特色哲学社会科学发展十分宝贵、不可多得的资源；三是国外哲学

① 习近平：《在哲学社会科学工作座谈会上的讲话》，人民出版社2016年版，第16页。

社会科学的资源，这可以成为中国特色哲学社会科学的有益滋养。可以说，绵延几千年的中华文化，是中国特色哲学社会科学成长发展的深厚基础。

中国优秀传统文化对减缓或消弭当今的全球问题也具有积极意义。习近平总书记指出："中国优秀传统文化中蕴藏着解决当代人类面临的难题的重要启示。比如，关于道法自然、天人合一的思想，关于天下为公、大同世界的思想，关于自强不息、厚德载物的思想，关于以民为本、安民富民乐民的思想，关于为政以德、政者正也的思想，关于革故鼎新、与时俱进的思想，关于脚踏实地、实事求是的思想，关于经世致用、知行合一、躬行实践的思想，关于集思广益、博施众利、群策群力的思想，关于仁者爱人、以德立人的思想，关于以诚待人、讲信修睦的思想，关于清廉从政、勤勉奉公的思想，关于俭约自守、力戒奢华的思想，关于中和、泰和、求同存异、和而不同、和谐相处的思想，关于安不忘危、存不忘亡、治不忘乱、居安思危的思想，等等。中国优秀传统文化的丰富哲学思想、人文精神、教化思想、道德理念等，可以为人们认识和改造世界提供有益启迪，可以为治国理政提供有益启示，也可以为道德建设提供有益启发。"① 面对改善步伐缓慢的世界生态环境问题、始终难平的国际和地区局势动荡问题、愈加凸显的人类精神危机问题，古老而睿智的中华文化大有可为。我们有理由对中华优秀传统文化充满自信，有理由在世界不同文化相互激荡的今天捍卫民族文化地位。当然，体现传承性、保持民族性，绝不意味着我们要关上面向世界、面向时代的大门。在全球化这一背景下，文化建设如果追求单纯的民族性，则极有可能会陷入保守主义的陷阱，如果那样也就堵死了本民族的文化创新发展之路。

（二）推动中华优秀传统文化现代化，体现时代性

恩格斯认为："每一时代的理论思维，从而我们时代的理论思维，都是一种历史的产物，在不同时代具有非常不同的形式，并因而具有非常不同的内容。因此，关于思维的科学，和其他任何科学一样，是一种历史的科学，关于人的思维的历史发展的科学。"② 中华优秀传统文化是推动中华文明发

① 习近平：《在纪念孔子诞辰 2565 周年国际学术研讨会暨国际儒学联合会第五届会员大会开幕会上的讲话》，《人民日报》2014 年 9 月 25 日，第 2 版。

② 《马克思恩格斯选集》第 3 卷，人民出版社 1995 年版，第 465 页。

展的重要动力，必须加以继承和发扬。但是，继承不等于照搬，发扬不等于重复。当今中国，有人认为马克思主义是异族文化，无法承担安顿中华民族生命和灵魂的职责，是导致近百年中国精神丧失和近年来社会信仰缺失、道德弱化、价值迷茫的根本原因，主张用儒家思想取代马克思主义，使之成为国家和社会生活的主导思想，并建立“儒家共同体专政国家”，设立通儒院、庶民院、国体院，以实现社会等级和谐。此种观点虽令人振奋和鼓舞，但它无视时代发展变化和实践发展要求，这就与文化的发展规律大相径庭。

实际上，诞生于封建土壤、适应小农经济的中国传统文化有明显的两重性，它所蕴含的等级观念、官僚主义、特权思想、家长制作风、封建迷信思想等是阻碍中华民族进一步发展的障碍。比如，中国传统文化主张人间秩序遵循天上秩序的规则，而天上秩序被认为是北极居中，众星拱之。由此，人间秩序也要有一个中心，而这个中心便是天子，众民便以天子为尊、为贵、为圣。这造成了历史上国民的依附型人格，这种人格特征表现为，缺乏平等观念和主体意识，其造成的后果就是社会发展动力不足，以至于中国成为世界历史上最早进入封建社会却是最晚走出封建社会的主要大国。中国的封建社会如此漫长，以至于黑格尔认为，中国的历史从本质上看是没有历史的，它只是君主的一再重复而已。任何进步都不可能从中产生。中华传统文化在今天要继续发挥其作为中华民族发展推动力的作用，就必须在实践的基础上，结合时代发展要求，通过与不同文化思潮的接触和交流，实现自身的现代转换。今天，现代性已成为当代各种问题研究与争论的重要话语背景。推进中国传统文化的现代转换，既需要我们高举马克思主义的旗帜不动摇，也需要我们具有现代性的理论视野。现代性在冲破封建神学和宗教束缚过程中，在科学与民主、理性与主体性、个体自由与社会进步等方面取得了长足的发展，而这些恰恰是中国传统文化所缺失的。当现代性愈益成为当代中国发展的重要时代背景时，推动中国传统文化的现代转换，就更需要深入研究现代性的话语体系，不断赋予中国传统文化以新的生命力和号召力。

（三）面向现代社会生活，体现实践性

理论是灰色的，生活之树常青。文化或理论要想深入人心、保持生命力影响力，就必须面向民众生活、面向社会实践。2013 年 12 月 30 日，习近平总书记在十八届中共中央政治局第十二次集体学习时强调：“要使中华民族

最基本的文化基因与当代文化相适应、与现代社会相协调，以人们喜闻乐见、具有广泛参与性的方式推广开来，把跨越时空、超越国度、富有永恒魅力、具有当代价值的文化精神弘扬起来，把继承传统优秀文化又弘扬时代精神、立足本国又面向世界的当代中国文化创新成果传播出去。"① 中华优秀传统文化是我们必须继承的最宝贵的遗产之一，又是需要我们不断发扬光大、与时俱进注入新的实践探索、新的鲜活内容的精神财富。对中华优秀传统文化在当代实践的"活化"就是要形成全民族的价值认同，提升国民与传统文化素养的共生互动。优秀传统文化只有介入现代日常生活，以健康心态纳入当代实践，才能真正"存活"延长。

2017 年 1 月，中央办公厅、国务院办公厅颁发《关于实施中华优秀传统文化传承发展工程的意见》（以下简称《意见》），第一次以中央文件形式专题阐述了中华优秀传统文化传承发展工作。《意见》指出，传承中华优秀传统文化，必须融入生产生活，注重实践与养成、需求与供给、形式与内容相结合，把中华优秀传统文化内涵更好更多地融入生产生活各方面。当前，传统文化很"热"，一些专门从事传统文化研究的机构相继成立，也涌现了一批讲解传统文化的学术明星。传统文化热或者说国学热的出现，有力推动了传统文化的传播和发展。但也必须看到，严重脱离社会实践需要、单纯为了讲传统而讲传统的问题也随之产生，比如一些人主张办私塾，让孩子学四书五经，还有一些人讨论是以唐代的服装还是以汉代的服装做国服好的问题。这些讨论的问题虽然形式上很"传统"，但实际上对于推动传统文化创造性转化和创新性发展几乎没有意义。习近平总书记指出："要提出具有独创性的研究成果，就要从我国实际出发，坚持实践的观点、历史的观点、辩证的观点、发展的观点，在实践中认识真理、检验真理、发展真理。"② 面对博大精深、浩如烟海的中华传统文化，推动其创造性转化和创新性发展必须坚持社会实践的标准，要看它是否有利于弘扬民族精神、是否有利于解决现实问题、是否有利于助推社会发展。这"三个有利于"应成为我们推动传统文化创新发展的一把钥匙。

---

① 《习近平谈治国理政》，外文出版社 2014 年版，第 161 页。

② 习近平：《在哲学社会科学工作座谈会上的讲话》，人民出版社 2016 年版，第19 页。

（四）推动中华文化走向世界，彰显世界性

世界文化丰富多彩，不同文化之间的相互学习和借鉴是文化发展的必要条件。希腊学习埃及，罗马学习希腊，阿拉伯学习罗马，中世纪的欧洲学习阿拉伯，文艺复兴时期的欧洲学习东罗马帝国。正是在多元文化的交流交融中，世界文化才得以互补互进。在当代，开放的世界更是极大地增强了文化的共生性和可融性。就一个民族文化而言，其命运不仅取决于其自身原创能力的大小，也取决于其开放的程度。历史地讲，中国优秀传统文化是一种开放文化，也正是开放包容，才造就了汉唐的文化盛世。在当今中国，积极构建“引进来”和“走出去”相结合的文化发展格局，已经成为我们党和政府推动中外文化交流互动的基本主张。这不仅意味着中国可以更好地从全球吸收和借鉴优秀文化成果，更意味着中华文化自近代以来开始再次走向世界，并将成为影响世界文化发展走向的重要力量。全球500多所孔子学院的建立，与100多个国家政府间文化合作的签订，众多中外“文化年”“国家年”“语言年”的举办，以及国际上渐起的中华文化热，都在昭示中华文化走向世界所取得的丰硕成果。但我们也要看到，当前中华文化走向世界主要是通过政府和相关组织“送”出去的，由于不大顾及别人的接受习惯和文化传统，部分“送”出去的中华文化的影响力和穿透力打了折扣。在文化经济化、经济文化化的今天，一切优秀的人类文明成果，都只有通过并借助于文化产业才能实现它的价值存在和有效传播。没有文化产业的发展，就没有中华文化在世界的影响力、渗透力和竞争力。要真正实现中华文化“走”出去，既需要通过官方渠道，由政府部门主动推动；也需要通过民间渠道，由社会组织共同实施；更需要通过市场渠道，由文化企业主动作为；还要借助现代科技手段和产业力量，助推中华文化“走出去”。习近平总书记指出：“让收藏在禁宫里的文物、陈列在广阔大地上的遗产、书写在古籍里的文字都活起来。……提高对外文化交流水平，完善人文交流机制，创新人文交流方式，综合运用大众传媒、群体传媒、人际传播等多种方式展示中华文化魅力。”① 在信息化和经济全球化条件下，充分发挥全民聪明才智，借助互联网、手机通讯等科技手段，使文化资源数字化，充分利用最新的交流平台，大力增强以中华文化

① 《习近平谈治国理政》，外文出版社2014年版，第161—162页。

为基本元素的文化产品和产业的发展，积极支持我国在国际上具有一定优势的新兴文化业态的发展，增加创作具有中华民族特色的优秀产品，推动文化产业的整合与互动，积极推动中华优秀传统文化的国际传播。

总之，在世界文化交流交融交锋更加频繁，人们思想更加多样多元多变的时代背景下，推动传统文化的创造性转化和创新性发展，需要我们以更加理性、科学的态度，全面认识传统文化的历史意义和现实价值，让古老文化不断焕发出新的青春活力；需要我们以对民族、对历史、对后人更加负责任的精神，加强对民族文化的挖掘和保护，使中华民族文化瑰宝能够代代相传、泽荫后人；需要我们以更加锲而不舍的劲头，广泛开展中华优秀传统文化教育普及活动，让更多的人成为中华优秀传统文化、社会主义先进文化的承载者和传播者。

第四章

坚持文化立场

我们党是全心全意为人民服务的党，我们的国家是人民当家作主的国家，党和国家一切工作的出发点和落脚点是实现好、维护好、发展好最广大人民根本利益。推动社会主义文化繁荣发展，必须坚持为人民服务的基本立场。在文艺工作座谈会上，习近平总书记对文艺与人民的关系作出了饱含深情的阐述：人民需要文艺，文艺需要人民，文艺要热爱人民。“文学艺术创造、哲学社会科学研究首先要搞清楚为谁创作、为谁立言的问题，这是一个根本问题。人民是创作的源头活水，只有扎根人民，创作才能获得取之不尽、用之不竭的源泉。”① 这是我们党一以贯之的文化立场，也是我们推动新时代文化繁荣发展的根本原则。

一、坚持正确的文化创作方向

正确的创作方向是文化创作生产的根本性问题，一切进步的文化创作生产都源于人民、为了人民、属于人民。在新的时代条件下推动文化创作繁荣发展，必须牢固树立人民是历史创造者观点，坚持以人民为中心的创作导向，热情讴歌改革开放和社会主义现代化建设伟大实践，生动展示我国人民奋发有为的精神风貌和创造历史的辉煌业绩。

（一）文化创作生产都源于人民、为了人民、属于人民

习近平总书记在文艺工作座谈会上指出：“文艺的一切创新，归根到底都直接或间接来源于人民。‘世事洞明皆学问，人情练达即文章。’艺术可以放飞想象的翅膀，但一定要脚踩坚实的大地。文艺创作方法有一百条、一千

---

① 习近平：《坚定文化自信把握时代脉搏聆听时代声音　坚持以精品奉献人民用明德引领风尚》，《人民日报》2019 年 3 月 5 日，第 1 版。

条，但最根本、最关键、最牢靠的办法是扎根人民、扎根生活。"① 与此相关联，一切的进步文化创作生产活动，都存在和发展于同人民群众的血肉联系之中。源于人民，就是指文化工作者在创造活动中，必须把人民创造历史的活动，作为文化创作的丰厚土壤和源头活水。人民群众的日常工作和生活中存在着文化创作生产最生动、最丰富、最基本的原料矿藏。只有走向生活，走近群众，到人民群众鲜活生动的工作生活中去观察、体验和发现，才能创作出深刻反映人民群众生活、受到广大群众欢迎的优秀文化产品。为了人民，就是指文化工作者所有的创作生产活动，都必须站在人民的立场上，为满足最广大人民的文化需要服务。这就要求确立面向最广大人民群众的观点，充分认识广大人民群众的文化利益，充分认识人民群众对文艺发展的基本要求，以人民群众作为服务对象，以人民群众的审美要求作为文化创作生产的重要指向。属于人民，就是指文化创作活动只有自觉地融入人民群众建功立业的伟大实践之中，体现人民的利益、社会的利益、国家的利益，才能真正实现自身的时代价值。

文化工作者要把文化创作活动完全融入人民群众的火热生活中，熟悉人民群众的审美要求和欣赏习惯，不断适应人民群众精神生活需求以及世界文化交流等方面的新变化，自觉与时代相结合，以全方位、多层次满足人民群众的精神文化需求作为努力方向，以为人民群众所接受、欣赏、喜爱和使人民群众得到真实的文化利益为标准，更多地提供群众喜闻乐见的优秀文化产品。一切受人民欢迎、对人民有深刻影响的文化产品，从本质上说，都必须既反映人民精神世界又引领人民精神生活，都必须在人民的伟大中获得艺术的伟大。

（二）坚持为人民服务、为社会主义服务的方向

文化工作作为人的有目的的活动，当然是为人服务的；文化作为意识形态、作为上层建筑，当然也是要为一定的经济基础、为一定形态的社会服务的。那种所谓"文艺就是文艺，它根本不为什么服务"的说法，实际上是一种欺人之谈。文化不为什么服务实际上是不可能的，区别只在于为什么人服务、为什么样的社会服务，以及是自觉地或是不自觉地服务。

① 习近平：《在文艺工作座谈会上的讲话》，《人民日报》2015 年 10 月 15 日，第 2 版。

早在20世纪初，列宁就指出，无产阶级文艺应当“为千千万万劳动人民”服务。1942年，毛泽东在著名的《在延安文艺座谈会上的讲话》中指出，我们的文艺是“为着人民大众”的，第一是为工人，第二是为农民，第三是为人民武装，第四是为城市小资产阶级劳动群众和知识分子，“这四种人，就是中华民族的最大部分，就是最广大的人民大众”。中华人民共和国成立以来，我们党多次强调指出，文艺要努力为一切拥护和参加社会主义革命和建设的广大人民群众服务，要努力促进社会主义革命和建设的伟大事业。1980年7月26日，《人民日报》发表题为“文艺为人民服务、为社会主义服务”的社论，首次公开提出并论述了“二为”方向。“二为”方向是在贯彻党的十一届三中全会方针，总结新中国成立以来文艺战线正反两方面历史经验基础上提出来的，为我国改革开放新时期文艺工作指出了正确方向。坚持“为人民服务、为社会主义服务”方向，成为改革开放新时期宣传文化工作的重要指导方针。

社会主义文化事业是人民群众的事业，它的质的规定性决定了它的内容和方向必然而且应当是为人民服务、为社会主义服务的。坚持“二为”方向，这同样不是什么从“外面”强加的要求，而是社会主义文化事业自身发展的内在要求。具体来说，为人民服务，就是为包括工人、农民、解放军、知识分子、干部等和一切拥护社会主义、热爱祖国的最广大人民群众服务，为一切致力于中国特色社会主义建设的社会阶层服务。为社会主义服务，就是为中国特色社会主义的政治建设、经济建设、文化建设、社会建设和生态文明建设等各项事业的根本需要服务。

推动文化创作繁荣发展要坚持为人民服务、为社会主义服务的方向，包含着两个方面的内容：其一，文化创作和其他各种文化活动必须时时刻刻、全心全意地把广大人民群众作为服务对象，努力做到为广大群众所喜闻乐见，从而能真正满足人民群众的精神文化需求，为他们所利用。与此同时，还必须在各种文化创造活动中体现人民群众作为历史创造者的应有地位。因此，应当在搞好专业文化的同时积极发展群众性文化活动，使社会主义时代的广大人民群众真正成为包括文化欣赏和文化创造在内的整个文化活动的主人。其二，在服务的内容上，文艺创作和各种文化活动必须表现人民群众的愿望和他们所从事的社会主义事业的历史要求，其中包括直接地表现时代生活和时代精神。此外，各种文艺创作和各种文化活动的其他方面的内容也都应当是有助于人们提高精神境界，坚定对社会主义的信念，帮助人民群众更加精神振奋地投入建设中国特色社会主义的伟大实践之中。

二、大力发展文化事业，更好保障人民群众基本文化权益

总体上看，人民群众的文化需求可以分为两部分，一部分是体现人民群众文化权益的基本文化需求，另一部分是多样化多层次多方面的文化需求。现阶段，我们界定的基本文化需求主要包括读书看报、听广播看电视、进行公共文化鉴赏、参加公共文化活动等。除此之外，就属于多样化多层次多方面的文化需求。正确区分这两种文化需求并处理好二者关系，有助于我们对文化建设中政府职责和市场功能进行科学定位，明确文化建设的基本思路，即一手抓公益性文化事业，一手抓经营性文化产业，做到两手抓、两加强，两轮驱动，两翼齐飞，推动社会主义文化大发展大繁荣，最大限度地满足人民群众日益增长的精神文化需求。

（一）人民群众对共享文化发展成果的诉求越来越强烈

在当今时代，文化是一种创造财富的能力，是一种精神享受的境界，也是一种社会阶层分野的标志。从这个意义上讲，社会成员能否公平公正地享有社会文化资源，是社会公正与否的重要标志。历史地看，伴随着社会主义文化的大发展大繁荣，每一个社会成员所享有的文化资源都得到了丰富。但横向看，由于城乡差距、收入差距的客观存在，不同社会阶层成员之间所享有的文化资源的数量和质量也存在较大的差距，越来越多的优质文化资源向城市汇聚、向精英阶层汇聚，而农民和城市低收入阶层所享有的文化资源并没有随着经济社会的快速发展而得到相应的提升。据国家统计局公布的“2019 年居民收入和消费支出情况”显示，2019 年城镇居民教育文化娱乐消费支出人均为 3328 元，农村居民教育文化娱乐消费人均为 1482 元，前者为后者的 2. 24 倍。在这样一个文化创造价值的时代，文化资源占有的巨大差距，直接后果就是进一步降低了弱势群体的竞争力，使“富二代”“穷二代”现象继续蔓延下去。

满足人民共享文化发展成果的需要，不仅是一个“做蛋糕”问题，更是一个“分蛋糕”问题。而在文化领域，解决“分蛋糕”问题的关键是在推动文化事业全面繁荣和文化产业快速发展的过程中要始终不渝地坚持“公正”

的价值要求。公正是人类社会文明程度的重要评价标准，也是社会主义制度的首要价值。今日中国，文化的繁荣发展为实现文化公正奠定了根本前提，但客观现实又在不断提醒我们，“应然”并不等于“实然”，实现全民公正地共享文化发展成果，我们还有很长的路要走，还有很多问题需要解决。正是鉴于这样的考虑，习近平总书记在看待文化体制改革问题上，他既强调要通过全面深化改革推动文化事业和文化产业快速发展，更强调要通过改革不断加强公共文化体系建设，促进基本公共文化服务标准化、均等化。在全国宣传思想工作会议上，强调文化体制改革必须始终坚持社会主义先进文化前进方向，始终把社会效益放在第一位。在党的十八届四中全会第一次全体会议上他强调，要“继续推进文化体制改革，着力建设现代公共文化服务体系和现代文化市场体系，促进文化繁荣发展。制定国家公共文化服务标准和指标体系，促进基本公共文化服务标准化、均等化。继续实施文化惠民工程，推进基层公共文化设施共建共享”①。在十八届六中全会第一次全体会议上他又强调，要加快完善促进基本公共文化服务标准化、均等化等体制机制。可以说，推动基本公共文化服务标准化、均等化，让人民更好地分享文化发展成果，是坚持和发展中国特色社会主义文化的首要价值追求。

（二）大力发展公益性文化事业

人民群众的基本文化需求，是社会主义制度下人民群众必须得到保障的基本文化权益。因此，应以政府为主导，以公共财政为支撑，以公益性文化事业单位为骨干，以全民为服务对象，以基层特别是农村为重点，构建覆盖城乡的公共文化服务体系。

第一，统筹服务设施网络建设，实现公共文化设施的有效覆盖。在第二次中央新疆工作座谈会上，习近平总书记强调指出：“要完善公共文化服务体系，加强基层场地建设，让村村、乡乡、县县都可以广泛开展文化体育活动。”② 要努力完善国家、省、市、县、乡、村六级公共文化设施网络，统筹规划和建设基层公共文化服务设施。进一步健全以县图书馆、文化馆、乡镇

① 中共中央文献研究室：《习近平关于社会主义文化建设论述摘编》，中央文献出版社2017年版，第188页。

② 中共中央文献研究室：《习近平关于社会主义文化建设论述摘编》，中央文献出版社2017年版，第187页。

(街道）文化站、村（社区）文化室为重点，以流动文化设施和数字文化阵地建设为补充的城乡基层文化设施网络。加强社区公共文化设施建设，把社区文化中心建设纳入城乡规划和设计。坚持项目建设和运行管理并重，实现资源整合、共建共享。加大对革命老区、民族地区、边疆地区、贫困地区文化服务网络建设支持和帮扶力度。

第二，促进基本公共文化服务标准化、均等化。习近平总书记指出，必须“加快构建现代公共文化服务体系，促进基本公共文化服务标准均等化，建立健全政府向社会力量购买公共文化服务机制，加大公共文化设施免费开放力度”①。要加强面向特定地域、特殊群体的文化关怀，保障人民群众基本文化权益。推进文化资源向农村倾斜，增加农村文化服务总量，缩小城乡文化发展差距。以农民、进城务工人员、老年人、未成年人、下岗失业人员、低收入人群、残障人群等群体为对象，采取政府采购、补贴、发放文化消费券等措施，提高公共文化供给能力。完善东部地区对西部地区、发达地区对欠发达地区、城市对农村的文化援助机制。要加快推进公共文化设施免费开放步伐，让群众广泛享有免费或优惠的基本公共文化服务。全面推进公共图书馆、文化馆免费开放，全国所有公共图书馆、文化馆站都应实现无障碍、零门槛进入，公共设施场地全部免费开放，所提供的基本服务项目全部免费。以群众需求为导向，进一步明确服务标准，完善服务项目，改善服务效能，为城乡居民提供优质高效、普遍均等的公共文化服务。在此基础上，加快推进科技馆、工人文化宫、青少年宫、妇女儿童活动中心等公共文化设施免费开放。

第三，推动公共文化服务社会化发展。要科学引导、充分发挥社会组织和民间力量的作用，形成公共文化服务体系的多元共建共享机制，解决公共文化服务主体不明、合作乏力的问题。实践证明，代表公共利益提供公共文化产品和服务的公共机构是一个以政府为主体的多元体制，政府并不是唯一有效的提供者，大量的社会组织和民间力量的参与和支持，对于公共文化产品与服务的有效供给具有不可替代的重要作用。政府与社会、公民形成良性的“共同治理”结构更是提高公共文化服务水平、降低行政成本的必要前

① 中共中央文献研究室：《习近平关于社会主义文化建设论述摘编》，中央文献出版社2017年版，第189页。

提。政府要科学引导、充分发挥社会组织和民间力量的作用，规范社会组织的运行，制定相应的法律法规，引导社会力量进行公共文化服务建设，形成政府主办、社会参与、功能互补、运转协调的公共文化服务组织体制和责任明确、行为规范、富有效率的运行机制。

第四，完善公共文化服务投入和保障机制，为公共文化服务提供有力的财政支撑。公共文化服务解决的是人民群众的基本文化需求，满足的是低收入阶层的文化需求，因此在资金来源上需要各级财政的投入，并确保投入能够随着经济社会的发展逐年增长。在具体举措上，应推动中央、省、市三级设立农村文化建设专项资金，保证一定数量的中央转移支付资金用于乡镇和村文化建设。以免费开放为契机，建立基层公共文化设施的经费保障机制。中央财政重点对中西部地区公共文化设施开展服务项目所需经费予以补助。吸引、鼓励和引导社会资金以多种方式投入文化建设，逐步形成以政府投入为主、社会力量积极参与的多元化公共文化服务投入机制。

三、大力发展文化产业，更好满足人民群众多元文化需求

随着我国经济社会持续快速发展和人民生活水平不断提高，城乡居民文化需求越来越旺盛，文化消费进入了高速增长期。这既为文化建设注入新的动力，也使文化发展中存在的不平衡不充分矛盾日益凸显。“满足人民过上美好生活的新期待，必须提供丰富的精神食粮。”① 破解新时代社会主要矛盾，满足人民群众美好精神文化生活需求，必须深化文化体制改革，大力发展文化产业。

（一）人民群众对高质量文化产品的需求越来越多

我国社会主要矛盾的变化是一个全域性、整体性变化，这种变化既体现在经济、政治、社会、生态领域，也体现在文化领域。在文化领域，社会主要矛盾是人民群众对高质量文化产品越来越多的需求和不平衡不充分文化发展之间的矛盾。

国际经验表明，当一个国家人均 GDP 达到或超过 3000 美元时，国民的

---

① 习近平：《决胜全面建成小康社会　夺取新时代中国特色社会主义伟大胜利——在中国共产党第十九次全国代表大会上的报告》，人民出版社 2017 年版，第 43—44 页。

文化消费需求将呈现快速增长甚至是井喷的态势。1970—1993 年，美国居民人均消费支出由 3100 美元增加到 16429 美元，增长了 4.3 倍，而同期娱乐人均消费支出由 115 美元增加到 887 美元，增长 6.7 倍，娱乐消费支出占比也从 3.7% 提升到 5.4%。2012 年美国娱乐消费在居民消费支出中的占比已超过 5.5%，位列食品、住房、交通类支出之后，是第四大消费支出项目。日本在 1965 年居民平均每户娱乐消费支出为 1742 日元，占居民家庭消费支出的 3.5%；1993 年，日本居民家庭平均每户娱乐支出为 17275 日元，比 1965 年扩大近 9 倍，在消费支出中的占比为 4.9%，比 1965 年提高 1.4 个百分点。

经过 40 多年的改革开放，我国人均 GDP 已超过 10000 美元，恩格尔系数已经降到 29.3%，人民精神文化需求迅速增长，文化消费能力大大增强，人民群众的精神文化需求前所未有地强烈。国家统计局统计数据显示，2019 年全国居民人均教育文化娱乐消费支出为 2513 元，占人均消费支出比重为 11.7%。同人民群众的期待要求相比，我国提供的文化产品和服务还远远不能满足城乡居民需要。这种“不能满足”不是表现在“量”上，而是主要表现在“质”上。这也是国人热衷于到国外进行文化消费，西方文化产品特别是文化奢侈品在中国销售量不断增长的重要原因。《中国文化消费需求景气评价报告（2016）》显示，在 2006 年以前，我国的文化总产值低于文化总消费，但从 2007 年开始，文化总产值开始高于文化总消费，并且二者之间的差距越拉越大。另据图书咨询机构“开卷”发布的一份滞销书数据报告显示，从 2014 年 1 月到 2017 年 10 月，综合中国大陆实体店、网店及零售三个渠道数据，年销售数量小于 10 本的图书，占全部图书品种的45.19%；年销售数量小于 5 本的图书，占全部图书品种的 34.5%。

展望未来 30 年，在社会主义现代化强国目标建成之日，人民群众对自身文化权益的要求以及对丰富精神文化生活的期待必然更高、更加多样化，而文化繁荣发展作为建成社会主义现代化强国奋斗的重要目标，也将成为衡量社会幸福指数的重要指标。我们必须通过深化文化体制改革，激发文化创造主体积极性主动性，推动文化事业全面繁荣和文化产业快速发展，才能提供更多更好的文化产品以满足人民的文化生活需要。

（二）加快发展文化产业

发展文化产业是社会主义市场经济条件下满足人民群众多样化精神文化

需要的重要途径。习近平总书记指出："文化产品只有成为广大群众的自觉消费，才能最大限度地实现文化的宣传教育功能，达到以优秀作品鼓舞人的目的，这就是大力发展文化产业的意义所在。有市场的文化不一定是先进文化，但没有市场的文化更难讲是先进文化。"① 在社会主义市场经济条件下，对于人民群众多样化的文化需求，应主要通过大力发展文化产业、依靠市场来满足。

第一，完善文化产业政策。文化产业政策对于文化产业的发展有着重要的推动、引导、规范和提升作用。自党的十五届五中全会第一次提出"文化产业"概念以来，有关推动文化产业发展的政策就处于不断发展完善之中，特别是党的十八大以来，一系列有关发展文化产业的政策不断出台。中央全面深化改革领导小组审议通过《深化文化体制改革实施方案》，明确了新一轮文化体制改革的路线图、时间表、任务书。政府部门也出台了包括《关于深入推进文化金融合作的意见》《关于大力支持小微文化企业发展的实施意见》《关于推进文化创意和设计服务与相关产业融合发展的若干意见》《关于加快发展对外文化贸易的意见》《关于印发文化体制改革中经营性文化事业单位转制为企业和进一步支持文化企业发展两个规定的通知》《关于支持电影发展若干经济政策的通知》等在内的诸多好政策。但在文化产业政策不断完善的过程中，还有三个矛盾亟须解决：一是文化产业政策必须正视区域性、地方性竞争与国家统一规划之间的矛盾。现在，各个地方政府都看到了文化产业的潜力，"文化立市""文化强省"几乎成为所有地方的重要发展路径，一些地方政府以数量、以速度为标准，一哄而上、重复建设、浪费资源。这就需要我们重新考虑文化产业发展中的"中央—地方"关系，合理划分中央政府与地方政府在文化产业方面的权责，在"集中—分散"中探索中国特色的文化产业发展道路。二是文化产业政策必须正视文化产业发展的融合趋势与文化政策的部门化分割的矛盾。随着信息技术的发展，文化产业的发展呈现出融合发展的趋势，但我国的文化政策制定和发布的主体，却是政府的不同部门。文化和旅游部、广播电视总局、工业与信息化部、体育总局分别管理文化演出业、广播电影电视业、互联网通信业、体育业。在这种分行业垂直管理的体制下，行业政策的区隔非常明显。如果再加上地方性、区

① 习近平：《之江新语》，浙江人民出版社 2013 年版，第 9 页。

域性的组织体系，中国文化政策明显缺少统一性和严密性，其实际效能已不能适应技术融合和产业融合的趋势。三是文化产业政策必须重视文化经济发展与意识形态管理之间的矛盾。文化政策必须平衡文化产业的双重属性，不能因为文化产业的意识形态属性就缩手缩脚，也不能因为产业的盈利趋向就过度推崇文化商品化。

第二，健全现代文化市场体系。推动文化产业发展，必须建立健全现代文化市场体系。党的十九大报告指出："健全现代文化产业体系和市场体系，创新生产经营机制，完善文化经济政策，培育新型文化业态。"① 文化市场体系，是各类文化产品市场、文化服务市场以及文化要素市场相互联系的文化市场有机整体。按照统一开放竞争有序的要求构建现代文化市场体系，对于促进文化产品、服务和要素在全国范围内流动至关重要。一是促进文化资源在全国范围内流动。建立健全现代文化市场体系，必须"完善文化市场准入和退出机制，鼓励各类市场主体公平竞争、优胜劣汰，促进文化资源在全国范围内流动"②。二是要继续深化国有文化企业改革。"继续推进国有经营性文化单位转企改制，加快公司制、股份制改造。对按规定转制的重要国有传媒企业探索实行特殊管理股制度。推动文化企业跨地区、跨行业、跨所有制兼并重组，提高文化产业规模化、集约化、专业化水平。"③ 三是鼓励非公有制文化企业发展。近些年来，随着非公有经济进入文化产业的步伐加快，文化产品的供给能力有了很大提高，但仍不能满足市场需求，尤其是深受市场欢迎的原创产品供给不足。针对这一情况，必须"鼓励非公有制文化企业发展，降低社会资本进入门槛，允许参与对外出版、网络出版，允许以控股形式参与国有影视制作机构、文艺院团改制经营。支持各种形式小微文化企业发展"④。四是建立多层次文化要素市场。目前的文化要素市场，相对于经济要素市场明显滞后，必须在发展资本、人才、技术等要素市场的同时，加快培育产权、版权、信息等要素市场，办好重点文化产权交易所，规范文化资产和艺术品交易，使各种文化要素都能自由流动，外来的文化要素能通

① 习近平：《决胜全面建成小康社会　夺取新时代中国特色社会主义伟大胜利——在中国共产党第十九次全国代表大会上的报告》，人民出版社 2017 年版，第 44 页。
② 《十八大以来重要文献选编》（上），中央文献出版社 2014 年版，第 534 页。
③ 《十八大以来重要文献选编》（上），中央文献出版社 2014 年版，第 534 页。
④ 《十八大以来重要文献选编》（上），中央文献出版社 2014 年版，第 534 页。

过正规渠道走进来，国内的文化要素能通过正规渠道走出去。

第三，推动文化产业升级。在世界总体范围内，中国文化经济总体上处于低端产业、外围产业发展较快，而高端产业、核心产业并不理想的阶段。商务部统计数据显示，2019 年，我国文化产品进出口总额 1114.5 亿美元，同比增长 8.9%；其中出口 998.9 亿美元，增长 7.9%，进口 115.7 亿美元，增长 17.4，贸易顺差 883.2 亿美元，规模扩大 6.8%。但同时，“中国有功夫，有熊猫，却没有‘功夫熊猫’”，缺少有创意的核心产品仍是文化出口的软肋。中国文化产品确实已经走到国外，但真正为境外消费者接受和欣赏的，主要还是以传统文化为要素、风格和载体的产品，而反映当代中国生活和经验的故事、文本、影像和符号，却并未获得广泛认同，跨国之旅仍步履维艰。现实表明，推动文化产业升级，提高文化产品品质势在必行。一是推动文化产业融合创新。历史地看，作为现代工业文明的产物，文化产业本身就是多重元素相互融合的产物，近年来的产业发展实践也说明了这一点。文化与科技、旅游、金融的结合，都为文化产业开辟了新的发展空间。当前和今后一个时期，可以以“文化 +”和“互联网 +”为着力点，推动多领域、全方位的融合，比如文化产业与文化事业的融合、文化产业不同门类的融合、文化产业与相关产业的深度融合，从而进一步拓展文化产业发展空间。二是着力打造文化品牌。经过多年的快速发展，我国文化产业形成了一定的规模，但是难以找到具有较高世界知名度的文化品牌，更没有形成像日本动漫、美国好莱坞、韩国韩剧等规模和集群效应的文化产业群。因此，我国的文化产业现状是大而不强、全而不专。推动文化产业升级，必须着力打造世界级的文化品牌。三是增加文化产业有效供给。当前文化产业的发展还远远跟不上群众文化消费需求的个性化、多样化变化。要扩大文化消费，还得从文化产业供给侧发力，以创新供给带动需求扩展，优化文化产品和服务供给结构，提升文化产品和服务供给质量，扩大文化产品和服务的有效供给，满足人民群众日益增长、不断升级和个性化的精神文化需求。在这一过程中，既要丰富文化产品的品种，还要提高文化产品的品质，满足人民群众的多样化精神文化需求。

（三）文化事业和文化产业都必须把社会效益放在首位

在 2013 年 8 月召开的全国宣传思想工作会议上，习近平总书记指出：

“关于文化体制改革，我只强调一点，就是要在继续大胆推进改革、推动文化事业全面繁荣和文化产业快速发展、建设社会主义文化强国的同时，把握好意识形态属性和产业属性、社会效益和经济效益的关系，始终坚持社会主义先进文化前进方向，始终把社会效益放在首位。无论改什么、怎么改，导向不能改，阵地不能丢。”① 在社会主义市场经济条件下，文化产品既有引导社会、教育人民的意识形态属性，也有通过市场交换获取经济利益、实现再生产的商品属性、产业属性、经济属性。在“两种属性”中，意识形态属性是文化产品的特殊属性，商品、产业、经济属性是文化产品的一般属性。不能因为文化产品具有商品的一般属性，就忽视意识形念的特殊属性；也不能因为文化产品具有意识形态的特殊属性，就排斥其商品的一般属性，而是要把两者统一起来。

正确把握“两种属性”的关系，要求我们在推动文化事业和文化产业发展过程中必须正确认识和处理“两个效益”即社会效益与经济效益的关系。不论是发展公益性文化事业，还是发展经营性文化产业，都要突出以文化人的功能。每个国家、每个民族、每个人都要有精神支撑，因此要充分发挥文化陶冶情操、凝聚力量、提振信心、鼓舞士气的重要功能。公益性文化事业、经营性文化产业，只是文化形式的差别、载体的不同，而承载的精神即文化的灵魂应是一致的，那就是必须以传播中国特色社会主义文化为己任。因此，无论是推动文化事业全面繁荣，还是推动文化产业快速发展，都必须坚持社会主义先进文化前进方向，把社会效益摆在首位。

大力发展经营性文化产业，就是坚持在把社会效益放在首位的前提下，努力实现社会效益与经济效益的有机统一，当经济效益同社会效益发生冲突时，要求经济效益要服从社会效益。在社会主义市场经济条件下，检验经营性文化产业、产品和服务“两个效益”相统一的一个重要标准，就是人民群众喜欢不喜欢、是否愿意花钱购买和消费。购买优秀文化产品的人越多，受教育的面就越大，经济效益就越好，社会效益也就越广泛。从这个意义上说，没有经济效益，社会效益也是空的。因此，实现社会效益与经济效益相辅相成、相互促进、有机统一是经营性文化产业可持续发展的重要条件。应

① 中共中央文献研究室：《习近平关于社会主义文化建设论述摘编》，中央文献出版社 2017 年版，第 185 页。

鼓励经营性文化主体创新体制机制，把面向群众、面向基层、面向农村与面向市场统一起来，认真做好市场调研，准确把握群众需要在占领市场的过程中更好地服务群众，在服务群众的过程中更多地赢得市场，努力实现社会效益与经济效益的最大化。与此相适应，各级各类评奖机制也要进一步改革，改掉一些地方和部门评奖过多过滥和文化产品只面向评委而不面向群众的弊端，把群众喜欢不喜欢、满意不满意、接受不接受、认可不认可作为评价作品的最终标准，在导向正确的前提下，将发行量、演出场次、票房收入和销售额等作为衡量文化产品社会影响的客观指标，使评奖真正成为推动文化产品更好地面向群众、面向市场的重要宏观调控手段，催生更多“既叫好又叫座”的精神文化产品，而不能使评奖成为反向调控的指挥棒。

四、实施公民道德建设工程，不断提高社会文明程度

满足人民群众日益增长的精神文化需求，在提供丰富的精神食粮，大力发展文化事业和文化产业的同时，还必须不断提高社会文明程度。我们党无论是在革命、建设还是在改革开放的历史征程中，对道德教育始终没有放松，社会的文明程度显著提高，这也成为我们不断赢得胜利、推动社会进步的重要保证。当前，面对市场经济、多元价值取向的冲击，推动良好道德风尚的形成，满足人民群众美好精神文化生活需求，对于更好助推经济社会的健康发展有着重要意义。

（一）人民群众对社会文明程度的要求越来越高

世界现代化的历史表明，国家越富强，人民越富足，对社会文明程度的要求也越高。改革开放以来，伴随着经济的快速发展，我国的物质文明建设取得了举世瞩目的成就，但精神文明领域却出现了一些“精神透支”问题。急剧的社会转型打破了原有的社会格局，利益主体和思想观念的多元化带来了发展的巨大活力，但也瓦解了传统的道德体系。在这一过程中，市场的趋利本性不断吞噬着人的精神家园，忽略内在追求的人迅速沦为物的奴隶，道德错乱、商业欺诈、诚信危机、信仰危机等现象在一些地方层出不穷。

习近平总书记在文艺工作座谈会上曾指出：“改革开放以来，我国经济发展很快，人民生活水平提高也很快。同时，我国社会正处在思想大活跃、观念大碰撞、文化大交融的时代，出现了不少问题。其中比较突出的一个问

题就是一些人价值观缺失，观念没有善恶，行为没有底线，什么违反党纪国法的事情都敢干，什么缺德的勾当都敢做，没有国家观念、集体观念、家庭观念，不讲对错，不问是非，不知美丑，不辨香臭，浑浑噩噩，穷奢极欲。现在社会上出现的种种问题病根都在这里。这方面的问题如果得不到有效解决，改革开放和社会主义现代化建设就难以顺利推进。”① 16 世纪欧洲宗教改革的倡导人马丁·路德曾经指出：一个国家的兴盛，不在于国库的殷实、城堡的坚固或是公共设施的华丽，而根本在于公民的文明素养。公民的文明素质、社会的文明程度已经成为制约我国现代化建设的一个短板，迫切要求加快推进文化发展，进一步发挥文化在提高人民思想道德素质和科学文化素质中的作用，积极培育和践行社会主义核心价值观，弘扬社会正气、培育文明新风。今天的中国已经走出物质贫乏的困境，决不能再掉进精神贫乏的陷阱。加快建设健康、向上的人民精神家园，成为必须从国家层面予以解决的重大战略问题。

（二）深入实施公民道德建设工程

党的十九大报告指出：“深入实施公民道德建设工程，推进社会公德、职业道德、家庭美德、个人品德建设，激励人们向上向善、孝老爱亲，忠于祖国、忠于人民。加强和改进思想政治工作，深化群众性精神文明创建活动。弘扬科学精神，普及科学知识，开展移风易俗、弘扬时代新风行动，抵制腐朽落后文化侵蚀。推进诚信建设和志愿服务制度化，强化社会责任意识、规则意识、奉献意识。”② 推动良好道德风尚的形成，满足人民群众美好精神文化生活需求，需要深入实施公民道德建设工程。

一是推进社会公德、职业道德、家庭美德、个人品德建设。党的十八大以来，习近平总书记多次强调，要坚持“两手抓、两手都要硬”，以辩证的、全面的、平衡的观点正确处理物质文明和精神文明的关系，把精神文明建设贯穿改革开放和现代化全过程、渗透社会生活各方面，紧密结合培育和践行社会主义核心价值观，大力加强社会公德、职业道德、家庭美德、个人品德

① 中共中央文献研究室：《习近平关于社会主义文化建设论述摘编》，中央文献出版社 2017 年版，第 8 页。

② 习近平：《决胜全面建成小康社会　夺取新时代中国特色社会主义伟大胜利——在中国共产党第十九次全国代表大会上的报告》，人民出版社 2017 年版，第 43 页。

建设，营造全社会崇德向善的浓厚氛围。党的十九大报告进一步提出：“深入实施公民道德建设工程，推进社会公德、职业道德、家庭美德、个人品德建设，激励人们向上向善、孝老爱亲，忠于祖国、忠于人民。”① 社会公德建设主要包括文明礼貌、助人为乐、爱护公物、保护环境和遵纪守法等，以“礼仪”为核心；职业道德建设主要包括诚实守信、爱岗敬业、办事公道、热心服务、奉献社会等，以“诚信”为核心；个人品德建设主要包括友善互助、正直宽容、明礼守信、热情诚恳、自强自立等，以“友善”为核心。在高度重视社会公德、职业道德、个人品德建设的同时，还必须加强家庭美德建设。习近平总书记指出：“中华民族历来重视家庭。正所谓‘天下之本在家’。尊老爱幼、妻贤夫安，母慈子孝、兄友弟恭，耕读传家、勤俭持家，知书达礼、遵纪守法，家和万事兴等中华民族传统家庭美德，铭记在中国人的心灵中，融入中国人的血脉中，是支撑中华民族生生不息、薪火相传的重要精神力量，是家庭文明建设的宝贵精神财富。”② 要积极传播中华民族传统美德，传递敬老爱幼、男女平等、夫妻和睦、勤俭持家、邻里团结的观念，倡导忠诚、责任、亲情、学习、公益的理念，推动人们在为家庭谋幸福、为他人送温暖、为社会做贡献的过程中提高精神境界、培育文明风尚。

二是深化群众性精神文明创建活动。社会主义精神文明是中国特色社会主义的重要特征，是实现“两个一百年”奋斗目标、实现中华民族伟大复兴中国梦的重要内容和重要保证。群众性精神文明创建活动是人民群众群策群力、共建共享、改造社会、建设美好生活的创举，是提升国民素质和社会文明程度的有效途径，是把社会主义精神文明建设的任务要求落实到城乡基层的重要载体和有力抓手。习近平总书记指出：“要深入实施公民道德建设工程，深化群众性精神文明创建活动，引导广大人民群众自觉践行社会主义核心价值观，树立良好道德风尚，争做社会主义道德的示范者、良好风尚的维护者。”③ 坚持用社会主义核心价值观引领群众性精神文明创建活动，重点

① 习近平：《决胜全面建成小康社会　夺取新时代中国特色社会主义伟大胜利——在中国共产党第十九次全国代表大会上的报告》，人民出版社 2017 年版，第 43 页。

② 中共中央文献研究室：《习近平关于社会主义文化建设论述摘编》，中央文献出版社 2017 年版，第 147—148 页。

③ 中共中央文献研究室：《习近平关于社会主义文化建设论述摘编》，中央文献出版社 2017 年版，第 147 页。

抓好理想信念教育、爱国主义教育、公民道德建设、弘扬中华优秀传统文化、诚信建设、建设社会主义法治文化、发挥先进典型示范引领作用等方面的工作。应深化文明城市、文明村镇、文明单位、文明家庭、文明校园等群众性精神文明创建活动，突出思想道德内涵，坚持创建为民惠民，推动人们在为家庭谋幸福、为他人送温暖、为社会做贡献的过程中提高精神境界、培育文明风尚。

三是抵制腐朽落后文化侵蚀。我国地广人多，各地域的群体民情差异很明显，广大农村地区的群众受到传统思想影响较深，各种不良习俗和落后传统依然存在，讲排场、爱炫耀、要面子，礼尚宾朋大操大办，人情消费愈演愈烈，成为比阔斗富、争强攀比的舞台，甚至冠以婚丧嫁娶、寿诞升学、参军入伍、升职乔迁等各种家宴的名义，却玩着借机敛财、暗度陈仓的把戏，将礼尚往来、热情好客的中华民族优良传统彻底恶俗化、低俗化。面对这种沉疴顽疾，应该狠下猛药，但也要注意扎扎实实教化引导，步步为营敦风化俗。要大力弘扬科学精神，广泛普及科技知识，突出大众性、贴近性，广泛组织科普宣传。在此基础上，持续开展“治陋习、树新风”风气建设主题活动，通过“美风俗”正面典型宣传，“广教化”强化核心价值观引导，“除陋习”推动群众自治，不断推动移风易俗，树立文明风尚。

四是推进诚信建设。如果说，人心治理更多的是依靠伦理道德进行由内而外的教化引导，那么行为治理则更多地需要依靠制度规范进行由外而内的强制约束。应在完善市民公约、村规民约、学生守则、行业规范的基础上，强化规章制度实施力度，依法惩处公德失范、诚信缺失的违法行为，大力整治突破道德底线、丧失道德良知的现象，使正确行为得到鼓励、错误行为受到谴责。应切实贯彻落实《社会信用体系建设规划纲要（2014—2020 年）》，大力培育和践行社会主义核心价值观，切实形成诚信建设良好的社会舆论环境，着力推进诚信建设规范化长效化，建立起全覆盖的社会信用信息记录，大力营造诚信建设有力宣传舆论声势，切实增强诚信教育实践针对性实效性，有力营造诚信建设法治环境，建立健全激励诚信、惩戒失信长效机制。

五、发挥人民群众文化创造积极性

马克思主义唯物史观认为，人民群众不仅是物质财富的创造者，而且是精神财富的创造者，同时还是社会变革的决定力量。推动社会主义文化改革发展，必须牢固树立马克思主义群众观，自觉贯彻党的群众路线，尊重人民群众主体地位，为人民群众成为社会主义文化建设者提供广阔的舞台。

（一）广泛开展群众性文化活动

群众性文化活动是社会主义文化建设的重要组成部分，是推动社会主义文化建设的重要内容和有效形式。广泛开展群众性文化活动，对于丰富人民精神生活，提高人民群众凝聚力向心力具有重要意义。因此，要广泛开展群众性文化活动，提高社区文化、企业文化、村镇文化、校园文化建设水平，引导群众在社会主义文化建设中自我表现、自我教育、自我服务。

提高社区文化建设水平。社区文化，是指在城市社区范围内由社区成员共同创造的精神财富及其物质形态。社区文化本质上是一种家园文化，具有社会性、开放性和群众性的特点。目前，我国社区文化基础建设还比较薄弱，与城市社区群众不断增长的精神文化需求还不相适应。随着我国城市化的迅速发展，城市新移民越来越多，而且在生活节奏比较紧张的情形下，人们之间交往相对缺乏，出现了人际关系陌生冷淡、社会活动失范等现实问题。通过街道文化站、社区服务活动室、文化广场等现代设施，组织开展丰富多彩、健康有益的文化活动，有利于加深人们之间的了解、增加感情、充实生活。因此，应建立完善社区公共文化服务经费保障机制，大力加强社区文化设施建设，调动广大群众和社会力量参与社区文化建设积极性。

提高企业文化建设水平。企业文化，是指企业在生产经营活动过程中形成的一种文化形态。当前，企业之间竞争已进入“文化制胜”的时代。培育企业的核心价值观，推进企业文化建设，是各企业面临的重大问题。加强企业文化建设，提高企业文化建设水平，有利于培育企业的团队合作精神、形成企业的良好风尚、提升企业的良好形象。不同的企业具有不同的文化，企业应积极利用各种机会广泛开展企业文化建设，丰富员工精神生活，提升企业品牌，增强企业竞争力。

提高村镇文化建设水平。村镇文化，是广大乡村在长期历史过程中形成的特色文化形态。我国是一个有着几千年历史的多民族农业国家，乡村文化历史悠久、丰富多样。但这些年，随着人们由乡村走向城市，村镇文化有衰落的趋势。应积极投入人力、物力、财力发展民间艺术之乡、特色艺术之乡和民间文化生态保护区，继承和发展民间传统艺术，积极挖掘、扶持具有鲜明地方特色的民间艺术。应积极搭建公益性文化活动平台，鼓励各村镇社会充分利用农闲时间、民族节日，开展富有地方特色、民族特色的文化活动。要大力开展文化、科技、卫生“三下乡”活动，丰富和服务村镇文化生活。

提高校园文化建设水平。校园文化，是指以教职员工、学生为主体，以课外文化活动为主要内容，以校园为主要空间，以校园精神为主要特征，在教育教学、学习生活中形成的文化形态。校园文化是学校发展的灵魂，是凝聚人心、展示学校形象、提高学校文明程度的重要体现。校园文化建设，应以系统化、特色化为基点，提升学校文化整体水平和文化品位。

（二）支持群众依法兴办文化团体

社会主义文化大发展大繁荣，离不开群众文化团体的支持。文化团体是群众参与文化活动、享受文化生活的有效载体和平台。兴办文化团体，参与文化团体生活，是人民群众自我价值和文化权益的直接体现。同时，文化团体有利于加深人民群众之间的沟通，为建立良好的社区氛围，构建和谐社区、和谐社会发挥了重要作用。随着我国人口结构变化、人口流动性增强、人民文化需求品位提升，单靠政府组织文化活动已经难以满足人民日益增长的文化需求。支持人民群众依法兴办文化团体，精心培育植根群众、服务群众的文化载体和文化样式，是我国促进文化改革发展的必然要求。

一是加强引导支持。人民群众中不乏多才多艺的人，蕴藏着厚重的文化创新活力和潜能，但一直以来，由于缺乏有效发掘、组织，使很多人的才华得不到有效发挥。各级文化部门应把支持引导文化团体建设摆在重要工作位置，通过挖掘和整合各方面社会资源，把有文艺才能的群众组织起来，建立志愿者队伍，有效调动他们的积极性，动员他们为社会施展才能和技艺；做好组织协调工作，构建社会支持系统，发动各方力量关心和支持群众文化活动，为群众文化团体发展提供活动环境；组织协调各文化团体优势，实现各种人才资源相互支持，优势互补，做到文化人才资源的效益最大化；要引导文化团体弘扬社会主义文化主旋律，倡导积极健康的文化活动。

二是扩大资金来源。文化团队要健康发展，文体设施和活动经费的投入是不可缺少的。群众文化团体是群众自己的组织，一般以自娱自乐或公益性演出为主，缺乏资金来源渠道，这就在一定程度上限制了文化团体的发展。当前，一些文体设施还不能满足文化团队的需要，文化团体运转困难。要多方筹措资金，给文化团体一定的经费支持，调动广大文化工作者的积极性。一是要建立团队扶持经费，把发展文化事业所需经费纳入财政预算。二是要建立企事业单位与群众文化团队共建或企业赞助机制，促进更多社会力量支持文化团体活动。三是要鼓励民间资本和企业投入，解决文化团体经费难问题。

三是建立激励机制。参加文化团体的群众，一方面是为了兴趣爱好，融入集体；另一方面也是为了能够得到社会的认可和尊重。通过比赛、巡演等活动，不仅可以发现文化团体的不足，提高创作水平，而且可以满足文化团体成员的“表现欲望”，实现自我价值。同时，对表演优秀的文化团体进行表彰，授予一定的荣誉称号和适当的物质奖励，使他们感到一种巨大的精神满足，这不仅是对他们工作和成绩的认可，而且对其他文化团体起到鼓舞鞭策作用，营造社会各种文化团体蓬勃发展的态势。

第五章

培育核心价值

党的十八大报告首次提出以“富强、民主、文明、和谐，自由、平等、公正、法治，爱国、敬业、诚信、友善”为主要内容的社会主义核心价值观。党的十八大以来，习近平总书记高度重视社会主义核心价值观培育工作，指出“核心价值观是一个民族赖以维系的精神纽带，是一个国家共同的思想道德基础。如果没有共同的核心价值观，一个民族、一个国家就会魂无定所、行无依归”①，强调要“把培育和弘扬社会主义核心价值观作为凝魂聚气、强基固本的基础工程，继承和发扬中华优秀传统文化和传统美德，广泛开展社会主义核心价值观宣传教育，积极引导人们讲道德、遵道德、守道德，追求高尚的道德理想，不断夯实中国特色社会主义的思想道德基础”②。培育和践行社会主义核心价值观，是建设社会主义文化强国、实现社会主义现代化和中华民族伟大复兴的重要任务。

一、全党全国人民的共同价值追求

党的十八大报告确立的社会主义核心价值观，实现了我们党在社会主义核心价值观问题认识上的升华，为我们认识社会主义及其未来发展提供了一个崭新的视角。“富强、民主、文明、和谐，自由、平等、公正、法治，爱国、敬业、诚信、友善，传承着中国优秀传统文化的基因，寄托着近代以来中国人民上下求索、历经千辛万苦确立的理想和信念，也承载着我们每个人

---

① 《十八大以来重要文献选编》（中），中央文献出版社 2016 年版，第 133 页。

② 习近平：《把培育和弘扬社会主义核心价值观作为凝魂聚气强基固本的基础工程》，《人民日报》2014 年 2 月 26 日，第 1 版。

的美好愿景。"① 离开了社会主义核心价值观，构筑中国精神、中国价值、中国力量将无从谈起，实现中国梦也将无从谈起。

（一）社会主义核心价值观体现了中国共产党始终不渝的价值追求

价值观作为社会意识形态的核心，具有相对的独立性。价值观先进与否，不仅会对社会生产力产生作用，而且直接影响着社会成员能否具有远大的奋斗目标和强盛的发展活力，进而影响社会能否朝气蓬勃地前进。在中国共产党的文化观中，坚持社会主义价值观、秉持崇高的价值追求始终是保持党的先进性的重要内容。

历史地看，任何一个政治组织发展，都需要一种思想、一种价值观的指引。欧洲近代资产阶级及其政党，离不开新教伦理及其所孕育的资本主义精神的指引。在几千年的中国封建社会中，儒学也承担了这种角色作用，其所倡导的仁、义、礼、智、信等价值内涵是维护中国封建统治阶级的重要精神基因。但伴随着鸦片战争的爆发和清朝政府一系列丧权辱国行为的出现，中国社会出现了全局性的危机，作为封建专制思想基础的儒家价值观受到了根本上的怀疑，引进西学成为当时先进分子寻求救亡图存之道的重要选择。但历史已经清晰地表明，西方价值观不仅不适应中国的文化土壤，也不适合中国的政治土壤。以西方资产阶级提倡的"自由、平等、博爱"为基础的三民主义价值观，虽然在反对封建统治的过程中发挥了积极作用，但是伴随着国民党的腐败没落，三民主义价值观最终被历史所淹没。而矢志建立社会主义国家的中国共产党，则在马克思主义指导下建立了新民主主义革命价值观。

新中国成立以后，大规模、疾风暴雨式的阶级斗争基本结束，我国进入了社会主义建设时期。在这个时期，我国的社会价值观呈现出两个鲜明的特征：一个特征是爱国主义、集体主义、大公无私、社会平等等社会主义价值观迅速得到人们的认同和广泛传播。另外一个显著特征是"革命""斗争""专政"等价值观也不断得到强化，特别是伴随着"文化大革命"的展开，这些价值观迅速被推向极端，而个性、创造、民主、法制等价值观则被淹没掉了，整个社会的价值观念陷入一种极端状态，留下了深刻的历史教训。

"文化大革命"的深刻教训使我们党认识到，社会主义现代化是一个全

---

① 习近平：《青年要自觉践行社会主义核心价值观——在北京大学师生座谈会上的讲话》，《人民日报》2014 年 5 月 5 日，第 2 版。

面的现代化，既包括生产关系的现代化，也包括生产力的现代化和人的现代化。党的十一届三中全会以后，以邓小平同志为核心的第二代中央领导集体，强调在建设高度社会主义物质文明的同时，还要建设高度的社会主义精神文明和发展高度的社会主义民主。党的十二大报告提出，中国共产党在新的历史时期的总任务是：团结全国各族人民，自力更生，艰苦奋斗，逐步实现工业、农业、国防和科学技术现代化，把我国建设成为高度文明、高度民主的社会主义国家。同以往相比，党的十二大在“四个现代化”的基础上，加入了“高度文明、高度民主”等价值层面的内容。随着对基本国情的进一步深入认识，党的十三大报告提出的社会主义初级阶段基本路线中放弃了“高度”的提法，并将“富强”纳入价值目标，即要把我国建设成为富强、民主、文明的社会主义现代化国家。将“富强”纳入社会主义价值目标是一个巨大历史进步，因为，在很长一段时期内，我们有过“怕富”的思想和观念，怕富了会出修正主义，认为“穷则革命，富则变修”。党的十三大报告中“建设富强、民主、文明的社会主义现代化国家”这一表述，被党的十四大、十五大、十六大所沿用，并被固定下来。党的十六大以后，随着社会问题的凸显，党的十六届六中全会首次把“和谐”纳入现代化建设总目标，提出要把我国建设成为一个“富强民主文明和谐的社会主义现代化国家”，从而把我们党对现代化建设价值目标的认识，从当初的“文明、民主”两个目标扩展到“富强、民主、文明、和谐”四个目标。在党的十八大报告中，我们党首次完整提出以“富强、民主、文明、和谐，自由、平等、公正、法治，爱国、敬业、诚信、友善”为主要内容的社会主义核心价值观，这表明我们党对社会主义的价值属性理解得更加透彻。

而与此同时，经过40多年的改革开放，一系列与时代发展要求相适应的价值观也得到人们的高度认可。例如，经济领域有效率、公平、竞争等；政治领域有自由、民主、法治、人权、正义等；文化领域有文明、爱国、尚荣、知耻等；社会领域有团结、互助、友爱、和谐、诚信等；生态文明建设领域有美丽、节约、友好、可持续发展等。这些价值观为提炼社会主义核心价值观提供了重要思想资源。

（二）社会主义核心价值观传承着中华优秀传统文化的基因

习近平总书记指出：“一个民族、一个国家的核心价值观必须同这个民族、这个国家的历史文化相契合。”① 作为社会意识形态，社会主义核心价值观不仅与中国需要解决的时代问题相适应，与中国人民进行的现代化建设相一致，也与中华优秀传统文化相契合。

社会主义核心价值观的根和本在中华优秀传统文化。当今时代是个文化多元的时代，当代中国是个多元文化共存的国度。传统文化与现代文化相互交融，外来文化与本土文化相互交融、马克思主义与非马克思主义相互交锋，共同构成了当代中国发展的文化背景。在这样的背景下，明确社会主义核心价值观的“根”和“本”所在，知道其从哪里来，不仅是一个文化命题，也是一个政治命题，直接影响到社会主义核心价值观的培育和践行工作。习近平总书记指出：“牢固的核心价值观，都有其固有的根本。抛弃传统、丢掉根本，就等于割断了自己的精神命脉。”② 并明确指出：“中华文明绵延数千年，有其独特的价值体系。中华优秀传统文化已经成为中华民族的基因，植根在中国人内心，潜移默化影响着中国人的思想方式和行为方式。”③ “我们生而为中国人，最根本的是我们有中国人的独特精神世界，有百姓日用而不觉的价值观。我们提倡的社会主义核心价值观，就充分体现了对中华优秀传统文化的传承和升华。”④ 如果我们不能坚持在中华大地上形成和发展起来的价值观，丧失的不仅仅是民族特性，更是精神独立性；而如果丧失精神独立性，那么政治、思想、文化、制度等方面的独立性也就会成为空中楼阁。

对于社会主义核心价值观来说，中华文化是一座取之不竭的宝藏，它为社会主义核心价值观的形成提供了最为深厚的文化资源。在中华文化中，思想道德文化独树一帜，并成为显著特征。习近平总书记曾深刻指出：“中华传统美德是中华文化精髓，蕴含着丰富的思想道德资源。”⑤ 2000 多年前，中国就出现了诸子百家的盛况，老子、孔子、墨子等思想家上究天文、下穷地理，广泛探讨人与人、人与社会、人与自然关系的真谛，提出了博大精深

① 《习近平谈治国理政》，外文出版社 2014 年版，第 171 页。

② 《习近平谈治国理政》，外文出版社 2014 年版，第 164 页。

③ 《习近平谈治国理政》，外文出版社 2014 年版，第 170 页。

④ 《习近平谈治国理政》，外文出版社 2014 年版，第 171 页。

⑤ 习近平：《把培育和弘扬社会主义核心价值观作为凝魂聚气强基固本的基础工程》，《人民日报》2014 年 2 月 26 日，第 1 版。

的思想体系。在中华文化的视野中，人最为天下贵，具有自然万物所不及的最高价值；群体利益是最高利益，人的社会价值、群体价值最为重要；个人价值主要体现在道德品质上，而不是体现在知识和能力上。诞生在农耕文明基础上的中国传统文化，不可避免地会具有时代的局限性，但他们这种求大真、求大善、求大美的文化精神，早已积淀为中华民族精神家园的一部分，源源不断地为中华民族提供精神支撑和心灵慰藉。“中华优秀传统文化讲仁爱、重民本、守诚信、崇正义、尚和合、求大同的时代价值，使中华优秀传统文化成为涵养社会主义核心价值观的重要源泉。”①

（三）社会主义核心价值观寄托着近代以来中国人民上下求索的理想和信念

在人类历史发展的长河中，勤劳勇敢的中华民族曾创造了令人叹为观止的物质文明和精神文明。保罗·肯尼迪曾说，在500年前，中国是世界上唯一的超级大国，当许多欧洲人还住在土坯房里时，中国已经是地球上最强大的经济和军事国家，但伴随着欧洲工业革命的发生，中国在世界历史发展的进程中逐渐落伍了。“落后就要挨打。”鸦片战争以后，清政府在西方列强的坚船利炮下割地赔款，备受屈辱。中华民族面临的危机激起了国人自强自立的民族精神，实现“民族独立、国家富强”成为当时最为响亮的口号。

世界上没有哪一个民族能像中华民族那样，既创造了5000年的悠久文化，也承受着百余年山河破碎、丧权辱国的巨大痛楚；也没有哪一个民族，有着如此强烈的复兴意志。历史学家金冲及在《二十世纪中国史纲》中说，实现中华民族的伟大复兴，在整个20世纪一直是中国无数志士仁人顽强追求的目标，一直是时代潮流中的突出主题，中国的革命也好，建设也好，改革也好，归根到底是为了实现这个目标。较早觉醒的洋务派，希望通过洋务运动，“师夷长技以制夷”“中体西用”实现富国强兵的梦想。1889年，孙中山在檀香山创立兴中会，提出了“振兴中华”的口号。李大钊大声呐喊，要“再建中国”，重振中国雄风，建设“青春之中华”，使中国在世界上占有一席之地。毛泽东则提出：“我们不但要把一个政治上受压迫、经济上受剥削的中国，变为一个政治上自由和经济上繁荣的中国，而且是要把一个被旧

---

① 习近平：《把培育和弘扬社会主义核心价值观作为凝魂聚气强基固本的基础工程》，《人民日报》2014年2月26日，第1版。

文化统治而愚昧落后的中国，变为一个被新文化统治因而文明先进的中国。”①

邓小平在带领中国人民进行社会主义现代化建设过程中，从我国的具体国情出发，提出了“我们进行社会主义现代化建设，是要在经济上赶上发达的资本主义国家，在政治上创造比资本主义国家的民主更高更切实的民主”②。“我们要建设的社会主义国家，不但要有高度的物质文明，而且要有高度的精神文明。”③ 可以说，建设富强、民主、文明、和谐的现代化国家，实现国家富强、民族振兴、人民幸福，既深深体现了今天中国人的理想，也深深反映了先人们不懈追求进步的光荣传统。我们要在全社会牢固树立社会主义核心价值观，全体人民一起努力，通过持之以恒的奋斗，把我们的国家建设得更加富强、更加民主、更加文明、更加和谐、更加美丽，让中华民族以更加自信、更加自强的姿态屹立于世界民族之林。

（四）社会主义核心价值观承载着每个人的美好愿景

习近平总书记指出：“社会主义核心价值观，体现了古圣先贤的思想，体现了仁人志士的夙愿，体现了革命先烈的理想，也寄托着各族人民对美好生活的向往。”④ 拥有“富强、民主、文明、和谐”之国家，“自由、平等、公正、法治”之社会，“爱国、敬业、诚信、友善”之公民，是民族国家之梦，也是每个人的美好愿景。

愿景是一种人类特有的精神现象，是人们在社会实践中对未来工作、生活的美好设想和追求。愿景不同于空想和幻想，它立足于社会实践发展，具有实现的可能性。自古以来，中国人并不缺少理想愿景的引领，也从未停止过追梦逐愿的脚步。对于个人而言，愿景内容极其丰富，它几乎涵盖了一个人对生活方方面面的想法和愿望。在国家社会层面，每个人都希望生活在一个富强、民主、文明、和谐的国家，生活在一个自由、平等、公正、法治的社会；在行为上，追求温文尔雅、诚信友善，具有良好的品德、高尚的情

---

① 《毛泽东选集》第二卷，人民出版社 1991 年版，第 663 页。

② 《邓小平文选》第二卷，人民出版社 1994 年版，第 322 页。

③ 《邓小平文选》第二卷，人民出版社 1994 年版，第 367 页。

④ 习近平：《从小积极培育和践行社会主义核心价值观——在北京市海淀区民族小学主持召开座谈会时的讲话》，《人民日报》2014 年 5 月 31 日，第 2 版。

操；在职业上，努力实现自己的职业抱负；在生活上，追求健康快乐、衣食无忧和家庭美满；等。“中国人民热爱生活，期盼有更好的教育、更稳定的工作、更满意的收入、更可靠的社会保障、更高水平的医疗卫生服务、更舒适的居住条件、更优美的环境。实现中华民族伟大复兴是近代以来中华民族最根本的梦想。中国人民正在为实现自己的美好愿望而奋斗。”①

改革开放以来，我国经济发展很快，人民生活水平提高也很快。同时，我国社会正处在思想大活跃、观念大碰撞、文化大交融的时代，也出现了不少问题，其中比较突出的一个问题就是一些人价值观缺失，观念没有善恶，行为没有底线，什么违反党纪国法的事情都敢干，什么缺德的勾当都敢做，没有国家观念、集体观念、家庭观念，不讲对错，不问是非，不知美丑，不辨香臭，浑浑噩噩，穷奢极欲。尽快解决这些人民群众关心的问题，既是中国特色社会主义本质的要求，也是满足人民群众对美好生活向往的内在要求。一个生活在不知美丑、充满焦虑社会里的人，是感受不到生活美好的一面的。我们党始终强调，两个文明都搞好才是中国特色社会主义。习近平总书记也指出：“我们要在全社会大力弘扬和践行社会主义核心价值观，使之像空气一样无处不在、无时不有，成为全体人民的共同价值追求，成为我们生而为中国人的独特精神支柱，成为百姓日用而不觉的行为准则。”② 从这种意义上讲，社会主义核心价值观承载的不仅是国家社会的梦想，也有每个中国人对美好生活的梦想。

二、凝魂聚气、强基固本的基础工程

当前，我国正处在由大向强发展的关键时期，国际国内形势的深刻变化使我国思想文化领域面临着空前复杂的情况，各种思潮相互激荡，不同文明交流交融交锋更加频繁。提高整合社会思想文化和价值观念的能力，扩大主流价值观念的影响力，掌握价值观念领域的主动权、主导权、话语权，是我们必须解决好的重大课题，对巩固全社会的共同思想基础、巩固党的执政地位具有重大而现实的意义。

① 习近平：《促进共同发展共创美好未来——在墨西哥参议院的演讲》，《人民日报》2013 年 6 月 6 日，第 2 版。

② 习近平：《在文艺工作座谈会上的讲话》，《人民日报》2015 年 10 月 15 日，第 2 版。

（一）有助于直面复杂严峻的价值迷失问题，进一步凝聚社会共识

历史地看，转型的社会确实是个容易价值迷失的社会，因为深刻的、大规模的社会转型，必然会引起文化模式的变迁，从而引起人们价值观念的更新。19世纪末到20世纪初的美国初步完成了从传统农业社会向现代工业社会的转变，这个时期，美国的经济总量位居世界第一的同时，整个国家也产生了严重的社会问题。这些问题中，既包含移民问题、种族问题、妇女问题、官员腐败等早期问题，也包含“一战”后广受关注的社会犯罪、贫富分化、道德沦陷等诸多问题。美国人乔治·赛耶曾将1876年之后的半个世纪称为“美国贿赂的黄金时代”，他说：“美国政治从来没有像现在这样腐败，所有的办公室都被收买，几乎所有的人都难保纯洁，几乎所有的原则的神圣都被践踏。”

今天的中国，与改革开放前甚至是改革开放初期相比已经发生了结构性变化，经济体制深刻变革，社会结构深刻变动，利益格局深刻调整，思想观念深刻变化。一些社会成员人生观、价值观扭曲，层出不穷的道德冷漠现象和大量涌现的媚俗、低俗、庸俗文化，在带来“眼球效应”的同时，也引起了社会的反感和反思。习近平总书记指出：“任何一个社会都存在多种多样的价值观念和价值取向，要把全社会意志和力量凝聚起来，必须有一套与经济基础和政治制度相适应，并能形成广泛社会共识的核心价值观。否则，一个民族就没有赖以维系的精神纽带，一个国家就没有共同的思想道德基础。”① 多元的中国，需要思想的活力，也需要价值的共识。今天无处不在的多元化已经成为中国发展的思想背景，但怎样让多元化成为中国继续前进的动力，使未来的中国发展更有方向感，正成为日益紧迫的问题。面对人们思想观念的重大变化和价值迷失现象，必须大力培育和践行社会主义核心价值观。

（二）有助于适应国际竞争新要求，进一步提升中国道路的世界影响力

习近平总书记指出：“价值观念在一定社会的文化中是起中轴作用的，

① 中共中央文献研究室：《习近平关于社会主义文化建设论述摘编》，中央文献出版社2017年版，第106页。

文化的影响力首先是价值观念的影响力。世界上各种文化之争，本质上是价值观念之争，也是人心之争、意识形态之争，正所谓‘一时之强弱在力，千古之胜负在理’。首先要打好价值观念之争这场硬仗。”① 国家之间的竞争，既是硬实力的竞争，也是软实力的竞争。软实力竞争首先是核心价值观的竞争。一个国家的国际影响力，首先是它的核心价值观的影响力。

改革开放以来，有关中国发展道路的争论一直没有停止，所谓“中国威胁论”“中国崩溃论”“中国霸权论”等言论此起彼伏。无论是唱衰中国还是妖魔化中国，其理论的根据都与中国的发展理念、主导价值观密切相关。英国前首相撒切尔夫人在20世纪80年代曾预言中国改革不会成功，因为中国缺乏引领市场经济的价值观念。言外之意，中国缺少新自由主义的价值观念，必然导致市场经济的崩溃。实践是最好的教科书，适用于西方的新自由主义发展模式，不一定适用于其他地区和国家。“鞋合不合适，只有脚知道。”伴随着“拉美陷阱”的出现，1997年亚洲金融危机、2008年国际金融危机的爆发，新自由主义及其完成形态“华盛顿共识”遭到越来越多的质疑。而西方国家在新冠肺炎疫情中的表现，更是让越来越多的人对西方的民主制度产生怀疑。2020年6月，法国《世界报》网站刊登的题为《美国“软实力”竞争结束?》的文章认为，美国的全球影响力因为特朗普上台改变方向而摇晃，“美国模式”全球影响力日渐坍塌。

与“华盛顿共识”的没落相比，“中国模式”“中国道路”则越来越引起世人的关注。2004年5月，英国著名思想库伦敦外交政策研究中心发表了《北京共识：提供新模式》的研究报告指出，中国通过努力、主动创新和大胆实践，探索出一个适合本国国情的发展模式。这种发展模式不仅适合中国，也为发展中国家提供了榜样。曾经提出“历史终结论”的美国学者福山也修正了自己的观点，认为：“中国模式”的有效性证明，西方自由民主并非人类历史进化的终点，人类思想宝库要为中国传统留有一席之地。这表明，“中国模式”或“北京共识”已经成为发达国家和发展中国家共同关注的问题。让世界更好地认识中国，需要核心价值观的视角。因为核心价值观是认识一个国家、一种发展模式的关键性要素，它确立的是一个国家价值判

① 中共中央文献研究室：《习近平关于社会主义文化建设论述摘编》，中央文献出版社2017年版，第105页。

断的基本标准，展示的是一个国家的根本性质和奋斗目标，体现的是一个国家的内在追求和外在诉求。比如，提到法国，人们立即就会想到其所提倡的“自由、平等、博爱”价值观。只有理解一国的核心价值观，才能对其发展模式有更深刻的理解。在此意义上可以说，社会主义核心价值观基本范畴的提出，不仅体现了我们党高度的文化自觉和理论自觉，也在更深层次指明了中国道路的核心价值理念，在较高层次上向世界阐释了中国。

（三）有助于积极应对多元文化交锋，进一步掌握意识形态工作领导权

进一步掌握意识形态工作的领导权是培育和践行社会主义核心价值观的重要落脚点。习近平总书记指出：“培育和弘扬核心价值观，有效整合社会意识，是社会系统得以有效维护的重要途径，也是国家治理体系和治理能力的重要方面。”① 党的十九大报告再次强调，要牢牢掌握意识形态工作领导权，大力培育和践行社会主义核心价值观。积极培育和践行社会主义核心价值观，对于掌握意识形态工作领导权和主导权，具有重要作用。

在国际上，一些国家和反华势力从未放弃对我国的“西化”、分化战略。在国内，随着我国各类社会热点问题的叠加出现，各种力量都试图发出自己的声音，思想理论领域也呈现十分活跃、十分复杂的状况。包括老“左”派思潮、新“左”派思潮、民主社会主义思潮、自由主义思潮、民族主义思潮、民粹主义思潮、新儒家思潮在内的诸多社会思潮围绕社会主义与资本主义的关系、当代社会主义与传统社会主义的关系、当代中国与古代中国的关系、中国与世界的关系，给出了不同的答案。社会思潮的多样化给社会主义意识形态带来了双重影响：一方面，它们的多样化存在与交锋，为社会主义意识形态的发展进步提供了可资利用的思想材料；另一方面，它们倡导的观点及一些政策主张，又给社会主义意识形态带来了冲击和挑战。在众多社会思潮中，极“左”与极右思潮应当引起我们的重视。极“左”思潮是想把中国拉回到封闭僵化的“老路”上去，而极右思潮则想把中国拉向改旗易帜的“邪路”上去。我们必须不断扩大社会主义核心价值观的影响力，掌握价值观念领域的主动权、主导权、话语权，切实把意识形态工作的领导权牢牢掌

① 中共中央文献研究室：《习近平关于社会主义文化建设论述摘编》，中央文献出版社2017年版，第106页。

握在手中。

三、推动社会主义核心价值观内化于心、外化于行

核心价值观的培育和践行，是一个逐步积累、逐步认识、逐步形成共识的过程，不可能是朝夕之功。从历史上看，封建社会核心价值观的发育成熟用了上千年时间，资本主义社会核心价值观从提出到确立用了几百年时间，社会主义核心价值观要赢得亿万群众也需要一个长期的过程。培育和践行社会主义核心价值观必须立足当前、着眼长远，从现在做起、从点滴做起。党的十九大报告指出："要以培养担当民族复兴大任的时代新人为着眼点，强化教育引导、实践养成、制度保障，发挥社会主义核心价值观对国民教育、精神文明创建、精神文化产品创作生产传播的引领作用，把社会主义核心价值观融入社会发展各方面，转化为人们的情感认同和行为习惯。坚持全民行动、干部带头，从家庭做起，从娃娃抓起。"① 这为我们在新的时代条件下开展社会主义核心价值观培育和践行工作，提供了根本遵循。

（一）思想教育引导

毛泽东曾指出："掌握思想教育，是团结全党进行伟大政治斗争的中心环节。如果这个任务不能解决，党的一切政治任务是不能完成的。"② 习近平总书记也指出："教育引导是培育和弘扬社会主义核心价值观的基础性工作。"③ 培育和践行社会主义核心价值观，首要的是抓好教育引导，引导人民群众和广大党员干部理解弘扬社会主义核心价值观的重大意义、科学内涵、精神实质、实践要求，打牢培育和践行工作的思想基础。

摆在重要位置。习近平总书记指出："核心价值观是一个国家的重要稳定器，能够构建具有强大感召力的核心价值观，关系社会和谐稳定，关系国家长治久安。"④ 苏联解体的原因有很多，但始终没有形成明确的核心价值

---

① 习近平：《决胜全面建成小康社会　夺取新时代中国特色社会主义伟大胜利——在中国共产党第十九次全国代表大会上的报告》，人民出版社 2017 年版，第 42 页。

② 《毛泽东选集》第三卷，人民出版社 1991 年版，第 1094 页。

③ 中共中央文献研究室：《习近平关于社会主义文化建设论述摘编》，中央文献出版社 2017 年版，第 108 页。

④ 中共中央文献研究室：《习近平关于社会主义文化建设论述摘编》，中央文献出版社 2017 年版，第 106 页。

观进而引发思想混乱是其中一个。20世纪中叶的苏联理论界甚至认为，只能从科学角度去认识社会主义，而不能从价值角度去认识社会主义。这样的认识产生了两个消极后果：一是使人们缺乏明确、坚定的社会主义价值追求与信仰，对“什么是社会主义，怎样建设社会主义、建设什么样的社会主义”产生茫然和困惑；二是为资本主义核心价值观的渗透提供了空间和可乘之机。曾担任保加利亚社会党战略研究中心主任的亚历山大·利洛夫深刻地总结了苏共垮台和苏联解体的历史教训：苏联和苏联共产党的灭亡，不是由于外部侵略而是遭到内部的摧毁，一个极其重要的原因是，社会主义社会及其执政党应该坚持自己的原则、传统和价值。总结苏共解体的历史教训，要求“我们要从巩固全党全国各族人民团结奋斗的共同思想基础、巩固党的执政地位的战略高度，持续加强社会主义核心价值体系建设，把培育和弘扬社会主义核心价值观作为凝魂聚气、强基固本的基础工程，作为一项根本任务，切实抓紧抓好”①。

发挥榜样作用。优秀典型人物，是良好社会风气的导向标，是传播优秀价值观的鲜活教科书。在中华民族不断前行的历史进程中，有无以数计的各类英雄和先进分子，他们的事迹生动而鲜明地记述着中华民族崇德尚义的不懈追求，成为照亮华夏儿女不断前行的精神灯塔。礼敬楷模，尊崇榜样，不仅是中华民族坚守不变的优良传统，也是当下弘扬社会主义核心价值观的重要路径。习近平总书记指出：“各行各业都有很多值得我们学习的榜样，包括航天英雄、奥运冠军、大科学家、劳动模范、青年志愿者，还有那些助人为乐、见义勇为、诚实守信、敬业奉献、孝老爱亲的好人，等等。榜样的力量是无穷的。大家要把他们立为心中的标杆，向他们看齐，像他们那样追求美好的思想品德。”② 在会见第四届全国道德模范及提名奖获得者时，习近平总书记又指出：“道德模范是社会道德建设的重要旗帜，要深入开展学习宣传道德模范活动，弘扬真善美，传播正能量，激励人民群众崇德向善、见贤思齐，鼓励全社会积善成德、明德惟馨，为实现中华民族伟大复兴

---

① 中共中央文献研究室：《习近平关于社会主义文化建设论述摘编》，中央文献出版社2017年版，第107页。

② 习近平：《从小积极培育和践行社会主义核心价值观——在北京市海淀区民族小学主持召开座谈会时的讲话》，《人民日报》2014年5月31日，第2版。

的中国梦凝聚起强大的精神力量和有力的道德支撑。”① “见贤思齐焉，见不贤而内省也。” 榜样的力量是无穷的。要深入开展宣传学习活动，创新形式、注重实效，把道德模范的榜样力量转化为亿万群众的生动实践，在全社会形成崇德向善、见贤思齐、德行天下的浓厚氛围。

从娃娃抓起，从学校抓起。一个民族的文明进步，一个国家的发展壮大，需要一代又一代人接力努力，需要很多力量来推动。儿童是价值观的形成期，学校是弘扬价值观的重要场所。培育和践行社会主义核心价值观，必须从娃娃抓起，从学校抓起。习近平总书记指出：“让社会主义核心价值观在少年儿童中培育起来，家庭、学校、少先队组织和全社会都有责任。”② 家庭是孩子的第一个课堂，父母是孩子的第一任老师。家长应时时处处给孩子做榜样，用正确行动、正确思想、正确方法教育引导孩子。学校应把德育放在更加重要的位置，全面加强校风、师德建设，坚持教书育人，根据少年儿童特点和成长规律，循循善诱，春风化雨，努力做到每一堂课不仅传播知识，而且传授美德，每一次活动不仅健康身心，而且陶冶性情，让社会主义核心价值观的种子在学生们心中生根发芽。少先队要坚持开展组织教育、自主教育、实践活动，更好地为少年儿童培育和践行社会主义核心价值观服务，把广大少年儿童教育好、带领好。

青年要自觉践行社会主义核心价值观。高校是各种思想言论的主要集中发散地，青年学生则是各种思想观念争夺的主要对象。青年兴则国家兴，青年强则国家强。习近平总书记指出：“青年的价值取向决定了未来整个社会的价值取向，而青年又处在价值观形成和确立的时期，抓好这一时期的价值观养成十分重要。这就像穿衣服扣扣子一样，如果第一粒扣子扣错了，剩余的扣子都会扣错。人生的扣子从一开始就要扣好。”③ 广大青年应从现在做起，从自己做起，勤学、修德、明辨、笃实，使社会主义核心价值观成为自己的基本遵循，并身体力行大力将其推广到全社会去，努力在实现中国梦的伟大实践中创造自己的精彩人生。

---

① 《习近平谈治国理政》，外文出版社 2014 年版，第 158 页。

② 习近平：《从小积极培育和践行社会主义核心价值观——在北京市海淀区民族小学主持召开座谈会时的讲话》，《人民日报》2014 年 5 月 31 日，第 2 版。

③ 习近平：《青年要自觉践行社会主义核心价值观——在北京大学师生座谈会上的讲话》，《人民日报》2014 年 5 月 5 日，第 2 版。

（二）舆论宣传推动

新闻舆论总是处在思想观念传播的最前沿，对社会精神生活和人的思想意识有重大影响。培育和践行社会主义核心价值观，是一个动态的过程，在这个过程中，需要发挥舆论宣传的推动作用。只有通过舆论宣传，一种价值观才能更好地为广大人民群众所熟知、所认识、所认同。

在对内宣传中，要坚持正确导向，不断加大社会主义核心价值观的宣传力度。坚持团结稳定鼓劲、正面宣传为主，是宣传思想工作必须遵循的重要方针。面对多元价值观念的挑战，必须坚持巩固壮大主流思想舆论，弘扬主旋律，传播正能量，激发全社会团结奋进的强大力量。但现在一些小报小刊、少数电视栏目、网络等媒体充斥着各种怪异新闻、花边新闻等内容，许多媒体对一些公众人物住哪儿了、在哪儿吃饭了、开什么车了、去哪儿旅游了、穿什么衣服了，或者是同谁好了、嫁给谁了等趋之若鹜，而对一些英模人物、先进典型的事迹则敷衍了事。这样的宣传报道对社会只能起到负面作用。必须看到，无论是理论研究、宣传报道，还是文艺创作、思想教育，都要把坚持正确导向摆在首位，始终绷紧导向这根弦，讲导向不含糊、抓导向不放松。针对社会主义核心价值观的宣传，习近平总书记强调指出："要加大正面宣传力度，通过学校教育、理论研究、历史研究、影视作品、文学作品等多种方式，加强爱国主义、集体主义、社会主义教育，引导我国人民树立和坚持正确的历史观、民族观、国家观、文化观，增强做中国人的骨气和底气。"① 对各种错误价值观念，要理直气壮地进行批判和驳斥，对社会主义核心价值观要理直气壮地坚持和弘扬。

在对外宣传中，要树立价值观自信，积极推动当代中国价值观念走出去。封闭的文化是无力的，封闭的价值观也是无力的。美国前副国防部长傅立民认为，与他国人民进行文化交往是实施政治影响的一种途径，也是加速向其他社会进行政治渗透的催化剂；禁止或限制向其他社会输出本国文化的国家将使自己在争夺国际影响力的竞争中处于劣势。当前，对于推动中华优秀传统文化、传统价值观走向世界都无异议，但在社会主义先进文化、社会主义价值观能否"走出去"的问题上，有些讳莫如深。解决这种被动局面，

---

① 习近平：《建设社会主义文化强国　着力提高国家文化软实力》，《人民日报》2014年1月1日，第1版。

首先需要我们增强文化自信、价值观自信。“要讲清楚中华优秀传统文化的历史渊源、发展脉络、基本走向，讲清楚中华文化的独特创造、价值理念、鲜明特色，增强文化自信和价值观自信。”① 其次，要在增强价值观自信的基础上积极推动当代中国价值观念走出去。“当代中国价值观念，就是中国特色社会主义价值观念，代表了中国先进文化的前进方向。经过长期努力，我国成功走出了一条中国特色社会主义道路，取得了举世瞩目的辉煌成就，实践证明我们的道路、理论体系、制度是成功的。世界上越来越多的人开始对当代中国价值观念感兴趣，越来越多的人开始客观看待当代中国价值观念。”② 这就要求我们在加强提炼和阐释当代中国价值观念的基础上，不断加强国际传播能力建设，不断拓展对外传播平台和载体，精心构建对外话语体系，把当代中国价值观念贯穿于国际交流和传播方方面面，讲好中国故事，传播好中国声音，阐释好中国特色。

（三）文艺文化熏陶

“随风潜入夜，润物细无声。”文化的力量是无形的，但最能深入人心、打动心扉。习近平总书记指出：“坚守我们的价值体系，坚守我们的核心价值观，必须发挥文化的作用。”③ 推进社会主义核心价值观内化于心、外化于行，必须发挥文化的作用。

文艺是铸造灵魂的工程，也是培育和弘扬社会主义核心价值观的重要载体。习近平总书记指出：“文艺在培育和弘扬社会主义核心价值观方面具有独特作用。”④ 文艺是时代的精神触角，是人们把握世界的一种特殊方式，它不仅描述现实生活的面貌，而且通过作品的思想内容、道德取向、价值追求和审美判断，潜移默化地影响着人们的思想和行为。特别是优秀的文艺作品，能够对社会现实做反思性省察和理想化观照，在给人以美的享受、心灵的愉悦的同时，给人以思想上的引导，增进人们对现实生活体验的深度、提

---

① 习近平：《把培育和弘扬社会主义核心价值观作为凝魂聚气强基固本的基础工程》，《人民日报》2014 年 2 月 26 日，第 1 版。

② 中共中央文献研究室：《习近平关于社会主义文化建设论述摘编》，中央文献出版社 2017 年版，第 199 页。

③ 习近平：《完善和发展中国特色社会主义制度　推进国家治理体系和治理能力现代化》，《人民日报》2014 年 2 月 18 日，第 1 版。

④ 习近平：《在文艺工作座谈会上的讲话》，《人民日报》2015 年 10 月 15 日，第 2 版。

升个体命运抉择的智慧、提升审视自我灵魂的高度。当年，歌剧《白毛女》赴冀中部队慰问演出，看到黄世仁逼死杨白劳、霸占喜儿时，台下观众群情激愤，差一点引发小战士开枪打死“黄世仁”的悲剧。其原因就在于文艺作品凭借强大的艺术感染力将其所蕴含的思想价值观念注入观众的内心，使人们为之悲喜、为之动情。也正是缘于此，习近平总书记高度重视文艺作品对培育和践行社会主义核心价值观的重要作用，要求“广大文艺工作者要高扬社会主义核心价值观的旗帜，充分认识肩上的责任，把社会主义核心价值观生动活泼、活灵活现地体现在文艺创作之中，用栩栩如生的作品形象告诉人们什么是应该肯定和赞扬的，什么是必须反对和否定的，做到春风化雨、润物无声”①。这既是对文艺在培育和弘扬社会主义核心价值观中特殊作用的充分阐述，也是对通过文艺途径培育和弘扬社会主义核心价值观提出的明确要求。对于文艺工作者而言，不仅要在文艺创作上坚持正确导向、追求作品卓越，以实际行动做社会主义核心价值观的传播者，而且要在思想道德修养上追求卓越，努力做到言为士则、行为世范，成为社会主义核心价值观的模范践行者。

培育和弘扬社会主义核心价值观必须立足中华优秀传统文化。在5000年文明发展史中，中华民族不仅创造了丰厚的物质文明，也创造了灿烂的精神文化。中华优秀传统文化不仅为社会主义核心价值观的形成提供了丰富的思想资源，而且至今仍然潜移默化地影响着当代中国人的价值取向和行为方式。培育和弘扬社会主义核心价值观，不能割断中华文化的精神血脉，也不能忽视中华民族现实的文化土壤。习近平总书记指出：“实现中华民族伟大复兴的中国梦，必须要有中国精神，而中国精神必须在坚持社会主义核心价值体系的前提下，积极深入中华民族历久弥新的精神世界，把长期以来我们民族形成的积极向上向善的思想文化充分继承和弘扬起来，使之为培育和践行社会主义核心价值观服务，为建设社会主义先进文化服务，为党和国家事业发展服务。”② 面对西方“普世价值观”和各种文化虚无主义的冲击，我们要坚守住社会主义核心价值观，就必须守住自己的民族文化，向人民群众

① 习近平：《在文艺工作座谈会上的讲话》，《人民日报》2015 年 10 月 15 日，第 2 版。
② 习近平：《牢记历史经验历史教训历史警示　为国家治理能力现代化提供有益借鉴》，《人民日报》2014 年 10 月 14 日，第 1 版。

讲清楚中华文化的历史渊源、发展脉络、基本走向，讲清楚中华文化的独特创造、价值理念、鲜明特色，增强文化自信和价值观自信。要认真汲取中华优秀传统文化的思想精华和道德精髓，大力弘扬以爱国主义为核心的民族精神，深入挖掘和阐发中华优秀传统文化讲仁爱、重民本、守诚信、崇正义、尚和合、求大同的时代价值，使中华优秀传统文化成为涵养社会主义核心价值观的重要源泉。

（四）生活实践养成

马克思、恩格斯在《德意志意识形态》中指出："不是意识决定生活，而是生活决定意识。"① 习近平总书记也强调指出："一种价值观要真正发挥作用，必须融入社会生活，让人们在实践中感知它、领悟它，达到'百姓日用而不知的程度'。"② 社会主义核心价值观，对日常生活中的每一个人都具有重要的影响；反过来，社会主义核心价值观建设，必然也会受到日常生活的影响。

把培育和践行社会主义核心价值观与健全日常行为规范相结合。对于广大人民群众来说，社会主义核心价值观是一种抽象的理论凝练，要想让社会主义核心价值观真正在群众心中扎下根来，必须实现从理论到实践、从抽象到具体的转化。要实现这种转化，日常行为规范不可或缺。所谓日常行为规范，一般是指人们在公共生活领域中遵守的道德规范和行为准则，是最贴近人民群众的一种规制化形式，具有鲜明的实用性。它不仅直接约束人的行为举止，告诉人们应该"做什么""如何做"，而且间接地对人进行精神和道德上的引导，告诉人们应该做什么样的人。同时，日常行为规范因表述简单直白、要求明确具体，而具有一定的适应性和可操作性。因此，习近平总书记指出："我们要注意把我们所提倡的与人们日常生活紧密联系起来，在落细、落小、落实上下功夫。要按照社会主义核心价值观的基本要求，健全各行各业规章制度，完善市民公约、乡规民约、学生守则等行为准则，使社会主义

① 《马克思恩格斯选集》第1卷，人民出版社1995年版，第72页。

② 习近平：《把培育和弘扬社会主义核心价值观作为凝魂聚气强基固本的基础工程》，《人民日报》2014年2月26日，第1版。

核心价值观成为人们日常工作生活的基本遵循。"① 将抽象的价值观念变成可感知、可仿效、可企及的行为规则，适应日常生活的经验性和重复性，久而久之就能够将外界强制性要求内化为自身观念，转化为自觉行为，从而达到核心价值观内化于心、外化于行的目标要求。

把培育和践行社会主义核心价值观与适应大众日常认知方式相结合。社会主义市场经济的深入发展和信息技术特别是融媒体技术的飞速进步，不仅改变了社会生产方式，也改变了人们的认知方式，简洁直观、轻松愉悦、通俗易懂成为人们认知日常生活的主要特征。在这样的时代背景下培育和弘扬社会主义核心价值观，有三点需要注意：一是要语言大众化，必须使有关社会主义核心价值观的宣传话语生动形象，浅显直白，实现从"理论原理"到"生活道理"、从理论术语向日常生活用语的转换；二是传播方式大众化，既要利用好广播、电视、报纸等传统媒体资源，更要适应信息技术发展，利用好微信、微博和APP客户端等平台，让人民群众在自己最常接受信息的渠道里认知社会主义核心价值观；三是注重日常生活情境的塑造，有计划地建立和规范一些礼仪制度，如升国旗仪式、成人仪式、入党入团入队仪式等，利用重大纪念日、民族传统节日等契机，组织开展形式多样的纪念庆典活动，传播主流价值，从而创造出"有利于培育和弘扬社会主义核心价值观的生活情境和社会氛围，使核心价值观的影响像空气一样，无所不在、无时不有"②。

把培育和践行社会主义核心价值观与满足人民大众合理利益要求相结合。"'思想'一旦离开'利益'，就一定会使自己出丑。"③ 当今中国的老百姓比以往任何时候都更讲实际，更专注于"为生活奔忙"，再没时间和兴趣像过去那样听我们讲"大道理"。培育社会主义核心价值观，不是要构建一个"乌托邦"，而是用社会主义核心价值观引导社会发展的走向、推动大众合理利益的实现。培育和弘扬社会主义核心价值观，必须关注人民群众的生活需求，把培育和践行工作与实现好、维护好、发展好人民群众的根本利益

① 习近平：《把培育和弘扬社会主义核心价值观作为凝魂聚气强基固本的基础工程》，《人民日报》2014年2月26日，第1版。

② 习近平：《把培育和弘扬社会主义核心价值观作为凝魂聚气强基固本的基础工程》，《人民日报》2014年2月26日，第1版。

③ 《马克思恩格斯文集》第1卷，人民出版社2009年版，第286页。

和现实利益结合起来，使价值观真正成为大众可以感知的现实。在经济方面，不仅要努力实现国家的整体富强，更应促进共同富裕，使发展成果更多更公平惠及全体人民；在政治上，应不断健全人民当家作主制度体系，不断扩大人民大众的民主权利和政治参与渠道，切实保护人民大众的合法权益；在文化领域，应完善公共文化服务体系，深入实施文化惠民工程，满足不同阶层人民日益增长的精神文化需求；在社会领域，应不断提高和改善民生水平，加强和创新社会治理，不断促进社会公平正义。只有如此，社会主义核心价值观才能真正在人民心中扎下根来。

四、培育社会主义核心价值观需要法律制度来保障

培育和践行社会主义核心价值观是一项长期的历史任务，必须着力探索建立长效机制。习近平总书记指出："要发挥政策导向作用，使经济、政治、文化、社会等方方面面政策都有利于社会主义核心价值观的培育。要用法律来推动核心价值观建设。"① 法律制度带有根本性、稳定性、长期性，培育和践行社会主义核心价值观必须发挥法律制度的保障作用。

（一）用法律来推动社会主义核心价值观建设

习近平总书记曾深刻指出："培育和践行社会主义核心价值观，不仅要靠思想教育、实践养成，而且要用体制机制来保障。西方国家在这方面是很下功夫的，虽然执政的党派不断更换，各领风骚四五年，但他们的价值理念保持着一定的稳定性和连续性，其中一个重要原因就是他们的制度设计、政策法规制定、司法行政行为等都置于核心价值理念的统摄之下。"② 对于社会主义核心价值观和中国特色社会主义法律体系来说，"要把社会主义核心价值观的要求转化为具有刚性约束力的法律法规，用法律来推动核心价值观建设"③。为此，必须积极推进依法治国战略：第一，必须以社会主义核心价值观为准则，坚持科学立法，进一步完善中国特色社会主义法律体系，使法

---

① 习近平：《把培育和弘扬社会主义核心价值观作为凝魂聚气强基固本的基础工程》，《人民日报》2014 年 2 月 26 日，第 1 版。

② 中共中央文献研究室：《习近平关于社会主义文化建设论述摘编》，中央文献出版社 2017 年版，第 111 页。

③ 中共中央文献研究室：《习近平关于社会主义文化建设论述摘编》，中央文献出版社 2017 年版，第 111 页。

律法规更好体现国家的价值目标、社会的价值取向、公民的价值准则；第二，要注重把社会主义核心价值观相关要求直接上升为具体法律规定，充分发挥法律的规范、引导、保障、促进作用，形成有利于培育和践行社会主义核心价值观的良好法治环境；第三，要严格执法，公正司法，把社会主义核心价值观贯彻到依法治国、依法执政、依法行政的实践中，落实到执法、司法、普法和依法治理各个方面，捍卫宪法和法律尊严，维护社会公平正义，用法律的权威来增强人们践行社会主义核心价值观的自觉性。

通过推进依法治国方略，完善中国特色社会主义法律体系，可以为培育和践行社会主义核心价值观提供最为根本的法律保障，但在执行层面还需要制定具体的制度以保障培育工作有章可循。第一，要从制度上保证教育战线把培育和践行社会主义核心价值观融入国民教育全过程。要通过制度安排，积极推动社会主义核心价值观进教材、进课堂、进学生头脑；要建立各项规章制度，拓展青少年培育和践行社会主义核心价值观的有效途径。第二，要建立社会主义核心价值观的宣传教育制度。要加强新闻媒体的制度化管理，充分发挥其传播社会主流价值的主渠道作用，坚决杜绝为错误观点提供传播渠道。要依法加强网络社会管理，加强对网络新技术新应用的管理，推进网络法制建设，规范网上信息传播秩序，使网络成为培育和践行社会主义核心价值观的新型平台。要通过建立相应的制度加强对新型文化业态、文化样式的引导，让不同类型文化产品都能成为弘扬社会主义核心价值观的生动载体。第三，要建立科学合理的领导制度，加强对培育和践行社会主义核心价值观的组织领导。要建立健全培育和践行社会主义核心价值观的领导体制和工作机制，加强统筹协调，加强组织实施，加强督促落实，提高工作科学化水平。要坚持全党动手、全社会参与，把培育和践行社会主义核心价值观同各领域的行政管理、行业管理和社会管理结合起来，形成齐抓共管的工作格局。

（二）社会管理要承担起倡导社会主义核心价值观的责任

推动社会主义核心价值观建设既要靠良法，又要靠善治。习近平总书记指出："各种社会管理要承担起倡导社会主义核心价值观的责任，注重在日常管理中体现价值导向，使符合核心价值观的行为得到鼓励、违背核心价值观的行为得到制约。"① 在中国历史上，自董仲舒提出"罢黜百家、独尊儒术"以后，儒家思想及其核心价值观念就成为历代王朝进行社会治理和国家统治的根本价值导向，儒家所倡导的道德礼俗或伦理规范，也深深地融入中国人的生活方式和行为方式之中，无论是国家官员选拔、城乡秩序维持还是个人言行举止，无不深受儒家价值观的影响。今天，创新社会治理必须将践行社会主义核心价值观融入其中，并将其作为基本要求和价值导向。

一方面，应完善激励机制，褒奖善行义举，广泛开展向时代楷模、道德模范、最美人物和身边好人学习宣传活动，积极倡导助人为乐、见义勇为、诚实守信、敬业奉献、孝老爱亲等美德善行，实现治理效能与道德提升相互促进，形成好人好报、恩将德报的正向效应。另一方面，应强化规章制度执行力度，依法惩处公德失范、诚信缺失的违法行为，大力整治突破道德底线、丧失道德良知的现象，使错误行为受到谴责。如果说，正向激励更多地依靠伦理道德进行由内而外的教化引导，那么行为惩戒则更多地依靠制度规范进行由外而内的强制约束。正向激励和行为惩戒是社会治理的两个最基本的方面，也是社会治理的两个最重要的内容，二者相辅相成，相互补充，共同维系整个社会的安定有序。

（三）用制度文明和司法公正彰显社会主义核心价值观

社会公正是人类社会文明程度的重要评价标准，是社会主义制度的首要价值，也是社会主义核心价值观的重要内容。在当今中国，社会主义制度的建立为实现社会公正奠定了根本前提，物质财富的快速增加为实现社会公正提供了有利条件，但客观而言，实现社会公正，我们还有很多问题需要解决。直面社会公正问题，回应群众期待，既是我们党的执政之责，也是培育和践行社会主义核心价值观的内在要求。

制度的生命在于公正，制度的最大效用在于维护公正。如何维护社会公正，如何维护群众的基本权利，都需要国家层面的制度保障。但我们也要看到，任何制度都是时代的产物，都会打下时代的烙印，从而使不同社会、不同历史时期、不同历史条件下的制度会有良莠之分。科学合理的制度能够有效地保证社会公平的实现，而有缺陷的制度则会影响甚至阻碍社会公正的实

① 中共中央文献研究室：《习近平关于社会主义文化建设论述摘编》，中央文献出版社2017年版，第111页。

现。所以，加强制度建设，必须着力提高制度的科学性、合理性。党的十八大报告首次将“公正”纳入社会主义核心价值观的基本范畴，体现了我们党对“公正”价值观的高度认可。党的十九大报告则将“在发展中补齐民生短板、促进社会公平正义”作为新时代坚持和发展新时代中国特色社会主义基本方略的重要内容提了出来，这为我们党将公正价值观融入中国特色社会主义制度的每个环节提供了基本依据。

将社会公正价值观融入制度建设的各个环节，既要求将公正价值观融入根本政治制度、基本政治制度、基本经济制度的完善过程，也要求将其融入经济体制、政治体制、文化体制，以及教育制度、医疗制度、社会福利制度、婚姻制度、就业制度、户籍制度、住房制度、分配制度等具体制度完善过程。凡与公正价值观不相符合的既定制度和体制机制，要下决心改革，或逐步取缔；而新制度新政策的制定，则必须符合社会公正价值观的基本要求。可以说，坚持和完善中国特色社会主义制度在中国是一个永恒的课题，实现社会公正是建设社会主义制度文明的一个根本要求，要实现两者的有机统一，就必须将公正价值观切实融入国家政治领域并上升为国家制度、法规、政策，只有这样，社会主义制度文明的境界才能得到提升，社会公正才能获得持久性保障。

司法是维护社会公平正义的最后一道防线，司法公正对社会公正具有重要引领作用。习近平总书记深刻指出：“如果司法这道防线缺乏公信力，社会公正就会受到普遍质疑，社会和谐稳定就难以保障……公正是法治的生命线；司法公正对社会公正具有重要引领作用，司法不公对社会公正具有致命破坏作用。”① 英国哲学家培根也曾说过，一次不公正的审判，其恶果甚至超过十次犯罪，因为犯罪虽是无视法律——好比污染了水流，而不公正的审判则毁坏法律——好比污染了水源。应全面深化司法体制改革，加快建立健全公正高效权威的社会主义司法制度，确保审判机关、检察机关依法独立公正行使审判权、检察权，提供优质高效的司法服务和保障，努力让人民群众在每一个司法案件中都感受到公平正义。应不断提高司法公信力，坚持以事实为依据、以法律为准绳，严格依照事实和法律办案，确保办案过程符合程

---

① 习近平：《关于〈中共中央关于全面推进依法治国若干重大问题的决定〉的说明》，《人民日报》2014年10月29日，第1版。

序公正、办案结果符合实体公正，用公正司法培育和弘扬社会主义核心价值观。同时，应加强对弱势群体合法权益的司法保护，加大对涉民生案件的查办工作力度，通过具体案件的办理，推动形成良好社会关系和社会氛围。应坚持以公开促公正、以透明保廉洁，严格落实司法责任制，建立健全司法人员履行法定职责保护机制，推进审判公开、检务公开、警务公开、狱务公开，严禁领导干部干预司法活动、插手具体案件处理，加强对司法活动的监督，让司法在阳光下运行。

五、党员干部必须带头学习和践行核心价值观

正人必先正己，正己才能正人。群众看领导，党员看干部。领导带头、层层示范，是做好各项工作的重要方法。习近平总书记深刻指出："榜样的力量是无穷的，广大党员、干部必须带头学习和弘扬社会主义核心价值观，用自己的模范行为和高尚人格感召群众、带动群众。"①

（一）加强自身作风建设

作风最能反映一个人的精神面貌，也最能反映一个人的价值追求。对领导干部来说，能不能解决好作风问题，是衡量对马克思主义信仰、对社会主义和共产主义信念、对党和人民忠诚的一把十分重要的尺子。"抓作风建设，就要返璞归真、固本培元，重点突出坚定理想信念、践行根本宗旨、加强道德修养。"②

坚定理想信念。坚定理想信念，坚守共产党人精神追求，始终是共产党人安身立命的根本。对马克思主义的信仰，对社会主义和共产主义的信念，是共产党人的政治灵魂，是共产党人经受住任何考验的精神支柱。没有理想信念，理想信念不坚定，精神上就会"缺钙"，就会得"软骨病"。现实生活中，一些党员、干部出这样那样的问题，说到底是信仰迷茫、精神迷失。习近平总书记在党的十九大报告中指出："要把坚定理想信念作为党的思想建设的首要任务，教育引导全党牢记党的宗旨，挺起共产党人的精神脊梁，解决好世界观、人生观、价值观这个'总开关'问题，自觉做共产主义远大

---

① 习近平：《把培育和弘扬社会主义核心价值观作为凝魂聚气强基固本的基础工程》，《人民日报》2014年2月26日，第1版。

② 习近平：《做焦裕禄式的县委书记》，中央文献出版社2015年版，第43页。

理想和中国特色社会主义共同理想的坚定信仰者和忠实实践者。”① 当然，崇高信仰、坚定信念不会自发产生。要练就“金刚不坏之身”，必须用科学理论武装头脑，不断培植精神家园。理论学习要达到三种境界：首先，要有“望尽天涯路”那样志存高远的追求，耐得住“昨夜西风凋碧树”的冷清和“独上高楼”的寂寞，静下心来通读苦读；其次，要勤奋努力、刻苦钻研，下真功夫、苦功夫、细功夫，即使“衣带渐宽”也“终不悔”，“人憔悴”也心甘情愿；最后，贵在独立思考、学用结合、学有所悟、用有所得，在学习和实践中“众里寻他千百度”，最终“蓦然回首”，在“灯火阑珊处”领悟真谛。

践行根本宗旨。全心全意为人民服务是中国共产党的根本宗旨，也是中国共产党不断发展壮大的根本保证。在革命年代，对于中国共产党而言，人民群众手里掌握着革命的资源，中国共产党要生存发展，就必须依靠人民群众，所以践行根本宗旨具有强大的动力。改革开放以来，伴随着社会主义市场经济的发展，更多的资源开始向资本集中。在这样的背景下，一些领导干部有意无意地漠视群众诉求、无视群众疾苦，甚至视群众为负担，党的根本宗旨被淡忘了，才会出现“是替党说话，还是替老百姓说话”之类的惊人之语。党的十九大报告指出：“人民是历史的创造者，是决定党和国家前途命运的根本力量。必须坚持人民主体地位，坚持立党为公、执政为民，践行全心全意为人民服务的根本宗旨，把党的群众路线贯彻到治国理政全部活动之中，把人民对美好生活的向往作为奋斗目标，依靠人民创造历史伟业。”② 对于领导干部来说，心中必须始终装着老百姓，先天下之忧而忧，后天下之乐而乐，做到不谋私利、克己奉公。对个人的名誉、地位、利益，要想得透、看得淡。应着力解决好人民最关心最直接最现实的利益问题，特别是应下大气力解决好人民不满意的问题，多做雪中送炭的事情。

加强道德修养。“德者，本也。”蔡元培先生说过：“若无德，则虽体魄智力发达，适足助其为恶，无益也。”③ 道德之于个人、之于社会，都具有基

① 习近平：《决胜全面建成小康社会　夺取新时代中国特色社会主义伟大胜利——在中国共产党第十九次全国代表大会上的报告》，人民出版社2017年版，第63页。

② 习近平：《决胜全面建成小康社会　夺取新时代中国特色社会主义伟大胜利——在中国共产党第十九次全国代表大会上的报告》，人民出版社2017年版，第21页。

③ 沈善洪主编：《蔡元培选集》上册，浙江教育出版社1993年版，第494页。

础性意义，做人做事第一位的是崇德修身。习近平总书记曾指出："建设一支德才兼备的高素质执政骨干队伍，是我们事业成功的根本保证。面对纷繁复杂的社会现实，党员干部特别是领导干部务必把加强道德修养作为十分重要的人生必修课。"① 纵观那些"落马"的领导干部，大都表现出政德很差的一面。加强政德建设迫在眉睫。一是正确认识和处理人际关系，做到既有人情味又按原则办，特别是当个人感情同党性原则、私人关系同人民利益相抵触时，必须毫不犹豫站稳党性立场，坚定不移维护人民利益。二是下决心减少应酬，保持健康的工作方式和生活方式，多学习充电、消化政策，多下基层调查研究、掌握第一手情况，多系统思考和解决存在的突出问题，自觉远离那些庸俗的东西。三是实实在在做人做事，做到严以修身、严以用权、严以律己，谋事要实、创业要实、做人要实，堂堂正正、光明磊落，敢于担当责任，勇于直面矛盾，善于解决问题，不搞"假大空"。四是对一切腐蚀诱惑保持高度警惕，慎独慎初慎微，做到防微杜渐。

（二）完善长效机制

领导干部模范践行社会主义核心价值观，从内在来讲，需要加强自身修养；从外在来讲，还需要通过建章立制、完善长效机制，使领导干部模范践行社会主义核心价值观成为一种必需和自觉。

一是把宣传教育部门和组织部门统一起来。从工作分工上看，培育和践行社会主义核心价值观是思想宣传部门的事，但从发挥领导干部的示范作用来看，又不能局限于思想宣传部门。如果组织部门选拔、任用的干部的言行长期与社会主义核心价值观所要求的是两回事，即便社会主义核心价值观被描述得再美好，也不能被普通民众所认可。因为普通民众对社会主义核心价值观的了解和判断，以及心理上的认同，进而理想和价值观上的追随，主要是通过同党组织、党员干部的接触实现的。大力弘扬社会主义核心价值观的目的，既是为人民群众价值观和生活方式提供一个引导的目标，更是为干部队伍提供一个政治标准，并通过干部的言行，展示社会主义核心价值观的崇高性。但现实却是，受制于权力，宣传思想部门对领导干部能否践行社会主义核心价值观缺乏硬约束，而且在主动引导上也鲜有作为。这个时候就需要

① 习近平：《深化改革 发挥优势 创新思路 统筹兼顾 确保经济持续健康发展社会和谐稳定》，《人民日报》2014年5月11日，第1版。

发挥组织部门选人用人的导向作用。“用人导向最重要、最根本，也最管用。”① 组织部门应睁大眼睛，使那些清正廉洁、公正形象好的干部，得到褒奖和重用；使那些享乐思想严重、热衷于形式主义、严重脱离群众的干部，受到警醒和惩戒。如果组织部门选拔任用的干部前“腐”后继拜倒在“钱”和“权”面前，其直接后果就是人民群众和干部队伍思想上的混乱。

二是把党委和纪检监察部门统一起来。在全国思想宣传工作会议上，习近平总书记特别指出，做好宣传思想工作必须把“全党动手和部门负责”统一起来。发挥领导干部在社会主义核心价值观培育工作中的示范作用，需要党委的领导，也需要纪检监察部门的参与。当前，之所以出现“塔西坨陷阱”现象，既有社会大环境因素的影响，但直接的原因就是领导干部中出现的消极腐败和作风问题。习近平总书记在党的十八届六次中的纪委全会上指出：“作风问题本质上是党性问题。对我们共产党人来讲，能不能解决好作风问题，是衡量对马克思主义信仰、对社会主义和共产主义信念、对党和人民忠诚的一把十分重要的尺子。”② 解决领导干部中存在的作风问题，一靠教育，二靠惩戒。注重从思想上建党，是我们党的特点和优势。但过去一段时间里，我们在强调思想建党的同时，却弱化了惩戒的威慑作用，其结果是教育越搞越多，政治生态却每况愈下，信仰缺失问题也愈加严重。党的十八大以后党内政治生态的根本改善说明，塑造风清气正的政治生态，形成积极向上的信仰导向，必须发挥纪检监察部门的职能，把教育和惩戒有机结合起来。不教而诛不行，犯而不惩更不行。塑造风清气正的政治生态，发挥领导干部的价值导向作用，必须发挥纪检监察部门的职能，把教育和惩戒有机结合起来，“既要用铁的纪律整治各种面上的顶风违纪行为，更要睁大火眼金睛，任凭不正之风‘七十二变’，也要把它们揪出来，有多少就处理多少”③。

---

① 习近平：《领导干部要做尊法学法守法用法的模范》，《人民日报》2015 年 2 月 3 日，第 1 版。

② 习近平：《在第十八届中央纪律检查委员会第六次全体会议上的讲话》，人民出版社 2016 年版，第 11 页。

③ 习近平：《在第十八届中央纪律检查委员会第六次全体会议上的讲话》，人民出版社 2016 年版，第 11 页。

第六章

弘扬中国精神

实现中华民族伟大复兴的中国梦，唤起了海内外中华儿女无上的光荣、自豪和责任。把这种强烈的责任和热情，转化为实现中国梦的正能量，需要用中国精神铸魂强魄、凝心聚力。习近平总书记指出："实现中国梦必须弘扬中国精神。这就是以爱国主义为核心的民族精神，以改革创新为核心的时代精神。这种精神是凝心聚力的兴国之魂、强国之魂。"① 中国精神标志着中华民族的精神境界，包含着中华民族共同的理想信念和价值追求，为中华儿女构建了永久的精神家园，为华夏各族同胞提供了牢固的价值认同，是中华民族的强大精神动力。

一、中国精神是民族精神和时代精神的统一

中华民族是一个勤劳、勇敢、智慧的民族，也是一个非常注重精神世界修炼和砥砺的民族。在跌宕起伏、踯躅前行的漫长文明演进过程中，中华民族创造了以爱国主义为核心的民族精神；在披荆斩棘、奋发有为的改革开放大潮中，中国共产党带领广大人民群众又创造了以改革创新为核心的时代精神。这两种精神融合汇通、相互传承，共同构成了推动中华民族不断发展进步的中国精神。

（一）以爱国主义为核心的民族精神

爱国主义是中华民族的优秀传统，是中华民族精神的核心内容。习近平主席指出："中国人独特而悠久的精神世界，让中国人具有很强的民族自信

① 习近平：《在第十二届全国人民代表大会第一次会议上的讲话》，《人民日报》2013年3月18日，第1版。

心，也培育了以爱国主义为核心的民族精神。”① “在社会主义核心价值观中，最深层、最根本、最永恒的是爱国主义。爱国主义是常写常新的主题。”② 与中华民族精神的其他内容相比，爱国主义精神在中华民族发展史上表现得更为突出、更为强烈、更为重要。

第一，爱国主义是中华民族的优良传统。习近平总书记指出：“爱国主义始终是把中华民族坚强团结在一起的精神力量。”③ 几千年来，爱国主义以其特有的凝聚力、感召力，在历史上曾经最大限度地动员起各种社会力量，为祖国的发展和社会的进步做出过积极的贡献，成为中华民族发展进步、生生不息的强大精神支柱。

作为一种体现人民群众对自己祖国深厚感情的崇高精神，爱国主义是同历史发展的具体阶段和具体内容相联系的。在漫长的封建时代，爱国主义是同反对民族压迫、反对分裂、反对统治阶级内部昏庸腐败和封建专制的斗争相联系的，从陈胜吴广起义到洪秀全的太平天国运动，无数豪杰揭竿而起，成为名垂青史的爱国英雄。同时封建统治阶级内部也有一批坚决抵御外侮、维护祖国安全统一的有识之士，他们同样是当之无愧的爱国主义者。

在近代社会，爱国主义主要表现为：对外反对帝国主义列强的侵略，捍卫祖国的独立和领土完整；对内反对依附于帝国主义并出卖国家主权的反动统治阶级，要求改变亡国灭种的悲惨命运，推翻造成祖国贫弱、阻碍民族振兴的封建专制制度。鸦片战争以后，中国沦为半殖民地半封建社会，国家积贫积弱，社会战乱不断，人民饥寒交迫。甲午战争，中国战败。抗日战争，中国胜利。从甲午失败到抗战胜利，历史走过了半个世纪。中国当年是一个积贫积弱的国家，为什么能够取得抗日战争的胜利？对此，习近平总书记指出：“以爱国主义为核心的伟大民族精神是中国人民抗日战争胜利的决定因素。”④ 面对日本军国主义发动的全面侵华战争，面对亡国灭种的现实危险，中华民族空前觉醒，民族凝聚力空前迸发。在中国共产党倡导建立的抗日民

---

① 习近平：《在布鲁日欧洲学院的演讲》，《人民日报》2014 年 4 月 2 日，第 2 版。

② 习近平：《在文艺工作座谈会上的讲话》，《人民日报》2015 年 10 月 15 日，第 2 版。

③ 习近平：《在第十二届全国人民代表大会第一次会议上的讲话》，《人民日报》2013 年 3 月 18 日，第 1 版。

④ 习近平：《在纪念中国人民抗日战争暨世界反法西斯战争胜利 69 周年座谈会上的讲话》，《人民日报》2014 年 9 月 3 日，第 2 版。

族统一战线的旗帜下，在爱国主义的激励下，“四万万人齐蹈厉，同心同德一戎衣”，中华儿女万众一心、团结一致，以血肉之躯共同筑起了抵御外侮、捍卫独立的钢铁长城，蕴藏于中国军民中的战争潜力得到空前激发。长达14年的抗日战争，中华民族以伤亡3500万军民的巨大代价，赢得了近代以来中国反抗外敌入侵的第一次完全胜利。

在社会主义建设和改革开放时期，中华民族固有的爱国主义优良传统得到了进一步发扬。广大人民群众在中国共产党的带领下，用自己的行动谱写了一曲曲壮丽的爱国诗篇。新中国成立初期，面对外敌的挑衅，数十万志愿军将士在“抗美援朝，保家卫国”的感召下，义无反顾，奔赴朝鲜，奋力杀敌，保卫了国家安全。在改革开放的新时期，面对外来的威胁和内生的问题挑战，爱国主义同社会主义紧密融合，成为振奋民族精神、激发亿万民众投身现代化建设的强大力量。

历史表明，无论是在近代中国波澜壮阔的救亡图存、寻求国家独立民族解放的斗争中，还是在披荆斩棘、励精图治的改革开放大潮中，中华民族宝贵的爱国主义传统，中华民族爱憎分明的荣辱观、民族自尊心和自豪感，是激发国人昂扬斗志的最强大动力。

第二，爱国主义为民族精神充填了最为实在的社会内容。一个民族，没有振奋的精神和高尚的品格，不可能自立于世界民族之林。但民族精神不是无源之水、无本之木，爱国主义为其提供了最为客观、最为实在的社会内容，即人们对自己祖国的山河、人民和国家的热爱。

爱国主义首先表现为人们对祖国的热爱。所谓祖国，至少包含着三层意思：一是一定区域的土地、山河等自然风貌和矿产、森林、物产等自然资源所构成的国土；二是由共同的经济生活、语言文化、社会心理、历史传统等纵横交织的社会关系紧密联成一体的人民或国民；三是为了维护社会共同体的秩序、安全、主权和稳定而建立起来实施阶级统治的强力政治机构——国家。人们对祖国的爱最早是从生于斯、长于斯的故土家园开始的，热爱故土家园的感情是我们热爱祖国大好河山的基础和起点。当人们在成长过程中，通过学习和实践不断扩大自己的视野和活动范围，就会情不自禁地把对家乡故土的爱扩展到对祖国大好河山的爱，就会发现我们的祖国拥有值得我们赞美、自豪的一片国土。毛泽东在《中国革命和中国共产党》的开篇中就写道：“我们中国是世界上最大国家之一，它的领土和整个欧洲的面积差不多相等。在这个广大的领土之上，有广大的肥田沃地，给我们以衣食之源；有纵横全国的大小山脉，给我们生长了广大的森林，贮藏了丰富的矿产；有很多的江河湖泽，给我们以舟楫和灌溉之利；有很长的海岸线，给我们以交通海外各民族的方便。从很早的古代起，我们中华民族的祖先就劳动、生息、繁殖在这块广大的土地之上。"① 这段文字体现了何等的爱国热情！

我们的祖国之所以可爱，还因为她拥有世世代代生存在这片国土上的勤劳、勇敢、善良、智慧的亿万各族人民。有由共同的经济生活、语言文化、社会心理、历史传统联结在一起的中华民族各族人民，才有了国家。各族人民是伟大祖国之本，是伟大祖国的创造者，祖国和人民是密不可分的。因此，热爱祖国最根本的是热爱那些创造悠久历史和灿烂文明的各族人民，爱国必爱民，爱民定爱国，这是爱国主义的最基本含义和集中表现。一切真诚的爱国者都是热爱人民的。我国古代的一些著名的志士仁人和民族英雄尚且能从同情人民的疾苦而产生"忧民"乃至"忧国"之心，作为抱定为人民服务宗旨的无产阶级爱国者，热爱各族人民群众，为人民群众谋利益，永远站在绝大多数人民群众一边，就更是理所当然的事。1981 年，邓小平在为英国培格曼出版公司出版编辑的《邓小平副主席文集》英文版所作的序言中深情写道："我荣幸地以中华民族一员的资格，而成为世界的公民。我是中国人民的儿子，我深情地爱着我的祖国和人民。"② 习近平总书记在党的十八届中共中央政治局常委同中外记者见面时强调："人民对美好生活的向往，就是我们的奋斗目标。人世间的一切幸福都需要靠辛勤的劳动来创造。我们的责任，就是要团结带领全党全国各族人民，继续解放思想，坚持改革开放，不断解放和发展社会生产力，努力解决群众的生产生活困难，坚定不移走共同富裕的道路。"③ 这是何等的为民情怀！

第三，爱国主义是民族精神落实到个体最主要的渠道。爱国主义是人们的一种主观精神和行为状态，表现为爱国情感、爱国觉悟和爱国行为三种不同层次并相互联系、渗透的发展阶段。

---

① 《毛泽东选集》第二卷，人民出版社 1991 年版，第 621 页。

② 中共中央文献研究室：《邓小平年谱》第五卷，中央文献出版社 2020 年版，第 12 页。

③ 习近平：《人民对美好生活的向往就是我们的奋斗目标》，《人民日报》2012 年 11 月 16 日，第 1 版。

爱国情感是爱国主义的感性基础。爱国情感是人们对祖国的一种直接感受和情绪体验，具有强烈的感染力、激发力。它虽然是朴素的情绪化的主体感受，不具有系统的理论形式，但却是树立爱国主义精神初始的和基础性的心理发展阶段。孙中山曾说，做人最大的事情，“就是要知道怎么样爱国”。习近平总书记指出：“一个人不爱国，甚至欺骗祖国、背叛祖国，那在自己的国家、在世界上都是很丢脸的，也是没有立足之地的。对每一个中国人来说，爱国是本分，也是职责，是心之所系、情之所归。”① 现实地看，人们爱祖国首先是从热爱乡土、热爱母语、热爱父母和身边的人开始的。但随着社会实践范围的不断扩大和这种朴素的家园情感的日积月累，人们逐步从对故土家园的爱扩展到对民族和国家的爱，从对故土家园的依恋之情扩展到对民族和国家的归属感和自豪感、自信心和自尊心、责任感和义务感。只有当人们真正意识到个人与祖国的关系，个人对祖国应尽的责任和义务时，高层次的爱国主义道德情感才会自觉、坚定、稳固地确立起来。

爱国觉悟是爱国主义精神的理性升华。爱国觉悟是人们对祖国的历史、现状、国际关系以及个人与祖国的关系的一种科学的理性的认识，它常常以某种观念、思想、理论的形式表现出来。爱国觉悟虽然缺少爱国情感所具有的感染力和激发力，但能帮助人们从本质上理解问题，从世界观、人生观的高度确立爱国主义的信念，并自觉化为报效祖国的爱国行动。当代中国是历史中国的合理、必然的延续；我们提倡的爱国，既爱今天的中华人民共和国，也爱历史上的中国，那种否定历史中国的历史虚无主义态度是错误的。我们提倡的爱国主义更注重的是热爱今天的中华人民共和国。走社会主义道路，是中国近代历史发展的必然结果。七十多年来中华人民共和国在各方面所取得的举世公认的巨大成就证明，只有社会主义才能救中国、才能发展中国。我们必须尊重中国历史发展的这种必然结果和人民自己的选择。当然，社会主义新中国成立迄今只有七十多年的历史，还存在着一个发展、完善的过程，她不仅在物质文化生活和国民素质等方面还存在许多缺陷、不足，而且在社会制度基本适应生产力发展水平的前提下，在生产关系和上层建筑的一些环节上还存在着亟待改善之处。但我们不应该夸大这些不足，采取全盘

---

① 习近平：《在纪念五四运动100周年大会上的讲话》，《人民日报》2019年5月1日，第2版。

否定乃至全盘“西化”的态度。我们的祖国是当今世界的重要一员，与世界各国有着千丝万缕的联系，并在与其他国家平等互利的交往中巩固、发展着自己。正确对待和处理国与国之间的相互关系，既是我国制定外交政策的基本准则，也是我国实施改革开放战略的基本要求。

一个真正的爱国者，不仅要有爱国的情感、爱国的觉悟，还必须有爱国行为。爱国行为是爱国主义精神的具体实践，是指人们身体力行，以报效祖国的实际行动来实践自己的爱国情感、爱国觉悟和爱国志向，为祖国的繁荣昌盛尽心尽力，多做贡献。中国“导弹之父”钱学森，当年被美国当局软禁于洛杉矶。一个深夜偷偷给当时任全国人大副委员长的陈叔通写信，请求帮助回国，信中写道：“学森犹如身在牢笼，寸阴若岁，恳请祖国助我还乡，以尽人伦，以偿报国之夙愿，切切……”回国途中，美联社一名记者问他：“你是否是共产党员？”他回答：“我还不够做一名共产党员。因为共产党人是人类最崇高理想的人。”到达香港九龙后，有记者用英语向他提问，钱老说：“对不起，现在我要说中国话了。”回国后，他把毕生心血都献给了祖国，以实际行动诠释了对国家的赤诚之心。只把爱国主义停留在口头上，空谈爱国情感、爱国觉悟和爱国志向而不付诸实践的人，只能称作口头爱国者，是不足称道的。空谈误国，实干兴邦。只有将爱国之情、爱国之心、报国之志化作报国之行，做到言行一致，才能成为一个真正的爱国主义者。

（二）以改革创新为核心的时代精神

当今世界正处于百年未有之大变局中，当代中国正处在由大向强发展的关键阶段。中华民族要自立于世界民族之林，既要坚持和弘扬以爱国主义为核心的民族精神，也要坚持和弘扬以改革创新为核心的时代精神。所谓时代精神，就是在一定的社会历史条件下，根据一定的时代主题和社会发展目标，逐步形成的代表时代发展趋势和潮流、推动社会变革和前进的社会意识中最活跃、最先进的方面。在特定时代，人们社会实践的丰富性决定了时代精神内涵也是丰富多彩的。“改革创新始终是鞭策我们在改革开放中与时俱进的精神力量。”① 这是中华民族在现代化历史进程中不断开创新局面、不断取得新成就的重要动力和支撑。

---

① 习近平：《在第十二届全国人民代表大会第一次会议上的讲话》，《人民日报》2013年3月18日，第1版。

当代中国最鲜明的特点就是在中国共产党领导下坚定不移地推行改革开放。在这一时代条件下，逐步产生了在全社会具有普遍性的追求变革、勇于创新的精神文化。随着改革开放向纵深推进，改革创新精神不断展现为反思精神、科学精神、创业精神、开放精神等。在社会存在与社会意识双重变革、螺旋演进的过程中，改革创新精神在整个时代精神中发挥着核心作用：一方面统领着时代精神中的其他组成部分，不断激发和调动各社会阶层和全体建设者持续不断推进理论创新、制度创新、科技创新、文化创新；另一方面，在不同的历史时期又体现为诸如抗洪精神、抗震救灾精神等具体的精神，从而形成以改革创新为核心的时代精神的总体风貌。

以改革创新为核心的时代精神，是在党领导改革开放的进程中逐步形成的整个民族的意识结构和精神状态，具有历史性、民族性、包容性等特征。一是历史性。一定的精神的产生、形成、丰富和发展，总是历史的产物，并为新的历史演进提供材料、创造条件。以改革创新为核心的时代精神虽然形成于改革开放时期，但它具有很强的历史继承性。在中华民族悠久的历史发展进程中，中国人民创造了灿烂的物质文明和精神文明，虽然在不同的历史时期比如晚清总体趋于墨守成规，但革故鼎新精神从未消失，“变则通、通则久”之理念深入人心，以改革创新为核心的时代精神继承了中华民族这一宝贵精神财富。对此，习近平总书记指出：“中华民族是具有伟大创新精神的民族，以伟大创造能力著称于世。‘苟日新，日日新，又日新’，是对中华民族创新精神的最好写照。”①

二是民族性。习近平主席指出：“每一种文明都延续着一个国家和民族的精神血脉。”② 任何时代精神都不是孤立的、抽象的存在，它都是经过历史积淀逐步凝聚而成的民族精神的当下体现。同样，以改革创新为核心的时代精神在不同的领域，针对不同的具体实际，会有不同的表现形式，但总体上表现出中华民族的民族品格和气质，并成为“中国模式”的重要内涵和组成部分。以改革创新为核心的时代精神展现的就是中华民族在新的时代条件

① 习近平：《在全国政协新年茶话会上的讲话》，《人民日报》2014 年 1 月 1 日，第 2 版。

② 习近平：《在联合国教科文组织总部的演讲》，《人民日报》2014 年 3 月 28 日，第 2 版。

下的精神状态和特质，正因如此，在社会主义核心价值体系中，以爱国主义为核心的民族精神和以改革创新为核心的时代精神才能统一在一起，共同作为社会主义核心价值体系的精髓。由此可知，民族精神是时代精神的源泉和基础，而以改革创新为核心的时代精神是民族精神在改革开放时期的体现和升华。改革开放以来，中国共产党着力推进马克思主义中国化、积极弘扬社会主义先进文化、深入发掘优秀传统文化、积极培育社会主义核心价值观，并通过把民族精神与时代精神有机统一于改革开放和社会主义现代化建设实践之中，铸造出了改革创新的民族精神品格。

三是包容性。包容性是中国共产党领导中国人民进行改革开放的一个重要特征，也是由此产生的以改革创新为核心的时代精神的鲜明特征。中国的改革开放是在全球化大潮中进行的，如何看待世界文明成果，是我们必须面对的问题。历史告诉我们，封闭僵化带不来国家的发展和安全。推进改革开放，弘扬改革创新精神，就必须具有世界视野和国际胸怀。正如习近平主席所言："推动文明交流互鉴，需要秉持正确的态度和原则。"①"中国人是讲爱国主义的，同时我们也是具有国际视野和国际胸怀的。"② 40 多年来，我们之所以能够不断取得新成就，一个重要原因就是能以兼收并蓄、海纳百川的胸怀，大胆借鉴和吸收人类社会创造的一切文明成果，吸收和借鉴当今世界各国包括资本主义发达国家的先进经营方式和管理方法。包容并不意味着没有底线、没有原则。我们借鉴世界优秀文明成果，但绝不能以此来否定自己。面对一些人对中国道路的指手画脚，习近平主席指出："正如一棵大树上没有完全一样的两片树叶一样，天下没有放之四海而皆准的经验，也没有一成不变的发展模式。中国特色社会主义肯定还要不断发展、不断完善。"③世界在变化，中国也将变化，中国特色社会主义也必须随着形势和条件的变化而向前发展。只有不断与时俱进，中国才能充满活力。开放的中国愿意借鉴人类一切文明成果，但不会照抄照搬任何国家的发展模式。

以改革创新为核心的时代精神，是当代中国人民精神风貌的集中写照，

---

① 习近平：《在联合国教科文组织总部的演讲》，《人民日报》2014 年 3 月 28 日，第 2 版。

② 《习近平接受金砖国家媒体联合采访》，《人民日报》2013 年 3 月 20 日，第 1 版。

③ 《习近平接受金砖国家媒体联合采访》，《人民日报》2013 年 3 月 20 日，第 1 版。

是激发社会创造活力的强大力量。回顾中国改革开放走过的40多年历程，正是在解放思想、坚持理论创新和实践创新的引导下，中国共产党人带领全国人民走出了一条中国特色社会主义道路，形成了中国特色社会主义理论体系，创立了中国特色社会主义制度，开辟了马克思主义中国化的新境界。一部改革开放的历史，折射着一部解放思想的历史。改革发展呼唤理论创新，理论创新又推动了改革发展。改革创新使我国各族人民焕发出巨大的创造活力，形成了解放思想、求真务实、锐意改革、开拓创新的鲜明时代精神。中华大地发生了历史性的巨大变化，改革从农村到城市，从沿海到内地，从经济到政治、文化、科技、教育以及其他领域，犹如滚滚春潮，波澜壮阔，极大地解放和发展了社会生产力，推动了社会的全面进步。国民经济持续快速健康发展，经济实力大幅提升，人民生活显著改善，社会主义民主法制建设和社会主义精神文明建设取得丰硕成果，综合国力显著增强。事实证明，与时俱进的改革创新精神，已成为中国特色社会主义最重要的品格，并深深熔铸在中华民族的生命力、创造力和凝聚力之中。

二、中国精神是凝心聚力的强国之魂

习近平总书记指出，中国精神“是凝心聚力的兴国之魂、强国之魂。爱国主义始终是把中华民族坚强团结在一起的精神力量，改革创新始终是鞭策我们在改革开放中与时俱进的精神力量”①。可以说，没有中国精神的支撑和推进，就没有生生不息的中华民族，就没有震撼世界的“中国道路”。

（一）当代中国自立于世界之林的宝贵财富

一个国家、一个民族，要自立于世界民族之林，就必须有振奋向上的精神。“中华民族有着5000多年的悠久历史和灿烂文化，而且中华文明从远古一直延续发展到今天。为什么中华民族能够在几千年的历史长河中顽强生存和不断发展呢？很重要的一个原因，是我们民族有一脉相承的精神追求、精神特质、精神脉络。”② 伟大的中国精神，构成了中华民族生存、发展、壮大

---

① 习近平：《在第十二届全国人民代表大会第一次会议上的讲话》，《人民日报》2013年3月18日，第1版。

② 习近平：《从小积极培育和践行社会主义核心价值观》，《人民日报》2014年5月31日，第2版。

不可分割的重要组成部分，是当代中国自立于世界之林的宝贵财富。

中国精神是当代中国综合国力的重要组成部分。一个国家的综合国力，是这个国家所拥有的赖以生存和发展的全部实力的总和。综合实力既包括自然力、经济实力、科技实力、人口素质、国防能力等物质方面的因素，也包括民族凝聚力、意识形态、精神文明状况等精神方面的因素。国家精神是文化的核心和实质，是衡量一个国家综合国力的重要标准。改革开放40多年来，我国的综合国力得到了极大的提升。这个提升既包括经济、政治、军事等硬实力的大幅提升，也包括文化软实力的提升。2020年，我国GDP突破100万亿元，稳居世界第二。这是我国综合国力提升的根本保证。与硬实力的不断提升相对应，我国的软实力也得到了极大的提升，社会主义先进文化更加深入人心，人们对中国道路、制度、理论、文化更加自信。物质和精神方面的因素相互作用，形成一股巨大的历史合力，共同推动我国社会的发展和国力的提高，使我国进入了历史上最好的时期，进入一个蔚为壮观的新时代。

中国精神是提高我国国际地位的重要条件。近代中国多灾多难，中华民族所遭受的磨难世所罕见。争取民族独立、人民解放，实现国家富强、人民富裕，推动中华民族伟大复兴，成为中国人民必须完成的历史任务。历经新民主主义革命、社会主义建设、改革开放，中华民族在中国共产党的领导下面貌焕然一新，曾经的梦想正在变为现实。特别是随着中国经济40多年的高速发展，中国的国际地位有了显著提高，在当代世界上所起的作用也越来越大，中国已经成为当今世界不可忽视的一支重要力量。今天，中国在国际上的重要地位和发挥着如此重大的作用，与中国精神是分不开的。中国之所以能够彻底改变近代以来饱受凌辱、积贫积弱的境遇，一个重要原因就在于中国共产党顺应了历史发展潮流，把马克思主义与中国的国情相结合，重振了民族精神。在新民主主义革命时期，无数革命志士忧国忧民、英勇战斗，抛头颅、洒热血，充分表现了中国人大无畏的英勇气概。在社会主义建设和改革开放时期，涌现出了一大批英雄模范人物，雷锋、焦裕禄、孔繁森、杨善洲……从他们身上，充分体现了中国精神的巨大力量。可以说，中国精神是中国人民宝贵财富，是中国人民摆脱贫穷落后、振兴发展的巨大精神力量，是中华民族的精神标识。

（二）民族复兴的精神旗帜

实现民族伟大复兴中国梦是个伟大的目标，但实现这个目标却是个艰辛的过程。习近平主席指出："没有文明的继承和发展，没有文化的弘扬和繁荣，就没有中国梦的实现。实现中国梦，是物质文明和精神文明比翼双飞的发展过程。"① 不管是个人圆梦、实现人生价值，还是国家圆梦、实现民族复兴，除了脚踏实地地工作外，还需要有一种精神为我们树立旗帜、指引方向、凝聚共识、提供动力。这就是中国精神。

弘扬中国精神是实现中国梦的题中应有之义。文化是民族的血脉，是人民的精神家园。民族的复兴从本原上说是文化的复兴，而文化的内核是核心价值观，是基于核心价值观所形成的民族精神。近代中国的衰落，与封建主义、帝国主义对中国人民的精神禁锢、精神奴役直接相关。中华民族的伟大复兴必然伴随着民族精神上的大解放、大振奋、大焕发。只有大力弘扬中国精神，才能更好地构建和培育社会主义核心价值观，才能推进中国特色社会主义文化的大发展大繁荣，才能从根本上改变漫长的封建社会和近代以来帝国主义的侵略所造成的民气民风上的某些愚昧落后、保守封闭的精神状态，才能使中华民族更加骄傲、更加自信、更加昂扬地屹立于世界民族之林。

弘扬中国精神是进一步凝聚和团结全国人民为实现中国梦共同奋斗的现实需要。实现中国梦必须弘扬中国精神。在实现中国梦的漫漫征程上，我们已经取得了伟大的成就，但完成社会主义现代化目标依然任重而道远。国际上一些敌对势力不愿看到一个强大的社会主义中国的崛起，处心积虑地遏制中国的发展，加紧对我国实施"西化"、分化的图谋。我国正处在全面深化改革的关键期，思想观念和价值取向日趋多元多样多变。站在新的起点上，如何凝聚亿万人民的意志和力量向着梦圆冲刺？习近平总书记指出："全国各族人民一定要弘扬伟大的民族精神和时代精神，不断增强团结一心的精神纽带、自强不息的精神动力，永远朝气蓬勃迈向未来。"② 愈接近梦想成真，愈需要我们用中国精神凝心聚力。

① 习近平：《在联合国教科文组织总部的演讲》，《人民日报》2014 年 3 月 28 日，第 2 版。

② 习近平：《在第十二届全国人民代表大会第一次会议上的讲话》，《人民日报》2013 年 3 月 18 日，第 1 版。

弘扬中国精神是进一步动员和激励全党全国人民为实现中国梦而攻坚克难的紧迫要求。改革开放是决定当代中国命运的关键抉择，是发展中国特色社会主义、实现中国梦的必由之路。我们已经取得的成就靠改革开放，解决目前存在的矛盾和问题的出路也在于深化改革开放。当前，中国由大向强发展的关键期，国际国内环境复杂多变，如何攻坚克难、破礁除障？同样离不开中国精神，尤其是改革创新精神。改革创新是时代的主旋律，是当代中华民族精神风貌的集中体现。面对日益凸显的发展瓶颈、深层次矛盾问题，我们只有发扬“逢山开路、遇河架桥”的改革创新精神，迎难而上，才能闯过激流险滩驶向潮平岸阔。

（三）社会主义先进文化建设的重要内容

社会主义先进文化建设的一个重要方面就是培育和弘扬中国精神，不断丰富人们的精神世界，不断增强人们的精神力量。强调社会主义先进文化建设着重于培育和弘扬中国精神，有着极强的现实针对性。面对日益激烈的国际文化交流交融交锋现状，面对依然存在的党员领导干部精神懈怠危险，必须通过加强社会主义先进文化建设，大力弘扬和践行中国精神，促使我们党始终保持与时俱进、开拓创新的理论魄力和实践勇气，促使党员干部始终保持蓬勃朝气、昂扬锐气、浩然正气，促使广大人民群众始终保持奋发有为、昂扬向上的精神状态。

保证社会主义先进文化的前进方向，需要大力培育和弘扬中国精神。先进文化，应该是健康的、科学的、向上的，代表未来发展方向的、能够推动社会前进的文化。当代中国先进文化，就是中国特色社会主义文化。这一先进文化顺应了时代潮流，反映了时代精神，代表着未来发展的方向，推动着社会的进步。这一先进文化，源于中华民族几千年的文明史，植根于中国特色社会主义实践，既具有厚重的历史积淀，又具有鲜明的时代特征。它反映了我国社会主义经济和政治的基本特征，同时又对经济和社会的发展起着巨大的促进作用，是激励和凝聚全国人民的重要力量。只有大力弘扬和培育中国精神，才能真正把握先进文化的前进方向，防止西方文化的强势扩张，保证中国文化的安全。当前，我国经济获得了巨大发展，但在同西方国家总体的比较中，我们仍处于弱势地位。这种弱势地位，使得我国不仅经济、政治、军事的进一步发展要面对更多的挑战，在文化发展中也不得不面对更多外来压力。在全面深化改革和推动中华民族伟大复兴的关键时期，我们既要学习和借鉴世界文化中有积极意义的成果，又要防止西方强势文化对我国文化造成的负面影响。

三、在改革开放伟大实践中弘扬和培育中国精神

弘扬以爱国主义为核心的民族精神、以改革创新为核心的时代精神，是建设新时代中国特色社会主义的需要，也是在新的征程上推进社会主义现代化建设的需要。在弘扬这一精神的实践过程中，应根据时代条件的变化，既继承又创新，重点从积极回应时代发展需要和科学解答时代课题并举、进一步深化各项改革创新、总结归纳和宣传普及并重三个方面加以培育和弘扬，并使其在整个社会中得到普遍认同，进而内化为社会主流意识。

（一）在回答时代问题中彰显

问题是时代的声音。一种精神能否得到弘扬，必然与能否回应一定的现实需要、解答一定的现实课题相关，因为精神不可能凭空而来，其产生与弘扬总是人们应对时代挑战的结果。

首先，要准确把握一定时代条件下的“时代需要”究竟是什么，这是弘扬中国精神的第一个前提。不同时代的“时代需要”是不尽相同的，它直接反映着该时代条件下的社会主要矛盾。当前，不断满足人民日益增长的美好生活需要，是新时代我国最根本的时代需要。

其次，要在把握这一需要的内涵与本质的同时，为满足需要不断创造条件。换言之，要为满足需要进行理论创新，并在理论创新的基础上，制定正确的路线、方略。这两个方面结合在一起，就构成了弘扬中国精神的原动力。在一定的时代条件下，处于这一时代的不同发展阶段又会相应产生不同的时代课题，时代需要具有相对稳定性，而时代课题在变动的条件下会层出不穷、不断变化。改革开放以来的时代课题表现在宏观与微观两个方面：就宏观而言，“什么是社会主义、怎样建设社会主义”，“建设一个什么样的党、怎样建设党”，“实现什么样的发展、怎样发展”，“新时代坚持和发展什么样的中国特色社会主义、怎样坚持和发展中国特色社会主义”，是改革开放以来在我国渐次产生的四个时代课题；就微观而言，在改革开放不同时期出现的资源过度消耗、环境遭受破坏、贫富悬殊、消极腐败、社会公正问题等，

是在各个领域出现的具体课题，科学解答上述这些时代课题，会对弘扬中国精神产生持续不断的推动力。从宏观上科学回答时代课题，形成了中国特色社会主义理论体系，产生了邓小平理论、“三个代表”重要思想、科学发展观、习近平新时代中国特色社会主义思想；从微观上科学回答时代课题，在持续推进改革开放的过程中不断创新制度、体制、机制，构建起社会主义市场经济、社会主义民主法治、社会主义先进文化、社会主义和谐社会和社会主义生态文明“五位一体”的发展格局。总之，在中国共产党领导下深化改革开放，积极回应时代发展需要和科学解答时代课题，才能在整个社会弘扬中国精神。

（二）在改革创新中丰富

唯物史观认为，社会存在决定社会意识，一定时代精神总是一定时代本身的产物。因此，弘扬和培育中国精神，离不开必要的实践条件。具体而言，就是要结合时代发展的趋势和要求，立足我国基本国情，进一步深化各项改革创新。其中，全面深化改革，持续推进制度创新、科技创新、文化创新，是培育中国精神不可或缺的关键环节。

所谓制度创新，主要包括政治、经济、文化、社会、生态文明等制度的全方位革新。制度创新通过变更支配人们行为和相互关系的规则，可以激发人们的创造性、积极性和社会的活力。在开启改革开放伟大进程时，邓小平就曾指出改革不是细枝末节的修补，而是对原有制度、体制的根本性变革。在全面推进深化改革的今天，习近平总书记结合新的时代要求指出：“改革开放是一场深刻而全面的社会变革，每一项改革都会对其他改革产生重要影响，每一项改革又都需要其他改革协同配合。要更加注重各项改革的相互促进、良性互动，整体推进，重点突破，形成推进改革开放的强大合力。”① 在新时代就是通过全面深化改革，建立起既能够发挥市场在配置资源中的决定性作用，又能够更好发挥政府作用的现代化国家治理体系和治理能力。

科技创新同样能在生产力的变革过程中促进以改革创新为核心的时代精神的形成。科技创新即开展原创性的科学研究和进行原创性的技术创新，也就是运用新知识、新技术，采取新的生产方式，研发新产品，以满足人们的

---

① 习近平：《以更大的政治勇气和智慧深化改革，朝着十八大指引的改革开放方向前进》，《人民日报》2013 年 1 月 2 日，第 1 版。

新需求并推动社会发展的过程。在科技创新的过程中，必然涉及新观点的提出、新研究领域的开辟等环节，必然会引起人们在观念意识层面的革新。纵观世界文明史，人类先后经历了农业革命、工业革命、信息革命。每一次产业技术革命，都给人类生产生活带来巨大而深刻的影响。习近平总书记指出："现在，以互联网为代表的信息技术日新月异，引领了社会生产新变革，创造了人类生活新空间，拓展了国家治理新领域，极大提高了人类认识世界、改造世界的能力。"① 互联网的发展不仅让世界变成了"鸡犬之声相闻"的地球村，相隔万里的人们不再"老死不相往来"，更让"互联网＋"思维、互联网共享发展理念成为新时代的标志性思维和理念。而习近平总书记提出的"创新是引领发展的第一动力"②，不但体现在科技创新时促进物质财富增长的第一动力，也是促进精神文明发展的第一动力，因为科技的变革与创新必然会改变人们的思维方式、行为方式甚至生活方式，改革创新的精神因此也就有了新的内涵和根基。

文化创新的基本思路是在坚持马克思主义一元化指导的同时，按照"百花齐放、百家争鸣"的方针，鼓励和倡导多样化的文化发展。习近平主席指出："'一花独放不是春，百花齐放春满园。'如果世界上只有一种花朵，就算这种花朵再美，那也是单调的。"③ 在这一根本方略的指导下，我们在推动文化创新的过程中，既要科学面对客观存在的多元文化思潮，也要辩证看待涌入国门的外来文化。对其中的合理成分要大胆吸收借鉴，对于其中的错误倾向要敢于批判斗争。唯有如此，我们才能为社会大众提供更加宽广的文化视野和更加多元的文化产品，从而为弘扬中国精神创造基本的文化条件。

（三）在传承中华优秀传统文化中培育

中华优秀传统文化积淀着中华民族最深沉的精神追求，培育民族精神，必须弘扬优秀传统文化。习近平总书记指出："要继承和弘扬中华优秀传统

---

① 中共中央文献研究室：《习近平关于科技创新论述摘编》，中央文献出版社 2016 年版，第 86 页。

② 中共中央文献研究室：《习近平关于科技创新论述摘编》，中央文献出版社 2016 年版，第7 页。

③ 习近平：《在联合国教科文组织总部的演讲》，《人民日报》2014 年 3 月 28 日，第 2 版。

文化，弘扬中华传统美德，弘扬时代新风，振奋中华民族精神。”① 这一重要论述，既体现了我们党高度重视中华优秀传统文化的鲜明立场和态度，也为我们在新时代弘扬中国精神提供了根本遵循。

加强对中华优秀传统文化的挖掘和阐释。文化作为人类创造的精神成果，是随着人类实践和历史进步而不断发展的。一个民族的历史或长或短，或厚或薄，都有自己的传统文化，中华民族也不例外。站在时代的高度，基于马克思主义的立场、观点和方法，考察中华传统文化，其虽有糟粕之处，但更多的是能够超越时空限制的思想精华和道德精髓。习近平总书记反复强调：“要讲清楚中华优秀传统文化的历史渊源、发展脉络、基本走向，讲清楚中华文化的独特创造、价值理念、鲜明特色，增强文化自信和价值观自信。”② 在建设社会主义先进文化过程中，应以高度的文化自觉客观审视中华传统文化，着力挖掘阐发崇礼尚义、忠厚正直、豁达淳朴、勇敢坚韧、勤劳智慧等文化理念；着力挖掘阐发优秀传统文化在维护民族团结、延续精神血脉、鼓舞民族斗志等方面的思想价值；着力挖掘阐发优秀传统文化对建设社会主义核心价值体系的重大意义；着力挖掘阐发中华优秀传统文化在与世界文化交流互鉴中保持个性魅力等问题，引导人们更加全面客观地认识中华优秀传统文化。

增强人们对中华优秀传统文化的认同感和归属感。传承、创新和发展中华优秀传统文化的前提，是让大家认识和认同优秀传统文化，发挥文化在影响人们思想观念、价值取向等方面潜移默化的作用。习近平总书记指出：“坚定文化自信，离不开对中华民族历史的认知和运用。历史是一面镜子，从历史中，我们能够更好看清世界、参透生活、认识自己；历史也是一位智者，同历史对话，我们能够更好认识过去、把握当下、面向未来。”③ 回望中华民族发展史可以发现，在每一个历史时期，中华民族都留下了无数不朽的文艺作品。从诗经、楚辞、汉赋，到唐诗、宋词、元曲、明清小说等，共同

① 习近平：《认真贯彻党的十八届三中全会精神，汇聚起全面深化改革的强大正能量》，《人民日报》2013 年 11 月 29 日，第 1 版。

② 习近平：《把培育和弘扬社会主义核心价值观作为凝魂聚气强基固本的基础工程》，《人民日报》2014 年 2 月 26 日，第 1 版。

③ 中共中央文献研究室：《习近平关于社会主义文化建设论述摘编》，中央文献出版社 2017 年版，第 17 页。

铸就了灿烂的中国文化历史星河。中华民族文艺创造力是如此强大、创造的成就是如此辉煌，我们应该为此感到无比自豪。面对西方“普世价值观”的冲击，我们应该树立起高度的民族文化自信。

推进实现中华传统美德的创造性转化、创新性发展。在中华传统文化中，思想道德文化独树一帜，并成为中华文化的显著特征。习近平总书记指出：“中华传统美德是中华文化精髓，蕴含着丰富的思想道德资源。”① 中华文化的道德取向，极大地促进了中国社会科学尤其是伦理道德学说的发展和完善，增强了全民族的亲和力和凝聚力，为使中国成为高度文明的“礼仪之邦”发挥了重要作用。当然，对待传统道德文化，我们要持科学的态度，既不能搞历史文化虚无主义，也不能搞文化保守主义，而必须对其进行科学辩证的分析。对此，习近平总书记指出：“不忘本来才能开辟未来，善于继承才能更好创新。对历史文化特别是先人传承下来的价值理念和道德规范，要坚持古为今用、推陈出新，有鉴别地加以对待，有扬弃地予以继承，努力用中华民族创造的一切精神财富来以文化人、以文育人。”② 这就为我们如何看待传统道德文化提供了基本遵循。

---

① 习近平：《把培育和弘扬社会主义核心价值观作为凝魂聚气强基固本的基础工程》，《人民日报》2014 年 2 月 26 日，第 1 版。

② 习近平：《把培育和弘扬社会主义核心价值观作为凝魂聚气强基固本的基础工程》，《人民日报》2014 年 2 月 26，第 1 版。

第七章

继承革命文化

中华优秀传统文化、革命文化和社会主义先进文化，构成了中国特色社会主义文化。其中，中国共产党领导人民在新民主主义革命和社会主义革命中创建的革命文化，积淀着中国共产党最深层的精神追求，蕴含着中国共产党最独特的红色基因。党的十九大报告指出，要“推动中华优秀传统文化创造性转化、创新性发展，继承革命文化，发展社会主义先进文化，不忘本来、吸收外来、面向未来，更好构筑中国精神、中国价值、中国力量，为人民提供精神指引”①。革命文化在革命前是革命的思想准备，在革命中是革命总战线的一条必要和重要的战线。在改革开放新的历史时期，如果没有革命战争时期的那么一股劲、那么一股革命热情，就无法应对复杂局面、继续砥砺前行。

一、革命文化彰显了中国共产党崇高的价值追求

革命文化是中国共产党领导人民在新民主主义革命和社会主义革命时期创造形成的实践、理论和制度诸方面的优良传统以及包括红船精神、井冈山精神、长征精神、延安精神、抗战精神、西柏坡精神等在内的丰富多彩的精神作风。诞生于烽火连天革命年代的革命文化，是数以百万计的中国共产党人用自己的鲜血和生命铸就的精神丰碑，它不仅为中国共产党带领人民群众推翻“三座大山”提供了强大的精神力量，更以其独特的价值追求彰显了共产党人的精神境界、丰富了中华民族的精神宝库。

---

① 习近平：《决胜全面建成小康社会　夺取新时代中国特色社会主义伟大胜利——在中国共产党第十九次全国代表大会上的报告》，人民出版社 2017 年版，第 23 页。

(一) 革命文化是中国共产党创造的宝贵精神财富

近代以来，中国面临着日益深重的民族危机，民族危机最根本的是精神的危机、文化的危机。鸦片战争后的近一百年时间里，为什么我们在反对帝国主义侵略的战争中一败再败？原因不在于“国贫”而在于“失魂”。国家富而不强，军队大而无能，制度定而不施，整个社会呈现出一种萎靡的状态。1820 年，大清国的 GDP 占世界 32.9%，比英、法、德、意、奥、比、荷、瑞士、瑞典、挪威、丹麦、芬兰等十二国 GDP 总和还高 12%，更遥遥领先于美国（1.8%）和日本（3.0%）。甲午战争前的北洋海军，硬件设施丝毫不弱于日本海军，各种适应近代海军要求的规章制度如船制、官制、饷制、仪制、军规、校阅、武备也都建立起来了，但战争的结果却是全军覆没。这种失败，既是国家之败，也是军队之败，但根子在文化之败。孙中山晚年在《民族主义》的演讲中说，中国以前很强大，到了近代却落伍了，原因就在于“我们失了民族的精神”。

一个曾经辉煌的民族越是经历苦难，越是渴望复兴。在亡国、亡文、亡种的生死关头，救亡图存成为每个中华儿女的共同期盼，实现中华民族伟大复兴成为必须解决的时代课题。为了挽大厦于将倾，先进的中国人开启了艰难的探索奋斗历程。十月革命一声炮响，给中国送来了马克思列宁主义，也为中国共产党的成立奠定了思想基础。中国共产党高举马克思主义的大旗，立足中国具体国情，探索出了新民主主义革命道路。全新的政党、全新的主义、全新的革命道路，激发了全民的革命热情，也塑造了全新的革命文化。红船精神、井冈山精神、苏区精神、长征精神、延安精神、西柏坡精神、抗美援朝精神……犹如颗颗珍珠映衬着革命文化的光辉。

18 世纪的德国哲学家、诗人赫尔德说，每一种文明都有自己独特的精神，这种精神创造一切，理解一切。19 世纪的德国社会学家马克斯·韦伯说，任何一项伟大事业的背后，一定有支撑这一事业的文化精神。就 20 世纪以来的中国历史来说，推动中国共产党不断前行的既有在实践中不断发展着的马克思主义，也有在革命战争中用无数先烈生命凝聚形成的革命文化。历史地看，我党我军在长期的革命战争实践中，之所以能以劣势装备战胜优势装备之敌，其“秘诀”就在于我党我军从创建之日起，就把宗旨、理想、使命写在革命的大旗上，用先进的知识、理念、信仰和智慧塑造每一个共产党员的心灵。特别是在艰苦卓绝的革命战争年代，中国共产党把文化大转型积聚的精神力量释放于军事斗争，以“土地革命”为指向，重构、改造农民思想，使马克思主义文化的精髓、中华传统中富于奋斗进取、自由解放的优秀成分以革命文化的形式在全体党员中释放，催生了全新的人民战争。应该说，古今中外的政治组织都注重文化的作用，但没有一个政治组织能像中国共产党这样，把文化作用发挥到极致，形成如此强大的精神力量。

历史上，我军创造过许多奇迹，使许多著名历史人物“困惑”不已。参加围堵红军的东北军官兵有个困惑：红军那么困难，长途战斗跋涉二万里，却形神不散，还有极强的战斗力，成建制地打垮装备精良的东北军？张学良对部下说，你们谁能带兵走二百里、二千里不出逃兵，就算有本事。麦克阿瑟也有困惑：为什么“武装到牙齿”的美军在中国志愿军面前毫无优势可言？答案可以在美国著名作家约翰·托兰的著作《漫长的战斗——美国人眼中的朝鲜战争》中找到。在这部著作中有着这样的记载：联军士兵最害怕听到中国志愿军的冲锋号响，一位英军士兵形容，“听到这号声，我感觉到这分明是中国式的葬礼”。联军总司令李奇微也回忆说，这是一种铜制的乐器，能发出一种特别刺耳的声音，在战场上它仿佛是非洲的女巫，在战场上只要它一响，共产党的军队就如同着了魔一般，全部不要命地扑向我军，每当这时，我军总被打得如潮水般溃退。也正是在此意义上，一位美国战略研究专家感叹：“不怕中国军队现代化，就怕中国军队的毛泽东化，或按中国术语叫革命化。”革命化的军队离不开革命文化的滋养和支撑，正是依靠强大的革命文化，中国共产党领导下的人民军队才能够用“小米加步枪”打败美式装备的国民党军队，才能够在朝鲜战场上打败“武装到牙齿”的美国军队。

（二）革命文化已经成为中国共产党独特的精神标识

形成于战争年代，经历过烽火硝烟的革命文化，是中国特色社会主义文化中一道最为独特的风景。作为这一文化的主导性创造者，中国共产党在领导中国革命、建设和改革开放的历史进程中，始终不忘革命文化之魂，努力践行革命文化之本，已经成为革命文化的“化身”，革命文化也已成为中国共产党的精神标识。

革命文化彰显了共产党人无限忠诚的优秀品质。在革命战争年代，共产党人时刻经历着抛头颅、洒热血的生死考验，他们视死如归、坚贞不屈体现了对党、对国家、对事业的无限忠诚。1928 年 7 月，年仅 24 岁的共产党员邱金辉，在刑场上被敌人“点天灯”、开膛破肚之时，仍忍着剧痛高唱《国际歌》，视死如归。李克农是我党我军隐蔽战线的卓越领导者和组织者，在长期的革命生涯中，他以对党无限忠诚和高度负责的精神，在紧急关头保卫了党中央的安全。1929 年，李克农受党派遣与钱壮飞一起，打进国民党特务首脑机关，任特别党小组组长。1931 年 4 月，中央特科负责人顾顺章被捕叛变，敌人企图利用顾顺章将我党中央在上海的机关一网打尽。在这千钧一发的危急关头，李克农得到钱壮飞派人送来的情报，冒着暴露的危险，设法报告了党中央，为保卫党中央和地下党组织的安全做出了卓越贡献。他们时刻将党和人民的利益放在首位，忠诚于自己的信仰，为了崇高的革命目标随时准备牺牲自己的生命。

革命文化体现了共产党人勇于担当的鲜明品格。“三座大山”压迫下的旧中国，战乱频仍。中国共产党人发动工农运动，自觉地担起了民族解放的重任。毛泽东指出，这是中国共产党的责任，这是工人阶级先进分子的责任；愈是危急的时候，愈是危险的时候，愈是困难的时候，共产党员应当愈加表现他一个共产党员应有的坚定、勇敢、艰苦的工作精神。1935 年 4 月，在红军主力北上抗日的同时，为在苏区留下革命的种子，保存和积蓄革命力量，迎接新的革命高潮，党中央决定让陈毅留在苏区坚持斗争。谁都清楚，在当时严酷的斗争形势下，留下就意味着要与死神打交道，就意味着牺牲。然而，陈毅置生死于不顾、坚决服从党的安排，勇敢面对敌人的分割封锁和残酷的“清剿”，以“断头今日意如何，创业艰难百战多，此去泉台招旧部，旌旗十万斩阎罗”的气魄，展现了共产党人英勇无畏、勇于担当的高尚品格。

革命文化展现了共产党人不怕牺牲的非凡品质。中国共产党诞生在革命危难之时，成长于艰苦的斗争之中，一开始就面对着强大的敌人、恶劣的环境和异常艰苦的物质生活。在这种极端困难的条件下，没有英勇顽强、不怕牺牲的精神品质，不可能夺取革命的胜利。一部中国共产党领导人民军队推翻“三座大山”的历史，就是一部艰苦卓绝百折不挠的斗争史。在红军长征初期的湘江战役中，红 34 师师长陈树湘在完成阻击任务后陷入重围，负伤被俘。国民党军士兵用担架把他抬到长沙城示众，在崎岖的田埂上，抬担架的士兵突然踩到了什么，脚下一滑，原来陈师长将自己腹部的伤口撕开把肠子掏出来，用力绞断，壮烈牺牲，年仅29岁。在艰苦卓绝的革命战争年代，中国共产党领导下的人民军队涌现了许许多多像陈树湘、董存瑞、狼牙山五壮士、东北抗联女战士和刘老庄连82勇士一样充满正气的血性英雄。正是在一次次艰苦斗争和严峻考验中，中国共产党及其领导下的人民军队才磨砺出压不倒、拖不垮、打不烂的钢筋铁骨，锻造出越难越勇、愈挫愈强的独特品质。

革命文化培养了共产党人为人民服务的宗旨意识。中国共产党是马克思主义政党，是全心全意为人民服务的政党；共产党领导下的人民军队是人民的军队，全心全意为人民服务是人民军队的根本宗旨。中国共产党人时刻将人民的利益放在心头，一切为了群众，一切依靠群众。朱德回忆：在井冈山的时候，被敌人一直追了一二千里路，敌人一个也未消灭我们，反被我们消灭了许多，原因就是纪律好。过年时老百姓都跑了，部队几天没吃饭，吃了老百姓的东西，第二次回来，都算了账，还了钱。老百姓说这支队伍真了不得！红军的招牌一下就响了。毛泽东在1945年对我军宗旨作了明确而具体的表述：紧紧地和中国人民站在一起，全心全意地为中国人民服务，就是这支军队的唯一宗旨。解放战争期间，解放军进入上海后，为了不惊扰市民，官兵和衣睡在潮湿的马路边。许多官兵连续作战，口渴得嘴唇干裂，但谁也不进入民房取水。正是这种不拿群众一针一线、不扰群众一丝一毫的为民意识使我们党汇聚了无穷的力量。

（三）中国共产党始终是革命文化的积极引领者和践行者

革命文化是中国共产党人领导中国人民在伟大的革命斗争实践中形成的先进文化，是近代以来中国共产党人和中华民族的强大精神支柱，是中华民族新文化的光辉典范，深刻改变了中华传统文化的历史命运和发展方向，为发展中国特色社会主义文化提供了丰富的精神内涵。中国共产党的历史证明，没有革命的文化，就没有革命的行动，中国共产党始终是革命文化的传承者和践行者。

毛泽东作为一名思想文化大家，深刻洞悉文化对建军治军和赢得战争胜利的极端重要性，1942年5月，毛泽东在延安杨家岭与文艺工作者座谈时讲道，我们要战胜敌人，首先要依靠手中拿枪的军队，但是仅仅有这种军队是不够的，我们还需要有文化的军队。他风趣地说，我们这支军队不仅有一个

“朱司令”，还有一个“鲁总司令”，革命必须依靠“枪杆子”和“笔杆子”才能取得成功。他在缔造和领导人民军队实践中，始终注重用革命文化去教育官兵、武装部队。新中国成立后，毛泽东亲自领导开展“学雷锋”“学习好八连”等活动，使党和军队的优良传统和作风得到发扬光大。作为我国改革开放的总设计师，邓小平也十分重视革命文化的传承和发展问题。在《军队要整顿》的讲话中，邓小平开篇就指出，我们这个军队有好传统，从井冈山起，毛泽东同志就为我军建立了非常好的制度，树立了非常好的作风。依靠这些好制度、好作风，才使我军始终保持了无产阶级的性质，坚持了全心全意为人民服务的唯一宗旨，胜利地完成了党和人民赋予的各项历史使命。在今天，仍然要把这些优良传统传承下去。

习近平同志对传承革命文化历来格外重视，在浙江工作时就要求大力弘扬红船精神，就任总书记后走遍革命老区并要求把红色资源利用好、红色传统发扬好。他突出强调：“一寸山河一寸血，一抔热土一抔魂。……我们要沿着革命前辈的足迹继续前行，把红色江山世世代代传下去。革命传统教育要从娃娃抓起，既注重知识灌输，又加强情感培育，使红色基因渗进血液、浸入心扉。”① 在纪念长征胜利80周年大会上指出：“长征永远在路上。一个不记得来路的民族，是没有出路的民族。不论我们的事业发展到哪一步，不论我们取得了多大成就，我们都要大力弘扬长征精神，在新的长征路上继续奋勇前进。”② 2019年5月在江西考察时指出：“井冈山精神和苏区精神，承载着中国共产党人的初心和使命，铸就了中国共产党的伟大革命精神。这些伟大革命精神跨越时空、永不过时，是砥砺我们不忘初心、牢记使命的不竭精神动力。”③ 从这些意味深长的论述中，我们可以深刻感受到习近平总书记对我党我军光荣传统、革命文化的高度尊重、自觉传承。

① 习近平：《全面落实“十三五”规划纲要　加强改革创新开创发展新局面》，《人民日报》2016年4月28日，第1版。

② 习近平：《在纪念红军长征胜利80周年大会上的讲话》，《人民日报》2016年10月22日，第2版。

③ 习近平：《贯彻新发展理念推动高质量发展　奋力开创中部地区崛起新局面》，《人民日报》2019年5月23日，第1版。

二、继承革命文化是重大的时代课题

革命文化产生于历史，作用于当代。习近平总书记指出：“一切伟大的事业都需要在承前启后、继往开来中推进。我们要发扬光荣传统、传承红色基因，不忘初心、继续前进，努力在坚持和发展中国特色社会主义伟大进程中创造无愧于时代、无愧于人民、无愧于先辈的业绩。”① 新中国来之不易，中国特色社会主义来之不易。我们要讲好党的故事，讲好革命故事，把革命文化、红色基因传承好。

（一）确保信念更加坚定的应有之义

我们党是靠坚定的政治信仰发展壮大的，没有坚定的马克思主义信仰，就没有党。没有坚定的党的领导，就没有中国革命、建设和改革开放伟大事业的成功。邓小平指出：“过去我们党无论怎样弱小，无论遇到什么困难，一直有强大的战斗力，因为我们有马克思主义和共产主义的信念。有了共同的理想，也就有了铁的纪律。无论过去、现在和将来，这都是我们的真正优势。”② 习近平总书记指出：“当初，党的‘一大’会议在白色恐怖中召开，由上海转至嘉兴，在南湖红船上完成缔造中国共产党的使命，靠的是坚定的理想信念和百折不挠的革命精神。之后，我们党在长期艰苦卓绝的奋斗中，历经曲折而不畏艰险，屡受考验而不变初衷，由小到大，由弱变强，靠的还是坚定的理想信念和百折不挠的革命精神。”③ 中国共产党人不管风吹浪打，不怕急流险滩，始终坚定自己的理想和信念，以压倒一切敌人、战胜一切困难的大无畏英雄气概，矢志推动中国革命和建设事业的大船劈波斩浪、不断奋进。

对于我们党来说，优势在于拥有坚定的政治信仰，最大的危险在于丢失政治信仰。习近平总书记多次指出：“理想信念动摇是最危险的动摇，理想信念滑坡是最危险的滑坡。一个政党的衰落，往往从理想信念的丧失或缺失

---

① 习近平：《在纪念刘华清同志诞辰 100 周年座谈会上的讲话》，《人民日报》2016 年 9 月 29 日，第 2 版。

② 《邓小平文选》第三卷，人民出版社 1993 年版，第 144 页。

③ 习近平：《弘扬“红船精神”走在时代前列》，《人民日报》2017 年 12 月 1 日，第 2 版。

开始。”① 信仰信念瓦解，比战争失败还危险。一次战争的失败，还可以挽回，而信仰信念的瓦解，则会将一个政党直接抛进“历史的垃圾堆”。苏联共产党在只有20万名党员时打败了资产阶级临时政府，建立了政权；在拥有200万名党员时，打败了德国法西斯，保卫了政权；在拥有2000万名党员时却打败了自己，丧失了政权。苏联解体后，时任美国中央情报局局长罗伯特·盖茨飞到莫斯科，他以胜利者的姿态在红场宣称：“我们知道，无论施加经济压力还是进行军备竞赛，甚至用武力也拿不下来。只能通过内部爆炸来毁灭它。”“内部爆炸”是一个形象但也极恐怖的说法。当一个党对信仰发生动摇的时候，一枚枚无形的炸弹就会被不设防地放在堡垒中那些腐朽脆弱的地方，覆亡解体的悲剧就难以避免了。

在改革开放、社会转型的大背景下，信仰信念问题成为各种风险挑战的聚焦点。就外来的风险挑战而言，无论是“颜色革命”、网上“文化冷战”，还是“政治转基因”工程，其核心目标都是动摇党员、干部的信仰信念。习近平总书记指出：“国内外各种敌对势力，总是企图让我们党改旗易帜、改名换姓，其要害就是企图让我们丢掉对马克思主义的信仰，丢掉对社会主义、共产主义的信念。而我们有些人甚至党内有的同志却没有看清这里面暗藏的玄机，认为西方‘普世价值’为什么不能认同？西方一些政治话语为什么不能借用？接受了我们也不会有什么大的损失，为什么非要拧着来？有的人奉西方理论、西方话语为金科玉律，不知不觉成了西方资本主义意识形态的吹鼓手。”② 就内部的风险挑战而言，主要包括：市场经济的挑战、价值观念多元化的挑战、各种消极腐败的挑战。这些方面的风险挑战叠加出现，不仅影响和冲击广大普通党员的信仰信念，也会冲击党员领导干部的信仰信念。如果说理想信念的缺失，对基层党员干部的影响具有根本性，而对高级干部的影响则更具有破坏性。对周永康、郭伯雄、徐才厚、令计划等贪腐问题的查处，一方面彰显了我们党反腐的坚定决心和意志，另一方面也彰显了加强高级干部信仰信念建设的必要性和紧迫性。这也是习近平总书记强调要建设“铁一般信仰、铁一般信念、铁一般纪律、铁一般担当”干部，并将

---

① 习近平：《在庆祝中国共产党成立95周年大会上的讲话》，《人民日报》2016年7月2日，第2版。

② 习近平：《在全国党校工作会议上的讲话》，《求是》2016年第9期。

“讲政治”作为对领导干部首要要求的深层考量。

（二）增强斗争精神的重要举措

当前，国际形势复杂多变，改革发展稳定、内政外交国防、治党治国治军各方面任务之繁重前所未有，我们面临的风险挑战之严峻前所未有。在国际上，世界正经历百年未有之大变局：第一，国际力量对比趋于平衡；第二，全球治理体系结构发生深刻变动；第三，亚太地缘战略格局复杂重组；第四，国际经济、科技、军事竞争格局深刻演变。在这个大变局中，中国始终是主要的推动力量。特别是同历史上崛起的所有大国都不同，中国的崛起不仅意味着一个文明古国的崛起，更意味着一个社会主义国家、一种社会制度的崛起。这就使得中国必然处于国际斗争的焦点、矛盾的焦点。面对中国的崛起，以美国为首的西方国家的焦虑感明显增强。2017 年 12 月版《美国国家安全战略》报告明确提出，中国已经取代俄罗斯成为美国首要战略对手。在国内，党面临的执政考验、改革开放考验、市场经济考验、外部环境考验，以及精神懈怠危险、能力不足危险、脱离群众危险、消极腐败危险依然存在，形式主义、官僚主义、享乐主义和奢靡之风等问题仍然突出，一些领域消极腐败现象易发多发，反腐败斗争形势依然严峻复杂，等等。

面对复杂多变的国际国内环境，我们既要始终不渝地坚持以经济建设为中心、全面深化改革开放，但同时也必须时刻进行具有许多新的历史特点的伟大斗争。习近平总书记指出：“凡是危害中国共产党领导和我国社会主义制度的各种风险挑战，凡是危害我国主权、安全、发展利益的各种风险挑战，凡是危害我国核心利益和重大原则的各种风险挑战，凡是危害我国人民根本利益的各种风险挑战，凡是危害我国实现‘两个一百年’奋斗目标、实现中华民族伟大复兴的各种风险挑战，只要来了，我们就必须进行坚决斗争，而且必须取得斗争胜利。”① 进行伟大斗争，取得伟大胜利，需要不断增强斗争本领，也需要不断增强斗争精神。还要看到，斗争精神、斗争本领，不是与生俱来的。当年抗美援朝，毛泽东用诗意的语言总结胜利之道：敌人是钢多气少，我们是钢少气多。邓小平也说：“革命精神是非常宝贵的，没

① 习近平：《发扬斗争精神　增强斗争本领　为实现“两个一百年”奋斗目标而顽强奋斗》，《人民日报》2019 年 9 月 4 日，第 1 版。

有革命精神就没有革命行动。”① 我们党诞生于国家内忧外患、民族危难之时，一出生就铭刻着斗争的烙印，一路走来就是在斗争中求得生存、获得发展、赢得胜利。也正是在这个历史进程中，我们党不仅培育了敢于斗争、敢于胜利的革命精神，也创造了激昂向上、不畏困难的革命文化。增强斗争精神，需要我们以历史的眼光从革命文化中汲取精神基因和精神力量。

（三）全面加强作风建设的必然要求

所谓作风，是一个组织及其成员在思想、工作、学习、生活等方面表现出来的一贯态度和行为，是该组织性质宗旨的外在表现。作风就是形象，作风就是战斗力。对于我们党来说，在长期的革命、建设和改革历史进程中，之所以能够出色地完成领导人民进行革命、建设、改革开放的历史使命，拥有良好的作风是重要因素。1936 年，美国记者埃德加·斯诺到解放区采访，看到毛泽东穿打补丁的衣服，周恩来睡土炕，林伯渠耳朵上用绳子系着断了腿的眼镜，从中感受到中国共产党及其领导的人民军队有一种独特的力量，他把这种力量称作“东方魔力”，断定这是古老中国的“兴国之光”。斯诺所称的“东方魔力”“兴国之光”，就是我们党艰苦朴素的生活作风。1940 年 3 月 26 日，南洋华侨陈嘉庚携印尼侨领庄西言、南侨总会秘书李铁民等一行 15 人飞抵重庆，国民党对南侨慰问团的接待工作异常重视，由外交部、财政部、教育部、政治部、宣传部、海外部、侨委会等近 30 个党政部门，组成了一个庞大的欢迎南洋侨胞回国慰劳团委员会，并拨出 8 万元专款以供接待之用。后来，陈嘉庚又到了延安，毛泽东宴请陈嘉庚，他用自己种的豆角、西红柿招待陈嘉庚，只是特意上了一味鸡汤，整顿饭算下来也就 1.5 元。毛泽东说，我没有钱买鸡，这只鸡是邻居老大娘知道我有远客，送给我的。陈嘉庚看了看菜，想起在重庆蒋介石花 800 银元宴请他，意味深长地对毛泽东说，得天下者，共产党也！可以说，正是点滴之间的艰苦朴素生活作风，最终奠定了中国共产党的不朽伟业。

习近平总书记指出：“党的作风就是党的形象，关系人心向背，关系党的生死存亡。我们党作为一个在中国长期执政的马克思主义政党，对作风问题任何时候都不能掉以轻心。作风问题抓和不抓大不一样，小抓大抓也大不

① 《邓小平文选》第二卷，人民出版社 1994 年版，第 146 页。

一样，只有动真格打硬仗，才能扫除顽瘴痼疾，取得人民满意的实效。”① 党的十八大以来，以习近平同志为核心的党中央以作风建设为突破口，带来了全党和整个社会的风清气正，有力地提升了党在人民群众中的形象。但我们也要看到，受多种因素的影响，我们党的作风始终面临着复杂严峻的考验。周永康、郭伯雄、徐才厚、令计划等贪腐案件的出现，就是例证。这些腐败案件，既严重破坏了党的优良作风，也严重伤害了党的威信。对于我们党来说，加强作风建设，构建风清气正的政治生态始终是一项十分紧迫的任务。

在新的时代条件下加强作风建设，必须继承革命文化，传承优良传统。在一个民族的发展进程中，传统犹如一条奔流不息的长河，连接着过去，滋润着现在，也影响着未来。对于一个政党来说，传统塑造了价值追求，塑造了道德境界，也塑造了发展格局。所以，我们党无论是在治国还是在治军过程中，都高度重视传统的作用。习近平总书记指出：“我们要坚持严字当头，持之以恒加强作风建设，坚持和发扬党的光荣传统和优良作风，永葆共产党人拒腐蚀、永不沾的政治本色，凝聚起推动党和人民事业不断从胜利走向胜利的强大力量。”② 经过百年发展，我们党形成了包括实事求是、理论联系实际、密切联系群众、开展批评和自我批评、坚持民主集中制等在内的一系列优良传统。这些优良传统，既涉及信仰信念层面的因素，也涉及作风养成层面的因素；既涉及纪律操守方面的因素，也涉及责任担当方面的因素，全方位展示了我们党带领人民所创造的革命文化的精髓。对于我们党来说，革命文化具有穿越时空界限的永恒价值；弘扬优良传统和作风，是永恒的主题。继承革命文化，弘扬优良传统，对于党员干部来说有多重要求：既要做革命文化和优良传统的传承者，也要做革命文化和优良传统的践行者，还要做革命文化和优良传统的示范者。党的传统永远不能丢，艰苦奋斗的政治本色永远不能改，丢掉了好传统作风，就是自毁长城。

三、在“心”与“行”结合中继承革命文化

继承革命文化是“内化于心”和“外化于行”相统一的过程，既要使党

---

① 习近平：《坚持从严治党落实管党治党责任　把作风建设要求融入党的制度建设》，《人民日报》2014 年 7 月 1 日，第 1 版。

② 习近平：《在纪念万里同志诞辰 100 周年座谈会上的讲话》，《人民日报》2016 年 12 月 6 日，第 2 版。

员干部牢固树立坚定理想信念，又要端正党员干部的价值追求，还要强化党员干部个人品格的养成，培养新时代中国共产党人的“精气神”。

（一）牢固树立坚定的理想信念

理想信念是共产党人安身立命的根本，是共产党人的政治灵魂，也是革命文化的精髓所在。我们党从创立之初只有50多名党员，发展到今天拥有9000多万名党员的执政党，不断从胜利走向胜利，就是靠革命文化蕴含的坚定的理想信念作支撑，就是靠具有坚定理想信念的共产党人英勇奋斗。对党员干部来说，继承革命文化，首先必须保持理想信念上的坚定性。

在20世纪中国苦难而辉煌的历史进程中，涌现出一大批用特殊材料制成的优秀共产党人。朱德在我党我军地位崇高，一个重要原因，就在于他坚如磐石的政治信仰和信念，无论面对什么艰难险阻和挫折，他始终没有动摇过，越是危难关头，越是坚定。当年，南昌起义部队南下潮汕失败，朱德所在部陷入孤立无援境地，人员从2000多锐减到800人，团级军事干部只剩王尔琢，政工干部只剩陈毅。那一刻，几乎没有什么人相信革命还能成功，队伍成了失魂落魄的一群人。在这危急关头，朱德挺身而出，斩钉截铁地说，黑暗是暂时的，要革命的跟我走，最后胜利一定属于我们。他的激情与信心，使人们感受到火一般信仰的力量，由此稳住了军心，使这支丢了魂的队伍找回了灵魂，跟着朱德上井冈山，与毛主席领导的秋收起义部队会合，成为我军革命战争烽火燎原的火种。陈毅后来回忆说：在这最黑暗的时刻，在群众情绪降到零度灰心丧气的时刻，指出光明前途，这是总司令伟大的地方。

历史表明，信仰在革命战争时期是疾风知劲草，而在承平时期，却最容易被“温水煮青蛙”，在不知不觉中被销蚀掉。当前，我们大多数干部信仰信念是坚定的，政治上是可靠的。同时也要看到，在我们的队伍中，信仰缺失仍然是一个必须引起高度重视的问题。有的对共产主义远大理想心存怀疑，认为那是虚无缥缈、难以企及的幻想；有的不信马列信鬼神，从封建迷信中寻找精神寄托，热衷于算命看相、烧香拜佛；等等。习近平总书记指出：“对马克思主义、共产主义的信仰，对社会主义的信念，是共产党人精神上的‘钙’。没有理想信念，理想信念不坚定，精神上就会得‘软骨病’，就会在风雨面前东摇西摆。全党同志一定要坚守共产党人精神家园，把改造客观世界和改造主观世界结合起来，切实解决好世界观、人生观、价值观问题，练就共产党人的钢筋铁骨，铸牢坚守信仰的铜墙铁壁，矢志不渝为中国特色社会主义共同理想而奋斗。”① 在新的时代条件下，对于广大党员、干部来说，坚定理想信念，最根本的就是要始终高举中国特色社会主义伟大旗帜，坚定“四个自信”，增强“四个意识”，做到“四个维护”，自觉把个人理想融入中国特色社会主义共同理想之中，在重大思想理论问题上，重大是非问题上，始终保持清醒头脑，坚守正确立场，自觉抵制各种错误和腐朽思想的影响。

（二）提升道德情操

国无德不兴，人无德不立。党的十八大以来，习近平总书记多次强调广大党员干部要提升道德情操、树立良好风尚、增强文化自信。“要充分挖掘和利用丰富多彩的历史文化、红色文化资源加强文化建设，坚持不懈开展社会主义核心价值观宣传教育，深入挖掘优秀传统文化，引导广大干部群众提升道德情操、树立良好风尚、增强文化自信。”② 高尚道德情操的形成不是与生俱来的，而是通过后天的努力锻炼和反思领悟获得的，是一个点滴积累、由量变到质变的过程。只有充分发挥自己的主观能动性，才能逐步养成好习惯，形成良好的道德情操。

一是要以学立德。读书使人明志，读书使人明心，读书使人贤达。只有不懈读书，才能志存高远、情趣健康，才能杜绝不学无术、无理取闹，做到求真求理、心中有数。要结合工作和思想实际自觉主动学，认真踏实学，带着问题学，持之以恒学。当年，在紧张艰苦残酷的战争环境条件下，毛泽东多次讲到“真学”。1939 年 5 月，毛泽东在延安在职干部教育动员大会上说：在中国，本来读书就叫攻书，读马克思主义就是攻马克思的道理，你要读懂马克思的道理，就非攻不可，读不懂的东西要当仇人一样攻它。在这方面，刘伯承就是典范。1945 年 10 月，从解放襄樊到上党战役结束前，战事紧张繁忙，但刘伯承仍然挤出时间孜孜不倦读《政治经济学》。有人问：现在打

---

① 习近平：《在纪念陈云同志诞辰 110 周年座谈会上的讲话》，《人民日报》2015 年 6 月 13 日，第 2 版。

② 习近平：《全面建成小康社会　乘势而上书写新时代中国特色社会主义新篇章》，《人民日报》2020 年 5 月 13 日，第 1 版。

仗这么忙，你还有心学政治经济学？刘伯承答：工作越忙越得学，时间越紧越得挤。这种“攻城拔寨”的真学精神，今天仍然值得我们学习。要让学习成为一种习惯，通过学习，准确把握党的创新理论的科学内涵和精神实质，进一步坚定理想信念，在工作岗位上实现自己的人生追求。读书，既要博览群书，也要有所选择。对于广大党员干部来说，要多读马克思主义的书，多读党史、新中国史、改革开放史方面的书，充分汲取其中的精神营养，使信仰更坚定、心灵更高尚、心态更平和、心胸更宽广。

二是要以俭养德。节俭，是中华民族的传统美德，也是我党的优良作风。1958 年 1 月，周恩来到杭州视察，随身带着自己的枕巾、棉褥子、床单、被子。被子是解放战争时期在梅园新村用的那一床，洗得已经泛白。枕巾用了又用，中间已经破损，周恩来就把破了的地方剪掉、两端重新缝上继续用。浙江省警卫处的同志实在看不下去，就趁他去开会的机会从后勤部门领了一条新枕巾给换上了。周恩来开会回来后发现换了新枕巾，就对浙江省警卫处的同志语重心长地说，我们的国家还不富裕，要保持艰苦奋斗的传统，即使以后富裕了，也不能丢了这个光荣传统。周恩来坦率地说，六七亿人口的中国就一个总理，再穷也不缺那几身新衣服，但问题不是缺不缺衣服，我这样做不光是一个人的事，而且是提倡节俭、不要追求享受，提倡大家保持艰苦奋斗的共产党人本色。习近平总书记多次强调：“我们抓住重要节点，紧盯享乐主义和奢靡之风，加强日常监督检查，严肃查处违规违纪问题，坚决防止反弹，推动党的作风持续向好。”① 党员干部应克勤克俭、俭以养德，为凝聚、弘扬以俭养德的良好社会风尚贡献力量。

三是要以律守德。孔子在《礼记·中庸》里说：“君子戒慎乎其所不睹，恐惧乎其所不闻。莫见乎隐，莫显乎微。故君子慎其独也。”意思是说，一个有品德的人，要做到在别人看不到的时候，能十分谨慎，在别人不能听到的时候，能十分警惕，不要以为隐蔽的和微小的过失，就可以去做。周恩来身居高位，但从不搞特殊化，凡要求党员和群众做到的他自己首先做到。1935 年 6 月底，红军到达两河口地区，党组织进行改选，警卫员魏国禄当选周恩来所在党小组的组长。有一次，周恩来问魏国禄为什么很长时间不开党

① 习近平：《在第十八届中央纪律检查委员会第六次全体会议上的讲话》，人民出版社 2016 年版，第 3—4 页。

小组会议，魏国禄回答说，党小组会议开过了，看到首长忙，就没有通知。周恩来用平常少见的严肃态度批评说，那怎么能行？我是党员，应当过组织生活。习近平总书记指出："无数案例证明，党员'破法'，无不始于'破纪'。只有把纪律挺在前面，坚持纪严于法、纪在法前，才能克服'违纪只是小节、违法才去处理'的不正常状况，用纪律管住全体党员。"① 领导干部处在社会之中，除了一部分紧张严肃的集体生活之外，还有许多个人的社交活动。因此，要自重、自省、自警，加强自我管束，增强纪律的刚性约束力。在加强品德修养的过程中，应该以持之以恒的精神，从日常生活的"小事"做起，从一点一滴开始，从一言一行上严格管束自己，毫不原谅自己的"小毛病"，努力做到8小时内和8小时外一个样，有人监督与无人监督一个样，保证在任何情况下都能做到坚持自己的道德信念，自觉地按道德准则行事。

（三）端正价值追求

随着改革开放的深入推进和社会主义市场经济的不断发展，人们的价值观念也呈现多样化趋势。面对众多选择和诱惑，继承革命文化，确立行为选择的根本导向和依据，对于人的健康成长具有重要作用。

美妙的音符只有统一于共同的主旋律，才能奏出和谐的乐章；缤纷的色彩只有统一于特定的主题，才能绘出壮丽画卷。革命文化集中反映了我们党的价值追求，决定社会主义意识形态的性质，能够将分散的个体意识和实践集中到整体性、根本性和长远性的发展趋势上来，是引领社会前进的精神旗帜。当然，一个音符无法表达出优美的旋律，一种颜色难以描绘出多彩的画卷。继承革命文化，不是要消灭丰富多彩的多元文化，更不是要消灭每个个体价值观的差异性和价值追求的多样性，而是在多元中立主导，在多样中谋共识，以主流的价值取向引导多样化价值追求，努力造就一种富有时代特征的文化和价值认同感。在社会主义市场经济条件下，多种社会利益关系，不同的社会存在，造成了现实社会中价值主体的多元。价值追求越是多样化，越要强调主流价值；越是强调主流价值，越要包容多样化价值追求，坚持总体价值与个体价值的统一。革命文化，无论是其倡导的价值观，还是其表现

---

① 习近平：《在第十八届中央纪律检查委员会第六次全体会议上的讲话》，人民出版社2016年版，第17—18页。

出的行为方式，都具有鲜明的社会性和利他性。比如，焦裕禄精神所蕴含的“心中装着全体人民、唯独没有他自己”的公仆情怀，凡事探求就里、“吃别人嚼过的馍没味道”的求实作风，“敢教日月换新天”“革命者要在困难面前逞英雄”的奋斗精神，艰苦朴素、廉洁奉公、“任何时候都不搞特殊化”的道德情操，无论是在过去、现在，还是在将来，都具有穿越时空界限的精神价值。

四、把继承革命文化融入文化建设各领域

继承革命文化，是一项长期工程、系统工程。要继续强化教育引导，创新方式方法，健全制度保障，进一步把革命文化融入文化建设各领域，切实把革命文化的价值追求转化为广大党员、干部和群众的自觉行动。

（一）贯彻到哲学社会科学研究中

习近平总书记在哲学社会科学工作座谈会上指出：“新形势下，我国哲学社会科学地位更加重要、任务更加繁重。面对社会思想观念和价值取向日趋活跃、主流和非主流同时并存、社会思潮纷纭激荡的新形势，如何巩固马克思主义在意识形态领域的指导地位，培育和践行社会主义核心价值观，巩固全党全国各族人民团结奋斗的共同思想基础，迫切需要哲学社会科学更好发挥作用。”① 在传承革命文化的过程中，哲学社会科学工作者要承担起理论研究的任务。革命文化的理论研究，是根据弘扬革命文化的实践进程，探索革命文化的内涵特征、精神要义、实践要求等，为有效开展弘扬和继承工作提供理论指导和实践依据的一种科研活动。习近平总书记在纪念建党 95 周年的大会上曾深刻指出：“理论上清醒，政治上才能坚定。”② 理论上清醒了，不管情况怎么复杂、形势如何变化，都会始终保持坚定正确的政治立场和政治方向，相反，就会在错综复杂的形势中迷失方向，失去判断是非的能力。实践证明，只有加强革命文化的理论研究，才能探索出工作的新理论、新方法和新路子，增强工作的理论性、思想性、针对性和有效性。

哲学社会科学研究工作应承担起革命文化的理论研究工作。当前，哲学

---

① 习近平：《在哲学社会科学工作座谈会上的讲话》，人民出版社 2016 年版，第 6 页。

② 习近平：《在庆祝中国共产党成立 95 周年大会上的讲话》，《人民日报》2016 年 7 月 2 日，第 2 版。

社会科学研究工作应在着重阐释革命文化的价值作用、科学内涵、结构体系、特征特点、方法途径的基础上，着力做好党的优良传统挖掘工作。党的优良传统是我们党在百年发展历史进程中发展和积累起来的宝贵精神财富，也是革命文化的重要组成部分和集中体现。无论时代如何发展，社会环境如何变化，党的优良传统永远不能丢。继承革命文化必须重视对我们优良传统的发掘。

一是要规范我们党优良传统的主要内容。规范我们党优良传统的基本内容，意义十分深远，可以使我们党继承发扬优良传统有一个基本的准则，对广大党员干部进行优良传统教育也有一个基本的教材。党的优良传统的内容十分丰富，但作为历史的产物，优良传统有它固有的规定性，而不能作随意的解释和理解。在过去较长的一个时期，对我们党优良传统的概括存在着不太系统、不太规范的现象。有的以我们党历史上涌现的英模人物或先进集体为代表，归纳为张思德、董存瑞、雷锋等一个个栩栩如生的个体或群体形象；有的以我们党历史上发生的有重大影响的事件或地名为代表，归纳为井冈山、延安、长征等永垂史册的不朽精神；有的把优良传统以具体的物件体现出来，如两把菜刀、一根扁担、针线包等；有的又把优良传统归纳为一些概念或原则，如全心全意为人民服务、艰苦朴素、三大纪律八项注意等。在规范我们党优良传统基本内容的时候，我们需要重视优良传统内容的层次性，有的传统是带有根本性的，如理论联系实际、密切联系群众、批评与自我批评优良传统作风，适合在全党范围内适用，要普遍宣传推广；有的传统可能仅仅在本组织、本地区、本单位适用，如有些地方史、军史等，可以在一定范围内学习借鉴。

二是要挖掘优良传统新的内涵、创造新的实践形式。当前，一些单位优良传统教育依旧老调、老声，从根本上影响着教育的深入。在教育中说过时的话，讲过时的事，张口战争年代如何，闭口过去怎么样，使教育对象认为优良传统是过去的事情，从而产生与己无关的错觉，同时产生厌烦情绪。存在这些问题的原因是多方面的，但最主要的是缺少对我们党优良传统的改革创新。新时代是改革的时代，是创新的时代，我们党的优良传统也同样需要改革创新。要挖掘优良传统的新内涵使之具有时代气息，与时代同步，就是要创造优良传统新的实践形式使之贴近实际，走进生活。

三是要加强对优良传统载体的建设。应广泛收集整理我们党各个时期的珍贵史料。重视挖掘我党我军历史资源，整理选编我军重大经典战例，做好我军在战争年代工作遗址的勘定、修缮和保护工作。进一步做好党和军队的历史文物征集工作，对有重要历史意义的文物进行收藏布展。注重发挥离退休老同志的积极性和特殊作用，采取宣讲传统、口述历史、写回忆录等方式传播弘扬革命文化。

（二）贯穿到文艺创作中

文艺是传承革命文化的重要载体，在引领发展、推动践行方面具有不可替代的重要作用。习近平总书记指出："文艺是时代前进的号角，最能代表一个时代的风貌，最能引领一个时代的风气。"① 文艺作品在传承革命文化方面的作用，不同于政治教育课，它以艺术的形式，把深邃的思想和昂扬的精神融汇于作品所展示的艺术形象中，通过审美鉴赏的过程使人受到教育。在某种程度上，它比一些直接的政治理论教育课更能感染人、教育人、鼓舞人，更能收到打动人心的效果。解放战争时期，解放区和我军的大量文艺工作者认真贯彻毛泽东《在延安文艺座谈会上的讲话》精神，深入生活，向人民学习，向社会学习，努力创作出大量具有时代特征，具有民族化和大众化的精神食粮，满足广大官兵和人民阶级情感需要。像丁玲的《太阳照在桑干河上》、周立波的《暴风骤雨》，这两部长篇巨著反映了中国农村的巨大变革，反映了人民群众为争取政治地位的斗争。赵树理作为具有大众风格的人民艺术家，创作了著名的《小二黑结婚》《李有才板话》等，尤其是新型歌剧《白毛女》《血泪仇》《刘胡兰》《东北人民大翻身》《合流》等，舞剧《大刀进行曲》、话剧《狼牙山五壮士》、秧歌剧《兄妹开荒》《夫妻识字》，宣传党的主张，揭露国民党反动派发动反人民内战的本质。这些艺术作品能够宣传群众、教育群众、感染群众，大大激发了群众和战士的阶级斗争豪情，强化了战士为劳苦大众和自己的完全解放而努力战斗的决心。

文艺作品形态样式多种多样、丰富多彩，但高品质的精神文化产品无不承载着正确的思想观念、科学的价值判断和高尚的道德情操。广大文艺工作者应当从兴国之魂的高度，切实把革命文化贯穿到文艺创作生产的全过程，体现到深入生活、展示成果、理论研究、学术探讨、对外交流等各个方面，

---

① 习近平：《在文艺工作座谈会上的讲话》，《人民日报》2015年10月15日，第2版。

融入文艺评价、调查研究、人才培养、新闻宣传等各个环节，培养高度的文化自觉和文化自信，高扬正确的文化理想和科学的文化旗帜，履行神圣的文化使命和庄严的文化责任，为人民放歌、为人民抒情，创作生产更多无愧于历史、无愧于时代的优秀作品，鼓舞和激励广大官兵共同拼搏奋斗，努力塑造我们党立党为公、执政为民的良好形象。

一是创作更多弘扬革命精神的文艺作品。革命精神是革命文化的精髓和集中体现。我们党在长期的历史发展过程中，形成了内涵丰富的革命精神，如“胸怀理想、坚定信念、实事求是、勇闯新路、艰苦奋斗、敢于胜利、依靠群众、无私奉献”的井冈山精神，“听党指挥、英勇顽强、艰苦奋斗、团结友爱、严守纪律”的上甘岭精神，“万众一心、众志成城、不怕困难、顽强拼搏、坚韧不拔、敢于胜利”的抗洪精神，“热爱祖国、无私奉献、自力更生、艰苦奋斗、大力协同、勇于登攀”的“两弹一星”精神等。这些我们党所特有的革命精神，不仅是激励广大党员干部开拓进取的宝贵精神财富，也是进行文艺创作的重要源泉。

二是创作更多反映我们党英雄模范典型的文艺作品。在我们党各个历史时期涌现的英模典型，既是革命文化的模范践行者，也是革命文化的集中体现者。在我们党百年的伟大历程中涌现出了成千上万英雄模范人物，如为人民利益工作完全不计个人得失的共产主义战士张思德，为“抗美援朝、保家卫国”神圣使命而捐躯的邱少云，全心全意为人民服务的焦裕禄、杨善洲、谷文昌，等等。习近平总书记曾指出：“爱国主义是常写常新的主题。拥有家国情怀的作品，最能感召中华儿女团结奋斗。”① 这些英模典型身上的故事和反映的家国情怀，为文艺创作提供了极为肥沃的土壤，值得写的东西太多了。应有计划地拍摄一些反映英模工作生活的影视作品，进一步提升我们党在人民群众中形象。

五、坚决反对历史虚无主义

革命文化诞生于烽火连天的战争时代，经过百年发展，已经同我们党的历史、新中国的历史、改革开放的历史血脉相连。在百年发展历史进程中，中国共产党始终秉持正确历史观，对历史心怀敬畏之心，既善于从历史中吸

---

① 习近平：《在文艺工作座谈会上的讲话》，《人民日报》2015 年 10 月 15 日，第 2 版。

取经验教训，也善于从历史中汲取精神营养。习近平总书记指出：“我们不是历史虚无主义者，也不是文化虚无主义者，不能数典忘祖、妄自菲薄。”①“重视历史、研究历史、借鉴历史，可以给人类带来很多了解昨天、把握今天、开创明天的智慧。”② 传承革命文化，就必须在深入学习党史、军史的基础上，旗帜鲜明地反对各种历史虚无主义。

（一）认清历史虚无主义的虚假面目

历史是一面镜子，鉴古知今，学史明智。对于我们党来说，革命历史是弥足珍贵的精神财富，也是推动我们党继续前行的智慧宝库。但近年来时隐时现的历史虚无主义思潮，却常常以“学术研究”之名，打着“还原历史真相”的幌子，借机否定党史国史，不仅干扰了社会主义意识形态建设，也影响了全国人民团结奋进的思想基础。

历史虚无主义宣扬错误思想观念的手段有很多，但是“扬”“贬”“黑”是最常用的手段。“扬”的是被我们党所否定的东西，如最近网上有人为张灵甫叫屈，宣扬张灵甫是“抗日十大名将”之一，说什么“他参加了抗日战争几乎所有重大战役，经历硬仗、恶仗无数”，甚至有大学组织学生前去给他扫墓以传承“革命先烈遗志”。所谓“贬”就是贬低我们党的历史，贬低我们党的领袖。如一些人宣称，国民党军队在抗日战争中牺牲了200多名将军，而共产党方面只牺牲了左权和彭雪枫两位将领，由此断定国民党军所做的贡献要远远大于共产党领导的人民军队。所谓“黑”，就是枉顾历史事实，采用黑白颠倒的手段歪曲历史、否定历史。比如，有的枉顾改革开放以来我国所取得的伟大成就，仍然抛出中国“改革开放失败论”“中国发展糟得很”等惊人言论，否定改革开放的伟大历史。

同其他反主流社会思潮相比，历史虚无主义具有四个突出特征：一是虚假性。“虚假”是历史虚无主义最突出的特征。历史虚无主义通常打着所谓“反思历史”“还原历史”“重审历史”等旗号渲染历史，甚至忽视历史的内在逻辑，对历史进行随意假设或编造，妄图为历史翻案。二是片面性。全面

---

① 习近平：《牢记历史经验历史教训历史警示　为国家治理能力现代化提供有益借鉴》，《人民日报》2014年10月14日，第1版。

② 习近平：《致第二十二届国际历史科学大会的贺信》，《人民日报》2015年8月24日，第1版。

性、客观性是进行历史研究的基本要求，但历史虚无主义通常以偏概全，片面肢解历史本来面目，有的混淆主流和支流，任意夸大历史细节，夸大偶然事件的历史作用；有的否认历史的连续性和继承性，孤立地、静止地看待历史问题，或是用过去否定现在，或是以现在否定过去；有的用主观代替客观，不对历史事实和历史资料进行深入研究，仅凭借主观经验甚至个人主观臆断对严肃历史问题作出简单甚至不负责任的结论。三是欺骗性。由于历史虚无主义在一些问题上特别是党的历史问题上的虚假性、片面性，加上不择手段地伪装，其言论和观点必然带有欺骗性，使不少对历史了解不多的人受蒙骗。四是政治性。不同于没有明确政治诉求的一般文化思潮和学术思潮，历史虚无主义大都有明确的政治目标，就是在思想上反对马克思主义指导地位，在政治上反对共产党的领导和社会主义制度。历史虚无主义通常通过否定党史，歪曲新中国史，来消解人民群众对党、对人民军队、对社会主义的真挚感情，对历史过往的评判，对党和国家领袖的评价，对英雄模范人物的评价，进而改变人民群众的政治立场，动摇党的执政根基，最终达到破坏中国特色社会主义事业的政治目的。

（二）认清历史虚无主义的政治危害

古往今来，一切民族和国家都重视自己的历史，善待自己的历史遗产。以史为鉴，可以让人察往知来，创造更加美好的明天。我们必须看到，历史虚无主义的错误思潮消解主流意识形态，搞乱人们思想，是想从根本上动摇社会主义中国的立国之本和强国之路。如果任其发展，对我们整个国家和民族带来的影响和破坏是不可估量的。2013 年 6 月 25 日，习近平总书记在主持十八届中共中央政治局第七次集体学习时指出："历史虚无主义的要害，是从根本上否定马克思主义指导地位和中国走向社会主义的历史必然性，否定中国共产党的领导。"①

一是严重影响人民群众对革命历史的正确认知。习近平总书记指出："国内外敌对势力往往就是拿中国革命史、新中国历史来做文章，竭尽攻击、丑化、污蔑之能事，根本目的就是要搞乱人心。"② 当前在微博论坛上、在社

① 习近平：《在对历史的深入思考中更好走向未来　交出发展中国特色社会主义合格答卷》，《人民日报》2013 年 6 月 27 日，第 1 版。

② 习近平：《关于坚持和发展中国特色社会主义的几个问题》，《求是》2019 年第7 期。

交媒体的朋友圈中，围绕党史军史所谓“解密”“起底”的谣言波涛汹涌，一些早有定论的历史人物、历史事件一夜之间变成了热点话题。诸如“邱少云的事迹违背生理学常识，根本不存在，是杜撰出来的英雄”“雷锋是人为制造出来的政治偶像，照片都是摆拍的，他没有那么多时间做好事”“左权不是抗日死的，是死于抢地盘”之类的奇谈怪论层出不穷。这些东西一开始我们或许是将信将疑，但如果时间长了，看得多了，假的也就变成了真的，就会出现革命历史知识贫乏的现象，导致人民群众对历史的认知产生偏差，并由此影响政治立场和价值取向。

二是不断侵蚀我们党的执政基础。“欲知大道，必先知史。”只有知道了从哪里来，才能更清楚地明白要到哪里去。清代思想家龚自珍讲：“灭人之国，必先去其史；隳人之枋，败人之纲纪，必先去其史；绝人之才，湮塞人之教，必先去其史；夷人之祖宗，必先去其史。”回顾苏联解体、苏共垮台的过程，原因有很多，但历史虚无主义泛滥以及由此引发的思想混乱无疑是一个重要原因。对此，习近平总书记深刻指出：“苏联为什么解体，苏共为什么垮台，一个重要原因就是意识形态领域的斗争十分激烈，全面否定苏联历史，苏共历史，否定列宁，否定斯大林，搞历史虚无主义，思想搞乱了，各级党组织几乎没有任何作用了，军队都不在党的领导之下了，最后，苏联偌大一个党就作鸟兽散了，偌大一个社会主义国家就分崩离析了，这是前车之鉴啊。”① 现在社会上之所以出现文化认同危机、信仰认同危机，同历史虚无主义的泛滥有着密切的关系。如果人民群众天天接触的都是有着特定目的、经过策划包装的错误历史观点，就难以形成对中国共产党的高度认同。拿我们党史国史军史做文章的，都有着明确的政治诉求和现实指向，一个个戏说、一个个解构、一个个颠覆，其根本目的就是要把思想搞乱、人心搞散、制度搞垮。

三是逐步消解人民群众对党的真挚情感。以添油加醋、移花接木等恶劣手法，肆意污蔑否定英雄人物，进而达到丑化党的形象，离间人民群众对党的认同，是历史虚无主义的常用手段和主要目的。在历史虚无主义的眼中，刘胡兰不是被国民党所害，而是死在乡亲们的铡刀之下；董存瑞托起炸药包的情景是推测的，谁也没有亲眼看到；黄继光并不是自己扑上去的，是摔倒

① 习近平：《关于坚持和发展中国特色社会主义的几个问题》，《求是》2019 年第 7 期。

了才堵住枪眼的；狼牙山五壮士是祸害百姓的散兵游勇；等等。如果任由历史虚无主义歪曲事实、颠倒黑白，不仅会造成思想认识上的模糊与混乱，还会影响人民群众对党的信赖和拥护、对军队的热爱与崇尚。没有了党史军史做支撑，我们就会失去红色基因，就不可能深刻认识我们道路选择的正确性与必然性，就不会真正理解党的历史贡献和领导地位，对坚持党对军队的绝对领导就会缺乏感情认同。

（三）树立同历史虚无主义作斗争的政治自觉

反对历史虚无主义，关系党和国家长治久安，关系我国社会主义前途命运，必须始终以坚定的政治自觉，清醒认识反对历史虚无主义的艰巨性长期性，敢于亮剑、敢于斗争，不断夺取反对历史虚无主义斗争新胜利。

一是真正弄懂马克思主义。历史虚无主义的迷惑性在用非马克思主义理论欺骗大众、蒙蔽世人。刘少奇在《论共产党员的修养》一文中指出："马克思列宁主义的理论，是我们观察一切现象、处理一切问题的武器，特别是观察一切社会现象、处理一切社会问题的武器。如果我们不能掌握马克思列宁主义的理论武器，我们就不能正确认识和处理在革命斗争中所遇到的各种问题，就有迷失方向、背离无产阶级革命立场的危险，甚至可能自觉地或者不自觉地成为各种机会主义者，成为资产阶级的俘虏和应声虫。"① 习近平总书记也指出："只有真正弄懂了马克思主义，才能在揭示共产党执政规律、社会主义建设规律、人类社会发展规律上不断有所发现、有所创造，才能更好识别各种唯心主义观点、更好抵御各种历史虚无主义谬论。"② 马克思主义尽管诞生在一百多年前，但历史和现实已经反复证明它是科学的理论，迄今依然有着强大的生命力，既是我们"改造世界"的科学武器，也是我们"认识世界"的科学武器。在精神生活多元化的今天，要毫不动摇地坚持马克思主义的指导地位，大力推进马克思主义中国化时代化大众化，坚持用发展着的马克思主义解决改革发展中遇到的问题，努力在纷繁复杂的思想舆论生态中辨析主流与支流、区分先进与落后、划清积极与消极，从而为人们认识历史虚无主义、批判虚无主义奠定思想基础。

二是真正学好党史、新中国史、改革开放史、社会主义发展史。习近平

---

① 《刘少奇选集》上卷，人民出版社 1981 年版，第 116 页。
② 习近平：《在哲学社会科学工作座谈会上的讲话》，人民出版社 2016 年版，第 11 页。

总书记指出："历史是最好的教科书。学习党史、国史，是坚持和发展中国特色社会主义、把党和国家各项事业继续推向前进的必修课。"① 历史虚无主义之所以有市场，一个重要原因就是其利用一些人对历史了解得不足，通过对有关历史进行"歪曲"和"裁剪"，进而达到混乱思想、迷惑人心的目的。批判历史虚无主义，就要学好历史，真正把历史搞清搞透。当然，"把历史搞清搞透"是分层次的，对历史学家来说要把历史研精搞细，对普通民众来说则需要树立正确的历史观、把握基本的历史事实。比如宣扬"在抗日战争中国民党军所帮的贡献要大于共产党领导的人民军队"的论调，只要我们学习了解抗日战争史，就可以轻松地认识到其错误所在。实际上，国民党方面牺牲的将军数量并没有那么多，公认的比较准确的数字是 115 人，其中还包括追授为少将的上校团长。按同级比较，八路军牺牲的团以上干部有 640 多人，新四军也有 300 多人。并且由于改编，我军所有干部几乎全部"降职使用"，很多团长在红军时期都是师长甚至军长。在这种情况下，单纯比较牺牲干部的军衔明显是有失公平的，以此来判断贡献大小更是不科学不合理的。自己不懂得历史，就可能人云亦云，陷入历史虚无主义布下的"陷阱"，这也是新时代党中央反复强调要"学习党史、新中国史、改革开放史、社会主义发展史"的重要原因所在。

三是持之以恒地加强网络空间治理。互联网时代的到来，打破了传统的信息单向传播模式，每个人、每个组织都可以成为"信息源"。一个观点、一个视频经由网络媒体几个小时就能形成爆发式传播，对舆论场造成很大影响。这种影响力，用好了可以造福国家和社会，用不好就可能带来难以预见的危害。就现实来看，历史虚无主义主要通过网络渠道传播观点，进而形成社会影响。习近平总书记指出："没有规矩不成方圆。无论什么形式的媒体，无论网上还是网下，无论大屏还是小屏，都没有法外之地、舆论飞地。主管部门要履行好监管责任，依法加强新媒体管理，使我们的网络空间更加清朗。"② 一方面，要主动作为，积极推进信息生产领域的供给侧结构性改革，通过理念、内容、形式、方法、手段等创新，提高正面宣传的质量和水平，

---

① 习近平：《在对历史的深入思考中更好走向未来 交出发展中国特色社会主义合格答卷》，《人民日报》2013 年 6 月 27 日，第 1 版。

② 《习近平谈治国理政》第三卷，外文出版社 2020 年版，第 318 页。

保证正能量充沛、主旋律高昂；另一方面，宣传部门和主流媒体要守土有责、守土尽责，全面提升网络空间治理能力，让历史虚无主义无处可藏、无处发声。同时，还要发挥哲学社会科学界、历史学界等学术专业力量的作用，深入批判、驳斥历史虚无主义的错误所在，让错误观点在理论的交锋中现出原形。

第八章

推进文化创新

一个政党的先进性首先表现在思想理论上的先进性，社会主义先进文化是马克思主义政党思想精神上的旗帜。作为一个马克思主义政党，中国共产党只有代表先进文化前进方向，才能在世界形势深刻变化的历史进程中始终走在时代前列。党的十九大报告指出：“世界每时每刻都在发生变化，中国也每时每刻都在发生变化，我们必须在理论上跟上时代，不断认识规律，不断推进理论创新、实践创新、制度创新、文化创新以及其他各方面创新。”① 今天，面对日益激烈的综合国力竞争，我们要开创社会主义现代化建设新局面，就必须树立宏大历史视野，把握世界发展大势，聆听时代声音，不断推进文化创新，在时代前进的洪流中书写中华文明发展新篇章。

一、文化创新是引领文化发展的第一动力

文化引领时代风气之先，是最需要创新的领域。任何一种先进的文化形态只有不断创新、与时俱进，才能保持自身的先进性。习近平总书记指出：“创新是引领发展的第一动力。抓创新就是抓发展，谋创新就是谋未来。”② 推动文化创新，既是事关中国特色社会主义文化发展的重大文化命题，也是事关中国特色社会主义事业发展的重大政治问题。

第一，推动中国特色社会主义事业发展的内在要求。在中华民族的发展史上，2020 年注定是值得铭记的一年。在这一年，我们党将带领人民实现全

① 习近平：《夺取全面建成小康社会　夺取新时代中国特色社会主义伟大胜利——在中国共产党第十九次全国代表大会上的报告》，人民出版社 2017 年版，第 26 页。

② 习近平：《当好改革开放排头兵创新发展先行者　为构建开放型经济新体制探索新路》，《人民日报》2015 年 3 月 6 日，第 1 版。

面建成小康社会的伟大目标，开启全面建设社会主义现代化国家、实现第二个百年奋斗目标的新征程。在新的征程上，如何开拓中国特色社会主义更加光明的前景，我们党明确提出了“坚持中国特色社会主义文化发展道路，激发全民族文化创新创造活力，建设社会主义文化强国”① 的战略要求。文化建设是中国特色社会主义事业“五位一体”总体布局的重要组成部分，同时又渗透到其他各个领域，与其他建设相辅相成、相互支撑、互为条件。比如，文化建设不仅对经济增长的直接贡献越来越大，而且对提升经济发展质量的作用越来越突出。根据国家统计局公布的《中华人民共和国2019年国民经济和社会发展统计公报》显示，2019年全国规模以上文化及相关产业企业营业收入86624亿元，按可比口径计算，比上年增长7.0%。② 可以说，在新的时代条件下，文化与经济、政治、社会、生态相互融合的程度不断加深。文化自觉的程度、文化创新的水平、文化建设的力度，深深影响着其他建设的水平和进程。在这样的时代条件下，加大文化创新力度，不仅可以更为直接推动新时代中国特色社会主义事业的发展，而且可以为继续解放思想、全面深化改革提供强大精神动力和良好文化条件。

第二，满足人民日益增长的美好生活需要的客观要求。文化是精神的存在方式，创新是文化的本质特征，文化创新是不断满足人民群众日益增长的美好生活需求的根本途径。国际经验表明，当一个国家人均国内生产总值达到或超过3000美元时，民众的文化消费需求将呈现出快速增长甚至是井喷的状态。2019年，我国的人均国内生产总值已经达到10000美元，我国已经进入消费结构升级、文化消费活跃的阶段，人民群众的精神文化需求前所未有地强烈，呈现出高品质、多样化、个性化的特点。人们迅速增长的多方面、多层次、多样性的精神文化需求，为繁荣发展社会主义文化提供了广阔空间和强大动力，同时也对文化创新能力和水平提出了新的更高要求。习近平总书记指出：“满足人民日益增长的物质需求，必须抓好经济社会建设，增加社会的物质财富。满足人民日益增长的精神文化需求，必须抓好文化建设，

① 习近平：《夺取全面建成小康社会　夺取新时代中国特色社会主义伟大胜利——在中国共产党第十九次全国代表大会上的报告》，人民出版社2017年版，第41页。

②《中华人民共和国2019年国民经济和社会发展统计公报》，《人民日报》2020年3月29日，第5版。

增加社会的精神文化财富。"① 只有大力推进文化创新，创作和推出大批内容生动健康、形式新颖多样、具有强烈吸引力和感染力的优秀作品，才能更好地满足人民群众日益增长的精神文化生活需求，带来更多思想上的启迪、身心上的愉悦、审美上的享受。要以更深刻的认识、更开阔的思路、更有效的政策、更得力的措施，更加积极主动地推进文化创新，促进社会主义文化大发展大繁荣，用把握时代脉搏、反映时代精神、体现人民追求的文化，更好地满足人们的精神需求，丰富人们的精神世界，增强人们的精神力量，提升人们的精神生活质量。

第三，解决当前文化领域突出矛盾挑战的必由之路。改革开放特别是党的十八大以来，伴随着国家各项事业的快速发展，我国文化建设取得重大进展，文化自信得到彰显，国家文化软实力和中华文化影响力大幅提升。但我们也必须看到，伴随着国际战略格局的深度调整和中国特色社会主义进入新的时代，我国文化领域正在发生广泛而深刻的变革，推动文化发展既面临着难得的机遇，也面临着诸多矛盾挑战。同建设世界文化强国要求相比，同人民群众的文化需求相比，我国文化发展整体水平还不高，特别是在文化创新力方面还有很大的提升空间。一方面，我们国家不断加大对理论研究、文化创新的投入。据新华社 2017 年 6 月 6 日报道，2017 年中央财政加大对哲学社会科学研究的投入力度，安排国家社科基金项目资助经费 18.7 亿元、国家高端智库经费 2.8 亿元、中国社科院部门预算 21.64 亿元，分别比 2016 年增长 10%、12%、4.1%。但另一方面，我们并没有获得与投入相对应的成果。比如在哲学社会科学方面，习近平总书记指出："我国是哲学社会科学大国，研究队伍、论文数量、政府投入等在世界上都是排在前面的，但目前在学术命题、学术思想、学术观点、学术标准、学术话语上的能力和水平同我国综合国力和国际地位还不太相称。"② 文化创新不足的矛盾和问题，势必会影响中国国际话语权的提升。在当今世界，西方之所以能够占领国际话语权，离不开它的硬实力，但更离不开自近代以来就走在世界前列的西方文化知识体系。所以，培根曾深有体会地说"知识就是权力"。当前中国已经充分认

① 中共中央文献研究室：《习近平关于社会主义文化建设论述摘编》，中央文献出版社 2017 年版，第 7—8 页。

② 习近平：《在哲学社会科学工作座谈会上的讲话》，人民出版社 2016 年版，第15 页。

识到国际话语权的重要性，也在努力向世界阐述“中国故事”，但由于文化创新能力的不足，没有建立起属于自己的文化知识体系，很多时候我们只能借用西方的知识体系来解释自己，用西方的话语来推广自己，结果是事倍功半。因此，我们必须树立忧患意识，积极谋划，在改革创新中破解难题，在不断发展中提升水平，努力开创中国特色社会主义文化建设新局面。

第四，赢得综合国力竞争主动性的重要保证。恩格斯说：“一个民族要想站在科学的最高峰，就一刻也不能没有理论思维。”① 在日益激烈的综合国力竞争中，一个国家、一个民族要想掌握主动权，就必须占据文化发展的制高点。习近平总书记指出：“一个民族的复兴需要强大的物质力量，也需要强大的精神力量。没有先进文化的积极引领，没有人民精神世界的极大丰富，没有民族精神力量的不断增强，一个国家、一个民族不可能屹立于世界民族之林。”② 纵览全球，越来越多的国家把推进文化创新、增强文化软实力上升到国家战略层面。当前，我国综合国力显著增强，已经成为全球第二大经济体、最大货物出口国、第二大货物进口国、第二大对外直接投资国、最大外汇储备国、最大旅游市场、世界制造业第一大国。在应对新冠肺炎疫情中，中国力量、中国精神、中国效率，展现的负责任大国形象，得到国际社会高度赞誉。这些都为我们赢得综合国力竞争的主动性奠定了基础。但我们也必须看到，我国文化国际影响力与经济国际影响力还不相称，文化产品输入国角色与物质产品输出国地位还不匹配。特别是随着我国国力的显著上升，引起了一些国家的疑虑和不适应，如何增加国际社会对我国和平发展的理解和认同，使我国在政治上更有影响力、经济上更有竞争力、形象上更有亲和力、道义上更有感召力，是我国软实力建设面临的新课题。对此，习近平总书记指出：“要提高对外文化交流水平，开展深层次、多样化、重实效的思想情感交流，善于用外国民众容易接受的方式，让他们更好了解和体验中华文化。”③ “要加强战略谋划，对外既要展现中华民族五千多年的悠久文明，又要传播当代中国蓬勃发展的多彩文化，以德服人，以理服人，以

① 《马克思恩格斯文集》第9卷，人民出版社2009年版，第437页。

② 中共中央文献研究室：《习近平关于社会主义文化建设论述摘编》，中央文献出版社2017年版，第7页。

③ 中共中央文献研究室：《习近平关于社会主义文化建设论述摘编》，中央文献出版社2017年版，第201—202页。

文服人，加强情感认同。”① 我们必须加快文化改革发展，完善人文交流机制，创新人文交流方式，坚持政府与民间并举、文化交流与文化贸易并重，综合运用大众传播、群体传播、人际传播等多种方式展示中华文化魅力，为在新的时代条件下发展中国特色社会主义营造良好的外部环境。

二、推进社会主义文化全面创新

我们党从登上中国历史舞台的那天起，就始终高扬自己的文化理想，代表中国先进文化的前进方向，自觉承担起创新发展先进文化的历史使命。改革开放特别是党的十八大以来，我们党始终把握社会主义先进文化的发展趋势和要求，立足新时代，把握新变局，着力推动马克思主义理论创新发展、哲学社会科学体系构建以及社会主义文艺繁荣发展，不断强化理论创新、文化创新、文艺创新，充分展现了社会主义先进文化的强大感召力和吸引力。

（一）创新发展马克思主义

坚持以马克思主义文化为指导，是当代中国文化区别于其他文化的根本标志，必须旗帜鲜明地加以坚持。在世界文化发展史上，马克思主义的诞生及传入中国，绝对算得上具有历史性意义的文化事件。马克思主义传入中国，既引发了中华文明的深刻变革，也走过了一个逐步中国化的过程，实现了两次历史性飞跃，取得了两大历史性成果。马克思主义中国化取得了重大成果，但还远未结束。我国文化建设发展的一项重要任务就是继续推进马克思主义中国化时代化大众化，继续发展 21 世纪马克思主义、当代中国马克思主义。

第一，创新发展马克思主义，必须坚持不忘初心，在对马克思主义基本立场的坚守中提高感召力。理论的生命力在于创新。创新延续了马克思主义的生命力，也赋予了马克思主义新的时代内涵。然而，创新不是盲动和任性，而是在尊重本原基础上的再发展。丢弃了本原的创新，就可能将马克思主义引入歧途。苏共的解体是从思想混乱开始的，而思想的混乱则源于苏共党内对马克思主义的错解和歪曲。根本而言，马克思主义是“人民大众”的主义，是引领实现“人自由而全面发展”的主义。在今天的中国，得益于中

① 中共中央文献研究室：《习近平关于社会主义文化建设论述摘编》，中央文献出版社 2017 年版，第 215 页。

国共产党的坚持，马克思主义创新的步伐从未停止。但就现实而言，一些党员干部的马克思主义素养并没有随着马克思主义创新步伐的加快而相应提高，反而出现一定程度的下降。邓小平曾指出，现在我们的干部中很多人不懂马克思主义。这种“不懂”既体现在马克思主义知识的贫乏，更体现在对马克思主义立场的淡忘。直接后果就是使一些党员干部不能从马克思主义立场的高度看待和解决社会发展问题，决策中缺乏人民立场和人文关怀，“臭棋”“废棋”频出，使社会发展付出巨大代价。创新发展马克思主义，绝不仅仅是内容的丰富、体系的完善、思想的精炼，更是对马克思主义根本立场的坚守。“我们要始终把人民立场作为根本立场，把为人民谋幸福作为根本使命，坚持全心全意为人民服务的根本宗旨，贯彻群众路线，尊重人民主体地位和首创精神，始终保持同人民群众的血肉联系，凝聚起众志成城的磅礴力量，团结带领人民共同创造历史伟业。这是尊重历史规律的必然选择，是共产党人不忘初心、牢记使命的自觉担当。”① 行走越远，越要铭记初心。

第二，创新发展马克思主义，必须敢于批判，通过不断的理性反思始终保持清醒的理论自觉。批判是马克思主义的本性。就像列宁所说的那样，“凡是人类社会所创造的一切，他都有批判地重新加以探讨，任何一点也没有忽略过去。凡是人类思想所建树的一切，他都放在工人运动中检验过，重新加以探讨，加以批判，从而得出了那些被资产阶级狭隘性所限制或被资产阶级偏见束缚住的人所不能得出的结论”②。在当今中国的意识形态话语中，马克思主义居于主导地位，对此我们必须坚决维护。但我们也不能以此遮蔽了马克思主义批判本性。没有批判，就没有对自身的反思，就没有对未来的观察。在19世纪，马克思主义是凌晨报晓的雄鸡；在今天，马克思主义决不能沦为黄昏时才起飞的猫头鹰。今天的中国在马克思主义指导下已经创造了奇迹，但发展中的问题也很多。出现问题并不可怕，可怕的是回避问题甚至是掩盖问题。如何在总结中国特色社会主义成功经验的同时，看到自己的不足，勇于自我批判，已经成为马克思主义创新的迫切任务。更为重要的是，中国特色社会主义事业本来就是具有开创性的伟大事业，先天缺乏外在参照

① 习近平：《在纪念马克思诞辰200周年大会上的讲话》，《人民日报》2018年5月5日，第2版。

② 《列宁专题文集·论马克思主义》，人民出版社2009年版，第296页。

系，这就导致“中国特色”只能在和自己的历史比较中获得。如果盲目乐观，很容易在赞美声中迷失自己。对自身发展的不断反省，对社会主义建设实践的理性反思，这正是21世纪马克思主义的使命。

第三，创新发展马克思主义，必须坚持面向实践，冲破“文本化”“学院化”的局限，走进现实的生活世界。坚持基本原理与具体实际相结合是马克思主义的精髓。习近平总书记指出：“实践的观点、生活的观点是马克思主义认识论的基本观点，实践性是马克思主义理论区别于其他理论的显著特征。马克思主义不是书斋里的学问，而是为了改变人民历史命运而创立的，是在人民求解放的实践中形成的，也是在人民求解放的实践中丰富和发展的，为人民认识世界、改造世界提供了强大精神力量。”① 只注重理论就会被教条主义所误导，只注重实践就会滑向经验主义的泥沼。马克思主义之所以能超越以往思想，实现人类认识史上革命性变革，就在于它不仅立足于解释世界，更着眼于改变世界。在我们党的历史上，本本主义的危害最大，甚至一度差点葬送中国革命，所以我们党同教条主义的斗争历来最坚决。今天，“王明式”的教条主义已经不存在，但脱离现实的各种“变异”教条主义仍然存在。马克思主义如果不关心现实问题，现实就不需要马克思主义。“学院化”“文本化”是马克思主义发展的歧路，敢于直面现实世界才是马克思主义不断发展的源泉。真正的马克思主义总是蕴含强烈的社会责任，以直面现实问题、引领社会实践、确立价值规范为己任。列宁曾说：“大多数人是根据实际生活得出自己信念的，他们不相信书本和空谈。”② 新时代的人民群众比任何时候都关注公平正义问题、民主法治问题、社会道德问题、生态环境问题、食品安全问题，等等。如果马克思主义回避老百姓所关注的这些生活问题，无论其如何创新，都不会为大众所认同和接受。

第四，创新发展马克思主义，必须坚持开放性，在与各种思潮的交流对话中凝练时代精神。马克思一再告诫人们，马克思主义理论不是教条，而是行动指南，必须随着实践的变化而发展。习近平总书记指出：“一部马克思主义发展史就是马克思、恩格斯以及他们的后继者们不断根据时代、实践、

① 习近平：《在纪念马克思诞辰200周年大会上的讲话》，《人民日报》2018年5月5日，第2版。

② 《列宁全集》第35卷，人民出版社1985年版，第374页。

认识发展而发展的历史，是不断吸收人类历史上一切优秀思想文化成果丰富自己的历史。因此，马克思主义能够永葆其美妙之青春，不断探索时代发展提出的新课题、回应人类社会面临的新挑战。”① 作为时代精神的马克思主义，蕴含着对所有文明成果的开放包容，意味着可以同所有社会思潮开展平等对话。创新发展马克思主义，我们现在面临的一个现实困难就是，作为政治信仰的马克思主义，与其他社会思想流派之间无法开展实质性对话，沟通并不顺畅，常常是“自说自话”。马克思主义绝不应该自我封闭，更不应该成为高高在上的孤芳自赏者。今天的世界早已变成了“地球村”，多元化已经成为文化发展的基本图景。在这种背景下，没有哪一种思想文化具有完全“普适性”，任何思想文化都要在交流中求发展。创新发展马克思主义的实质，是应该反映和升华所处时代的各种社会思潮。当然，社会思潮是一种复杂的存在，这种复杂性既体现在它的内容上，也体现在它的影响上。包容并不否定批判，开放并不否定选择。对待多元社会思潮，需要马克思主义低下身子，以开放包容的姿态进行对话交流；也需要马克思主义挺直腰杆，以真理在我的底气对它们进行理性批判整合。

（二）繁荣发展哲学社会科学

在文化的诸种形式中，理论、学说无疑居于核心地位，它代表了一个国家文化发展的最高成就，影响着一个国家的制度规范，制约着人们的行为习惯。正因如此，理论和学术领域历来是中外各种思想观念交流与交锋最为深刻、影响最为持久的场所。也正是在此意义上，习近平总书记指出：“面对世界范围内各种思想文化交流交融交锋的新形势，如何加快建设社会主义文化强国、增强文化软实力、提高我国在国际上的话语权，迫切需要哲学社会科学更好发挥作用。”②

经济实力不等于文化实力，经济发展也不等于哲学社会科学的发展。19世纪的德国在经济上很落后，但人才辈出、群星灿烂，黑格尔、费尔巴哈、歌德、席勒无不在人类思想发展史上留下了厚重脚印。美国在1895年成为世界第一经济强国，但直到“二战”结束以后才成为世界文化中心。今天，中

---

① 习近平：《在纪念马克思诞辰200周年大会上的讲话》，《人民日报》2018年5月5日，第2版。

② 习近平：《在哲学社会科学工作座谈会上的讲话》，人民出版社2016年版，第7页。

国已经成为世界第二大经济体，但文化软实力、哲学社会科学发展水平距离世界第二还有很长的路要走。《中国国家形象调查报告2018》显示，海外民众最熟悉的中国文化元素前十名依次是：熊猫、长城、成龙、中国美食、故宫、龙、茶叶、中国功夫、扇子和瓷器。外国民众之所以对中国的这些文化元素比较熟悉，主要是因为中国“走出去”的文化大多是器物类层面的文化。应该说，经过多年的努力，我国的哲学社会科学有了很大的发展，但仍有一些亟须解决的问题，集中表现在“有数量缺质量、有专家缺大师”。《白鹿原》的作者陈忠实曾说，我们今天缺乏的不是思想，而是思想的力度；我们今天的思想太多了，东方的、西方的，古典的、现代的，但缺乏力度。没有力度的思想是平庸的，不吸引人，也抵制不住西方的话语霸权。打造有力度的思想文化，核心是打造有力度的哲学社会科学。

强化问题意识。问题是创新的起点，也是创新的动力源。习近平总书记指出：“理论创新只能从问题开始。从某种意义上说，理论创新的过程就是发现问题、筛选问题、研究问题、解决问题的过程。”① 对于一个时代来说，主要的困难不是答案，而是问题。马克思主义在中国为什么能够成功？原因不在于它的语言之美、逻辑之美，而在于它能解决中国的问题。今天的中国在马克思主义的指导下已经成功走出了中国特色社会主义道路，“中国道路”“中国模式”也为世界所广泛关注，但这并不意味着我们在实践中就没有任何问题。如何在总结成功经验的同时，看到自己存在的问题，勇于自我反思，是创新发展哲学社会科学的迫切任务。然而在当前的研究中，问题意识匮乏，发现问题、解决问题能力不足，已经成为制约哲学社会科学创新发展的一个重要症结，突出表现为“学院化”“边缘化”“贫困化”倾向日益严重。一种理论不一定被另一种理论驳倒，却极容易被社会现实问题所驳倒。一种理论不关注社会，社会就不需要这种理论。创新发展哲学社会科学，必须以我们正在做的事情为中心，从我国改革发展的实践中挖掘新材料、发现新问题、提出新观点、构建新理论，积极回答时代发展提出的重大理论和现实问题，积极回应人民群众普遍关心的生活问题。这是构建中国特色哲学社会科学的着力点、着重点。

秉持民族情怀。中华优秀传统文化是中华民族的突出优势，是中国特色

---

① 习近平：《在哲学社会科学工作座谈会上的讲话》，人民出版社2016年版，第20页。

哲学社会科学成长发展的深厚基础，是我们最深厚的文化软实力。传统是过去的，也是现在和未来的。中华文化中有着非常宝贵的民族精神财富，历史的积淀已经使这些精神财富升华为中华民族的精神家园，凝聚成为民族的脊梁。但对传统文化长时间的认识不到位，以及不时泛起的文化虚无主义思潮，无不在侵蚀着我们的精神家园。近年来，文化虚无主义沉渣泛起、甚嚣尘上，“反传统”似乎又成为一句时髦的口号，“西方话语”也仿佛成了学术研究的基本范式，一些人提出在中国传统文化中，“真正的人不可能萌芽成长”，还有一些人甚至以马克思主义为依据，强调传统文化“非历史性”“非科学性”。历史不能割断，需要全面辩证地分析。尽管中国传统文化中有糟粕，但更多的是精华。古代中国曾有领跑世界千年的经济文化盛世，即使是在内忧外患、积弱积贫的近代中国，优秀传统文化依然屹立不倒。今天，经历改革开放伟大时代锻造的中华优秀传统文化更显成熟，在与其他民族优秀文化的交流中更加充实，呈现出与时俱进、开放包容的恢宏气度，彰显出自由平等、公平正义的时代追求，展现出民族的魅力、历史的厚重、时代的光芒，达到了前所未有的高度。我们有理由对中华优秀传统文化充满自信，有理由在世界不同文化相互激荡的今天捍卫民族文化地位。当然，树立文化自信、秉持民族情怀，绝不意味着我们要关上面向世界的大门。在全球化这一背景下，哲学社会科学如果追求单纯的民族性，则极有可能会陷入保守主义的陷阱，那样也就堵死了本民族的创新发展之路。

树立世界视野。小视野是做不出大文章的，大文章需要大视野。习近平总书记指出：“观察当代中国哲学社会科学，需要有一个宽广的视角，需要放到世界和我国发展大历史中去看。”① 马克思主义是一种世界性思想，它产生于欧洲，但关注的不仅仅是欧洲的问题，更多的是世界历史问题和整个人类社会发展问题。今天的地球已经变成了地球村，在这样的背景下创新发展哲学社会科学，需要本土意识，也需要世界视野。美国的思想之所以能够影响世界，是因为美国人喜欢“管”世界的事情，同时也喜欢思考世界的事情。今天的中国已经成为世界第二大经济体，中国问题会成为世界问题，世界问题也会成为中国问题，但客观而言，我们的哲学社会科学研究还没有赶上中国发展的步伐。中国的企业、中国的产品已经遍布世界，但理论研究的

---

① 习近平：《在哲学社会科学工作座谈会上的讲话》，人民出版社 2016 年版，第 3 页。

思维仍然停留在疆域之内。大国文人要有大国思维。中国要成为真正有影响力的世界强国，必须学会思考世界的问题，必须在那些事关整个世界和人类发展的重大问题上，发出中国的声音，提出中国的见解，建构中国的理论，不仅让世界知道“舌尖上的中国”，还要让世界知道“发展中的中国”“开放中的中国”“为人类文明做贡献的中国”。同时，要鼓励哲学社会科学机构参与和设立国际性学术组织，支持和鼓励建立海外中国学术研究中心，支持国外学会、基金会研究中国问题，加强国内外智库交流，推动海外中国学研究。

（三）创作无愧于时代的优秀作品

“文章合为时而著，歌诗合为事而作。”创新创造是文艺的生命所在，是文艺的本质特征。推动和实现文艺的繁荣发展，必须大力推动文艺原创力的提升，推动文艺内容、形式和题材的创新。党的十九大报告指出：“发扬学术民主、艺术民主，提升文艺原创力，推动文艺创新。”① 文艺创作中出现的一些问题，大都同创新能力不足有关。“诗文随世运，无日不趋新。”要把创新精神贯穿于文艺创作生产的全过程，不断增强文艺原创能力。

创作无愧于时代的优秀作品，必须全面贯彻百花齐放、百家争鸣的方针。毛泽东曾经指出：“百花齐放、百家争鸣的方针，是促进艺术发展和科学进步的方针，是促进我国的社会主义文化繁荣的方针。艺术上不同的形式和风格可以自由发展，科学上不同的学派可以自由争论。利用行政力量，强制推行一种风格，一种学派，禁止另一种风格，另一种学派，我们认为会有害于艺术和科学的发展。艺术和科学中的是非问题，应当通过艺术界科学界的自由讨论去解决，通过艺术和科学的实践去解决，而不应当采取简单的方法去解决。”在长期的社会主义建设实践中，由于特殊的历史原因，曾经有一个时期，“双百”方针没有得到真正的贯彻执行。党的十一届三中全会以后，党和国家在“拨乱反正”的基础上，重新确立了“双百”方针在社会主义文艺事业中的重要地位。正是由于贯彻执行了“双百”方针，我国文艺创作领域才取得了巨大的发展，收获了累累硕果。

在新的时代条件下，习近平总书记指出：“要坚持百花齐放、百家争鸣

---

① 习近平：《决胜全面建成小康社会　夺取新时代中国特色社会主义伟大胜利——在中国共产党第十九次全国代表大会上的报告》，人民出版社2017年版，第43页。

的方针，发扬学术民主、艺术民主，营造积极健康、宽松和谐的氛围，提倡不同观点和学派充分讨论，提倡体裁、题材、形式、手段充分发展，推动观念、内容、风格、流派切磋互鉴。"① 要鼓励广大文化工作者大胆探索，努力创新，发挥创造精神，提高艺术表现能力，运用丰富多彩的主题、题材、形式、方法、语言来表现时代生活，给人民群众以美的享受，正确地理解弘扬主旋律与提倡多样化的关系，认真进行艺术探索和创新，创作出人民群众喜闻乐见，又具有时代精神的作品。努力创造并不断发展讲民主、讲科学的良好环境，充分发挥广大文艺工作者的主动精神、创造精神，文艺创作的路子将越走越宽，"百家争鸣"的文化乐土将更加开放自信，"百花齐放"的文化家园将更加绚丽多彩。

在文艺创作的过程中，"百家争鸣"与"百花齐放"构成了相互辩证的关系。文艺的"百花齐放"局面必然会带来文艺理论、文艺评论等方面的"百家争鸣"，"百家争鸣"又必然促进文艺创作的"百花齐放"。当文艺产品短缺时，政府有关部门会强调繁荣文艺，鼓励多出文艺产品；但当出现问题时，又常常以"禁、查、堵"相待，这不利于提高文化企业和文化工作者的积极性。无论是提高艺术表现力，还是判断文化产品的优劣高下和学术上的是非，都不能单纯靠行政命令。这就要求我们一定要勇于坚持辩证唯物主义和历史唯物主义，对于不同意见和不同认识，要采取实事求是的分析态度，对于优秀文化产品要加大评论宣传力度，扩大社会影响，给予必要奖励；对于有错误倾向的文化产品，要进行批评、帮助；对于有明显政治错误的文化产品，则要旗帜鲜明地予以反对。

今天，伴随着社会转型的推进，我国的文艺界异常活跃，各种文艺作品竞相绽放，各种观念相互交织。用中央党校原副校长郑必坚的话说，今日中国出现了继春秋战国"百家争鸣"、近代思想文化转型之后的又一轮"诸子百家"局面。这样的文化环境，有力地推动了我国文化文艺的发展。但我们要注意的是，强调"百花齐放、百家争鸣"，强调艺术创造和社会价值观念的多元化，并不等于社会占支配地位的价值观可以多元化、指导思想可以"百家争鸣"。实践表明，作为一个拥有 14 亿人口幅员辽阔的多民族大国，形势越是纷繁复杂，社会意识越是多样化，越需要在根本问题上统一思想、

① 习近平：《在文艺工作座谈会上的讲话》，《人民日报》2015 年 10 月 15 日，第 2 版。

凝聚共识。在当代中国，社会主义核心价值观是社会意识的“纲”和“魂”，是保证国家稳定、社会发展进步的思想基础。因此，必须在坚持“百花齐放、百家争鸣”方针的同时坚持弘扬主旋律。

创作无愧于时代的优秀作品，还必须把创新精神贯穿于文化创作生产全过程。坚持“二为”方向和“双百”方针，是为了更好地发扬学术民主、艺术民主，营造积极健康、宽松和谐的创新氛围。要把创新精神贯穿于文艺创作生产全过程，弘扬民族优秀文化传统和“五四”运动以来形成的革命文化传统，学习借鉴国外文化创新有益成果，兼收并蓄、博采众长，增强文化产品的时代感和吸引力。一是营造有利于文艺创新、使优秀文艺产品竞相涌现的良好环境。要坚持尊重差异、包容多样，充分发扬艺术民主和学术民主，提倡不同形式和风格的自由发展，提倡不同观点和学派的充分讨论，提倡不同种类和业态的积极创新，鼓励探索，扶持原创，宽容失败，最大限度地激发广大文艺工作者的创造活力。要处理好高雅与通俗的关系、继承与创新的关系、普及与提高的关系，兼顾大众需求与小众需求，使不同流派相得益彰、不同受众各得其所，最大限度地满足人民群众多样化、多层次、多方面的精神文化需求。二是要处理好文艺创作生产中继承和创新的辩证关系。推进文艺发展，基础在继承，关键在创新。继承和创新，是一个民族文艺生生不息的两个轮子。古今中外，闻名于世的文艺大师，脍炙人口的传世之作，无一不是善于继承、勇于创新的结果。不朽的文艺经典，往往既渗透着历史积淀的体验和哲理，又蕴含着时代孕育的理想和精神；既延续着传统艺术的特点和优势，又创造着新颖鲜活的内容和形式。不善于继承，就没有创新的基础；不善于创新，就缺乏继承的活力。在继承基础上的创新，往往是最好的继承。

习近平总书记指出：“优秀文艺作品反映着一个国家、一个民族的文化创造能力和水平。吸引、引导、启迪人们必须有好的作品，推动中华文化走出去也必须有好的作品。所以，我们必须把创作生产优秀作品作为文艺工作的中心环节，努力创作生产更多传播当代中国价值观念、体现中华文化精神、反映中国人审美追求，思想性、艺术性、观赏性有机统一的优秀作品，形成‘龙文百斛鼎，笔力可独扛’之势。”① 只有坚持解放思想、实事求是、与时俱进，大力推进文艺观念、内容、风格、流派的积极创新，大力推进文

---

① 习近平：《在文艺工作座谈会上的讲话》，《人民日报》2015 年 10 月 15 日，第 2 版。

艺体裁、题材、形式、手段的充分发展，才能创作出更多具有中国特色、中国风格、中国气派的优秀作品，不断增强文艺的时代感和吸引力。广大文艺工作者一定要焕发创造激情，激发原创能力，正确处理继承和创新的关系，积极学习和借鉴世界各国人民创造的一切文明成果，博采众长，厚积薄发，推陈出新，在人类文艺发展史上谱写更加绚丽多彩的篇章。有关部门也要为文艺创新创造条件，使广大文艺工作者的一切才华都有展示舞台、一切创造都有实现空间、一切贡献都得到社会尊重，推动文艺工作者的创造精神和创造活力竞相迸发、充分涌流。

三、推进文化体制机制创新

建立科学的管理体制和完善的法律法规，对于推动和保障文化发展具有重要意义。在这方面我们还有相当差距，还有很多工作要做。应坚持以人民为中心的工作导向，坚持把社会效益放在首位、社会效益和经济效应相统一，以激发全民族文化创造活力为中心环节，进一步深化文化体制改革。

（一）抓紧制定新时代文化发展战略

战略决定成败。习近平总书记指出："战略问题是一个政党、一个国家的根本性问题。战略上判断得准确，战略上谋划得科学，战略上赢得主动，党和人民事业就大有希望。"① 党的十九大报告提出，为了确保到2020年全面建成小康社会，明确提出要坚定实施科教兴国战略、人才强国战略、创新驱动发展战略、乡村振兴战略、区域协调发展战略、可持续发展战略、军民融合发展战略。事实证明，一个发展战略的制定对于相关领域的发展具有极大的推动指导作用。比如，军民融合自上升为国家发展战略以后，可以说是实现了整体推进、加速发展的良好态势。

文化的发展也要文化发展战略指引。正是看到了文化发展战略对文化发展的指引作用，一些文化强国都制定了适应自己要求的文化发展战略。日本1996年7月公布了《21世纪文化立国方案》，俄罗斯2016年2月颁布了《2030年前俄罗斯联邦国家文化政策战略》。我们党高度重视文化建设。党的十四届六中全会审议通过了《中共中央关于加强社会主义精神文明建设若干

① 《十八大以来重要文献选编》（中），中央文献出版社2016年版，第45—46页。

重要问题的决议》，党的十七届六中全会审议通过了《中共中央关于深化文化体制改革、推动社会主义文化大发展大繁荣若干重大问题的决定》。党的十八大以来，中央先后出台了《关于繁荣发展社会主义文艺的意见》（2015年10月）、《关于实施中华优秀传统文化传承发展工程的意见》（2017年1月）、《关于加快构建中国特色哲学社会科学的意见》（2017年5月）等文件。这些决定和意见具有重大指导意义，对于推动我国文化发展发挥了重要作用。但是严格说来，这些都只是实现文化大发展大繁荣的基本方针、政策，并不能代替实践上的具体战略。从国际上各个文化强国的发展经验看，一个国家文化的发展繁荣离不开四个基本环节：第一，宏大的设想和远景目标；第二，长远而系统的发展战略；第三，详细可行的政策和规划；第四，坚强有力的贯彻和执行。在这几项环节中，发展战略无疑是关键的一步，它上承执政党的政治决议，下统各项具体“意见”，若没有相应的发展战略作为支撑，执政党的政治决议落不下去，各项具体“意见”统不起来，只能各行其是。就我国目前而言，我们不缺宏大的设想和方针（建设社会主义文化强国），也不缺具体文化领域如文艺、哲学社会科学领域的政策，真正缺少的就是将文化强国战略落实下去、将各种具体文化发展政策统起来的文化发展战略。这是我们在建设社会主义文化强国中必须解决的问题。

（二）尽快完善文化管理体制

文化管理体制是文化管理体系及其运行机制的总和，规定着文化运行的方式，影响着文化管理的效益，决定着文化发展的水平。创新文化管理体制，是深化文化体制改革的重点任务。应该说，进入21世纪以来，伴随着改革的全面深化，我国文化管理体制也不断得到完善，并且成就斐然，但也应看到，同全面深化改革的要求相比，还有一些亟须完善的地方。比如，有些国有文化企业一改革往往一窝蜂地进行集团化改革，实际上，专、精、特才是文化企业生存的法宝，文化产业的主体应是中小文化企业。还有，一些文化企业利用改革的机会得以上市，但上市融来的资金有的没有地方花，有的投资其他项目如房地产，这就使得文化企业失去了上市的本来目的。再有，在有些文艺团体改革中，就遇到了“上有政策、下有对策”“为改革而改革”的“改革通病”，有的地区就通过建立研究会等模式，建立新的文艺事业单位的壳，变相规避转制，背离了改革的初衷。

在文化管理过程中，一些地方政府仍然存在着“管得过多过细”“越权”“越位”“一刀切”等问题。比如，在公共文化建设方面，一些地方政府往往是直接出资、直接管理，而在这个过程中由于缺乏民众和社会的参与和有效监督，致使许多由政府投资的公共文化建设项目变成了“面子工程”，使用效率低下，造成浪费。这些年，我们深入实施文化惠民工程，投入了很多资源，基层文化建设大为改观，但也存在不少问题。比如，一些地方热衷于打造华丽的文化地标，对面向基层群众的文化服务重视不够；一些基层文化场所利用率不高，有的农家书屋处于闲置状态，有的文化站或文化中心被长期挤占挪用。建立适应新时代文化发展要求的文化治理体系势在必行。

完善文化管理体制的核心，就是要推动从文化管理向文化治理的方式转变。习近平总书记指出：“治理和管理一字之差，体现的是系统治理、依法治理、源头治理、综合施策。”① 要实现从文化管理向文化治理的转变，需要着力实现以下三个方面的转变：第一，要实现从政府单一管理到多元主体共治的转变；第二，实现从以行政管理为主到以依法治理为主的转变；第三，实现从统一管理到精细化治理的转变。从这几年的文化体制改革情况看，我们正在由文化管理向文化治理方式转变。但必须强调的是，一些已被实践证明很先进的“理念”和很有效的“制度”，在实施当中却总会不那么灵光，这种现象被称为“理念挂空”和“制度失灵”。为什么会出现这种情况？社会学家英格尔斯曾经说过：“如果一个国家的人民缺乏一种能赋予这些制度以真实生命力的广泛的现代心理基础，如果执行和运用这些现代制度的人，自身还没有从心理、思想、态度和行为方式上经历一个向现代化的转变，失败和畸形发展的悲剧是不可避免的。再完美的现代制度和管理方式，再先进的技术工艺，也会在一群传统人的手中变成废纸一堆。”② 因此，创新文化管理方式，理念和制度固然很重要，但更重要的是执行这个理念和制度的人。没有现代化的人，就不可能有现代化的治理水平。

（三）营造文化创新环境

推动一个人的观念创新、思想创新需要因人而异，但推进一个国家的文

---

① 习近平：《推进中国上海自由贸易试验区建设　加强和创新特大城市社会治理》，《人民日报》2014 年 3 月 6 日，第 1 版。

② ［美］阿历克斯·英格尔斯：《人的现代化》，殷陆君译，四川人民出版社 1985 年版，第 4 页。

化创新，则需要营造创新环境。这个环境首先应该是一种平等的环境，就是作为主导文化的马克思主义，要能够实现与非马克思主义文化的平等对话交流。其次，这个环境应该是一个包容的环境。习近平总书记强调："科学发现是有规律的，要容忍在科学问题上的'异端学说'。"① 李瑞环也曾指出："要真正研究理论，必须坚持实践第一的观点，真正坚持实践第一的观点就得有点勇气，在五个方面要敢碰。这五个方面是：（一）书本上说过的；（二）文件上肯定的；（三）权威人士讲过的；（四）被经验证明的；（五）大多数人公认的。不敢碰这五个方面，就不需要研究了。"② 创新历来是勇敢者的游戏，对于敢于创新的人我们要给其创造出一个包容"异端学说"、允许试错的环境。创新的环境还应该是一个充满正向激励的环境。激励创新的方式有很多，不能仅仅局限于"权力"和"地位"。"学而优则仕"是中国古代知识分子的人生追求，它打通了知识与权力的通道，但在某种程度上也堵上了文化创新的通道。鼓励知识分子创新，需要以"仕途"作激励，但更需要给知识分子创造成长发展的空间、环境和待遇。

创新之道，唯在得人。得人之要，必广其途以储之。习近平总书记深刻指出："我们已经具备了自主创新的物质技术基础，当务之急是要加快改革步伐、健全激励机制、完善政策环境，从物质和精神两个方面激发科技创新的积极性和主动性。"③ 我们现有的职称评审机制、奖励激励机制、科研管理体制机制、成果转化机制已经成为制约文化创新的重要因素。而管得太多、管得太细是这些已有体制机制的通病。深化文化管理体制创新，我们不妨借鉴西方已经成熟的"一臂之距"文化管理理念。"一臂之距"，原指军人在部队行军过程中彼此之间要保持等量而适当的距离。20 世纪 40 年代，英国最先将这一概念引入文化管理和发展规划工作中，以此比喻政府管理部门和各个从事具体文化事务的主体之间应保持适当的距离。综合欧洲各国的实践经验，"一臂之距"文化管理模式的实质在于分权管理：文化管理部门对

① 中共中央文献研究室：《习近平关于科技创新论述摘编》，中央文献出版社 2016 年版，第 120 页。

② 李瑞环：《哲学需要改革，改革需要哲学——在一次哲学改革研讨会上的讲话》，《了望》1988 年第 20 期。

③ 中共中央文献研究室：《习近平关于科技创新论述摘编》，中央文献出版社 2016 年版，第 58 页。

文化主体实行有限指导和管理（主要负责规划设计、政策制定、统筹经费和监督全局、评估验收等宏观性工作），而较为具体的创新条件建设、创新过程控制、创新成果转化则由文化创新主体承担并完成。“一臂之距”文化管理方式，既保证了文化管理部门的高效清廉运作，也保证了文化主体的独立性和自主性。对于我国来说，借鉴“一臂之距”的文化管理理念，核心就是实行有限管理，把该管的管好，把不该管的彻底放下去，以最大限度地激发文化主体的积极性和创造性。

（四）完善法律法规

相对于经济领域的立法进度，目前我国文化立法总体来说较为滞后，绝大多数文化领域缺少法律规范，主要靠行政机关的行政法规、规章甚至规范性文件支撑。2017 年 3 月 4 日，十二届全国人大五次会议在人民大会堂新闻发布厅举行新闻发布会，大会发言人傅莹回答中外记者提问时说：“现在中国人均 GDP 已经超过 5 万元人民币了，也接近了国际中等收入的水平。人民群众的精神文化需求不断上升。在我们的法律体系中，文化类法律相比而言确实少一些。”在党的十八届三中全会之前，我国公共文化领域的法律只有《文物保护法》《非物质文化遗产法》，以及与公共文化关系密切的《著作权法》，俗称“二部半”法律。党的十八届三中全会以后，我国明显加大了文化立法的步伐。全国人大常委会先后通过了《电影产业促进法》《公共文化服务保障法》《公共图书馆法》。但大家比较关注的一些法律如《文化产业促进法》《文化社团组织法》等迟迟不能出台，造成大量法律盲区的存在和无法可依的问题。这一现状，必须尽快改变。

第九章

推动文化交流

进入21世纪第二个十年以后，世界正经历百年未有之大变局，中华民族也迈入了伟大复兴的“快车道”，前所未有地走近世界舞台中心。如何看待中华文明的崛起、崛起后的中华文明将如何看待世界逐渐成为世界关注的焦点。习近平主席指出：“对待不同文明，我们需要比天空更宽阔的胸怀。文明如水，润物无声。我们应该推动不同文明相互尊重、和谐共处，让文明交流互鉴成为增进各国人民友谊的桥梁、推动人类社会进步的动力、维护世界和平的纽带。我们应该从不同文明中寻求智慧、汲取营养，为人们提供精神支撑和心灵慰藉，携手解决人类共同面临的各种挑战。”① 为中华民族伟大复兴提供文化支撑，为构建人类命运共同体提供精神动力，需要推动中外文化交流互鉴。

一、推动文化交流是全球化的内在要求

理论之树，只有根植实践沃土才能硕果累累；真理之光，只有穿越时空隧道才能光耀天下。习近平主席指出：“交流互鉴是文明发展的本质要求。只有同其他文明交流互鉴、取长补短，才能保持旺盛生命活力。文明交流互鉴应该是对等的、平等的，应该是多元的、多向的，而不应该是强制的、强迫的，不应该是单一的、单向的。我们应该以海纳百川的宽广胸怀打破文化交往的壁垒，以兼收并蓄的态度汲取其他文明的养分，促进亚洲文明在交流互鉴中共同前进。”② 推动文化交流互鉴，是对全球化时代课题的积极回应，是对人类文

① 习近平：《在联合国教科文组织总部的演讲》，《人民日报》2014年3月28日，第2版。

② 习近平：《深化文明交流互鉴　共建亚洲命运共同体——在亚洲文明对话大会开幕式上的主旨演讲》，《人民日报》2019年5月16日，第2版。

明发展历程深刻反思的必然结果，是对世界人民共同心声的深度响应。

（一）对文化全球化时代课题的积极回应

每一个时代都有自己的问题，用马克思的话说，“问题是公开的、无畏的、左右一切个人的时代声音。问题就是自己时代的口号，是它表现自己精神状态的最实际的呼声”①。时代在发展，问题在变化，我们必须与时俱进，用新的观念、思想去把握、回答和解决时代提出的重大课题。

全球化是当今时代的主要特征和发展趋势。所谓全球化，一般是指整个人类世界相互联系、相互依存度越来越高的历史进程，它包括经济全球化、贸易全球化、投资全球化、金融全球化以及文化全球化等。美国学者阿里夫·德里克曾经说过：“全球化也具有意识形态性，因为它试图根据一种比任何东西都更有效地服务于一些利益的新的全球想象来重新建构世界。”②因此，在承认经济全球化的同时，还应该跳出经济的视域，考察全球化对意识形态领域的影响。经济、政治与文化三者的关联性和不可分割性是当今时代的一个重大特点。全球化既对经济又对政治和文化产生重大影响，是必然的和不可回避的。全球化使世界不同的民族和国家借助于先进的交通工具和通信手段，不断超越自身活动的空间范围和既定的制度、文化等社会障碍，在全球范围内实现充分的交流、对话、协调和沟通。当然，文化全球化决不是文化的西方化、美国化或同质化。事实上目前还没有哪一种文化的力量能够同化整个世界。全球化展示的恰恰是各民族、国家在经济、政治、文化等方面的互动、沟通、融合、提升和共进的绚丽多姿的局面。“全球性强化了对不同文化的表达方式，对不同音调、不同风格和不同乐调间的种种关系的精心探测和利用，这些关系一直在‘并列’、‘融合’和‘求同存异’等状态之间摇摆。这些状态是一些比喻性的说法。它们比喻的是生活在一个多元文化世界中的情形，同时，它也表明：在一个总是力图体现和平的必要性并力图为实现和平再造条件的框架中，人的经验范围能有多大。”③ 全球化

---

① 《马克思恩格斯选集》第1卷，人民出版社1995年版，第11页。

② ［美］阿里夫·德里克：《全球化的形成与激进政见》，载于《全球化与后殖民批评》，中央编译出版社1998年版，第3页。

③ ［英］马丁·阿尔布劳：《全球时代——超越现代性之外的国家和社会》，高湘泽译，商务印书馆2001年版，第233页。

"是世界的多重化（multiplication）和多样化（diversification），而不是同质化或杂交化"①。

在全球化的推动下，世界文化的多样性特征更加明显，不同文化之间愈益呈现出相互交流交融的局面，这为世界文化的交流互鉴提供了直接动力。习近平主席指出："面对世界多极化、经济全球化、文化多样化、社会信息化的时代潮流，任何国家都不能关起门来搞建设。封闭没有出路，开放才能发展。"②《世界文化多样性宣言》也指出："文化在不同的时代和不同的地方具有各种不同的形式，就像生物多样性对维持生态平衡是必不可少一样，文化多样性对于维持人类的'生态平衡'也是不可或缺的，它是人类的共同财产，应当从当代人和子孙后代的利益考虑予以承认和肯定。"③ 正是通过不同文化之间的碰撞、交流和学习，各个文明才能创造出各具特色的新文化，从而使整个世界形成彼此竞争的进步状态，并使世界的文化花园成为绚丽多彩的大花园，而不是单调乏味的花圃。"文化的歧异多端是一项极其重要的人类资源。一旦失去了文化差异，出现了一个一致的世界文化——虽然若干政治整合的问题得以解决——就可能会剥夺了人类一切智慧和理想的源泉，以及充满分歧与选择的各种可能性。演化性适应的重要秘诀之一就是多样性，……去除了人类的多样性可能到最后会付出持续的意想不到的代价。"④ 可以说，无论从价值的多元性还是从审美情趣的多样性来看，文化的本性都在于多样性。每种文化都有其存在的价值，而且文化只有在多样性中才能发展。

（二）对近代中国封闭保守教训的历史反思

在中国封建社会后期，西方社会迎来了文艺复兴，爆发了工业革命，全球经济、政治格局逐渐向西方倾斜。而此时的中国，农耕文明所固有的保守观念和"天朝上邦"心理却愈加放大，封建统治者逐渐放弃了盛唐时期所拥有的宽广胸怀，而采取了逆时代大潮的闭关锁国政策。明朝政府为了维护官

---

① ［英］马丁·阿尔布劳：《全球时代——超越现代性之外的国家和社会》，高湘泽译，商务印书馆2001年版，第236页。

② 习近平：《联通引领发展　伙伴聚焦合作——在"加强互联互通伙伴关系"东道主伙伴对话会上的讲话》，《人民日报》2014年11月9日，第2版。

③ http：//oedu. org/modules. phf？ op = modlord&name = News&file = article&said = 66。

④ 向维凌、黄晓京：《当代文化人类学概要》，浙江人民出版社1996年版，第283页。

方海外贸易的安全和打击倭寇的侵扰，在东南沿海一带实行严厉的海禁，规定“片板不准下海”。清政府继续实行“片板不准下海，片帆不准入口”①的海禁政策。无知的偏见、狂妄的傲慢，斩断了刚刚接触到的通往世界市场的途径，将中国与世界其他各国的物质技术文化交流隔离起来，造成了近代中国社会保守僵化的落后局面。当西方列强的大炮轰开近代中国大门的时候，也惊醒了以“天朝上邦”自居的华夏中心主义。

伴随着封建社会内部矛盾的加深，国力衰弱的加快，儒学日趋保守、落后，从皇帝到知识分子都盲目自大，自我陶醉，恪守祖训，思想僵化，自我封闭。在知识分子中间普遍滋生的是文化保守主义情绪。如乾隆时期著名的学者俞正燮就荒谬地认为，西方科学技术不过是“鬼工”而已，把“翻夷书，刺夷情”说成“坐以通番”。这种文化上的偏执和自大，实质上是实力失衡后在文化自信上寻求的一种精神发泄。而在政府方面，则通过政策的制定和严厉的惩罚措施限制直至中止中外文化的交流。当时的政府不但禁止国内人民以及各种物资出境，而且限定外国贡使的入境道路，规定“贡使、夷商不得收买史书、一统志、地理图”等。明代万历以及清代康熙、雍正、乾嘉时期，一度厉行禁教，将西方传教士驱往澳门等地，掐断了中西文化仅有的一点微弱联系。中国被紧密地封锁着，知识界不了解中国以外的情况，更不可能向外国学习。当鸦片战争爆发时，面对西方的坚船利炮，坚决反对学习西方技术，斥西方技术为“奇淫技巧”，提倡“国之存亡在德不在险”，幻想以道德教化天下实现和谐相处的晚清政府，只能签下丧权辱国的城下之约。

对于大清帝国的衰落，马克思这样评价道：“一个人口几乎占人类三分之一的大帝国，不顾时势，安于现状，人为地隔绝于世并因此竭力以天朝尽善尽美的幻想自欺。这样一个帝国注定最后要在一场殊死的决斗中被打垮：在这场决斗中，陈腐世界的代表是激于道义，而最现代的社会的代表却是为了获得贱买贵卖的特权——这真是任何诗人想也不敢想的一种奇异的对联式悲歌。”② 生产力的巨大发展把西方社会迅速地推进到一个更高的历史发展阶段，相比之下，中国则在封建主义的泥沼中继续蹒跚。“中国在西方国家

① 史仲文、胡晓林：《中国全史》第17卷，《中国清代经济史》，人民出版社1994年版，第84页。

② 《马克思恩格斯选集》第1卷，人民出版社1995年版，第176页。

产业革命以后变得落后了，一个重要原因就是闭关自守。”① “我们吃过这个苦头，我们的老祖宗吃过这个苦头。恐怕明朝明成祖时候，郑和下西洋还算是开放的。明成祖死后，明朝逐渐衰落。以后清朝康乾时代，不能说是开放。如果从明朝中叶算起，到鸦片战争，有三百多年的闭关自守，如果从康乾算起，也有近二百年。长期闭关自守，把中国搞得落后，愚昧无知。”② 落日虽然辉煌，接踵而来的却是无眠长夜。在全球化日益深入发展的今天，反省我们民族的这段历史，反思我们民族曾经的文明观，最要紧的是获得一份警醒、一份自觉：面对大发展大变革大调整时代的到来，我们必须走向开放的世界，做“世界公民”，必须以更加宽广的胸怀，大胆吸收人类优秀文明成果发展自己、繁荣世界。

（三）对传统社会主义教训的深刻总结

在马克思、恩格斯的视野中，世界历史时代的社会主义应该是世界历史性事业，只有世界历史性社会主义才是科学社会主义。“无产阶级只有在世界历史意义上才能存在，就像它的事业——共产主义一般只有作为‘世界历史性的’存在才有可能实现一样。”③ 从实践的角度看，社会主义的世界历史性强调的是社会主义建设应建立在世界性普遍联系和交往的基础之上，而任何拒绝普遍联系和普遍交往的理念，试图在孤立、封闭状态下建设社会主义的观念都是不符合世界历史发展的基本规律，是非世界历史性的。

20 世纪 50 年代以后，国际局势出现了有利于社会主义国家加快生产力发展的环境，苏东国家本应实行改革，同时扩大开放，吸收世界文明成果。但苏东国家非但未能抓住机遇，反而在 30 多年中不断强化特定历史时期形成的文明观，即只看到两种制度之间的对立和斗争，而看不到两者之间相互吸收、相互借鉴和在一定条件下可以合作的可能性，把资本主义社会里的一切文明成果都看成姓“资”的，看成同社会主义不相容的“糟粕”。这样认识的直接后果就是使经济文化相对落后的社会主义国家无法吸收发达资本主义已有的成果，将本来属于人类共有的文明成果赋予资本主义性质而加以排斥。在文化领域，苏联动用各种舆论工具，对资本主义思想文化，无论是精

---

① 《邓小平文选》第三卷，人民出版社 1993 年版，第 64 页。

② 《邓小平文选》第三卷，人民出版社 1993 年版，第 90 页。

③ 《马克思恩格斯全集》第 3 卷，人民出版社 1960 年版，第 39 页。

华还是糟粕，一概地加以拒绝和批判。由于同外界的隔绝，苏东国家很难了解西方资本主义新科技革命和思想革命对社会生产力的巨大推动作用，使苏东社会主义的发展出现了明显的“温室效应”。而闭关自守的条件一旦不存在了，接踵而来的必然是社会解体的过程，其情形就如温室内的鲜花一旦遭遇冰霜就会枯萎一样。随着戈尔巴乔夫所谓“公开化”“自由化”改革的实施，随着“西风欧雨”的纷至沓来，长期处于封闭、与世隔绝中的苏东社会主义立即呈现出瓦解之势。

列宁很早就指出：“只有把剥削阶级所积累的全部经验和知识同广大劳动群众的创造精神、毅力和工作结合起来，才能架起从资本主义通往社会主义的桥梁。”① 他甚至把“不向资产阶级学习也能够实现社会主义”的想法称为“中非洲居民的心理”②。邓小平也曾经指出：“建设一个国家，不要把自己置于封闭状态和孤立地位。要重视广泛的国际交往，同什么人都可以打交道，在打交道的过程中趋利避害。”③ 然而，传统社会主义却在与资本主义的斗争中关上了通往世界的大门。求同存异、扩大交往，建立不同文明间的普遍交往，是当代社会主义走出低谷的前提，也是落后的非西方文明实现“跨越式”发展的必要条件。

（四）对世界文化交流交往实践的经验总结

自从人类脱离茹毛饮血的时代，不同人类群体之间从未停止过发明、创新、制度经验和知识的交流。纵观人类文明发展史，世界文化之间交往的形式大体可以分为两类：一类是建立在暴力基础上的冲突型交往；一类是建立在互利基础上的和谐型交往。虽然在人类历史上冲突型交往在客观上也能推动人类文明的进步，但其所固有的野蛮性、侵略性和破坏性也给被征服文明带来了深重的灾难，特别是落后文明对先进文明的征服，其性质是倒退的，往往造成先进文明发展的中断、衰退甚至毁灭。如历史上多利亚人对迈锡尼文明的驱逐、日耳曼对罗马帝国的征服，就给被征服者的社会经济和文化造成了巨大破坏。而建立在互利基础上的和谐型交往，则以其平等性、互利性、和平性和包容性有力地推动了文明交往双方的进步。落后文明通过吸

---

① 《列宁全集》第34卷，人民出版社1985年版，第129页。

② 《列宁全集》第34卷，人民出版社1985年版，第252页。

③ 《邓小平文选》第三卷，人民出版社1993年版，第261页。

收、借鉴先进文明的成果，实现了自身的飞跃；而先进文明也在交往中进一步丰富和完善了自己。

辩证地看，历史悠久的西方文明发展史并非都是暴力扩张史，在其漫长的发展历程中，西方文明也通过贸易、旅行、学习等方式曾同其他文明特别是东方文明开展了交流活动。公元前1世纪的历史学家迪奥多罗斯在其著作中就记载了很多希腊哲人和艺术家——不管是传说中的还是真正的历史人物，如达代罗斯、荷马、莱库古、柏拉图、毕达哥拉斯等都曾经在埃及学习。在公元前700年左右，希腊人就通过贸易、旅行等方式从东方学习如何使用铸模来大批量生产泥版浮雕装饰板。这种风格后来被称为代达罗斯风格。从公元前640年左右开始，希腊人改掉了在石灰石、黏土或木材上雕刻的习惯，向埃及人学会了在石头上进行雕刻的技巧。也就是在这一时期，希腊世界出现了真正意义上的纪念碑建筑物。值得注意的是，经过东方文化的洗礼，希腊人逐渐形成了自己的风格，并没有被同化，而是大大地影响了周边民族。对此，斯塔夫里阿诺斯指出："希腊古典文明并非纯粹的原始文明。它和其他所有的文明一样，大量借用过去的文明——如中东文明。不过，希腊人所借用的，无论是埃及的艺术形式还是美索不达米亚的数学和天文学，都烙上了希腊人所独有的智慧的特征。这些特征归结起来，就是虚心、好奇多思、富有尝试。"① 晚期希腊与罗马哲学更多、更直接地深受东方的科学知识、诸多宗教与宗教哲学的影响，一些主要哲学流派的学说都有东西方文化交融的特色。特别是东方希伯来文化的犹太教和早期的基督教，以其特有的神教形态，和希腊哲学逐步融合，促成晚期希腊与罗马哲学在和宗教结为一体中达到终结。正是在此意义上，科学史专家乔治·萨顿认为："希腊科学的基础完全是东方的，不论希腊的天才多么深刻，没有这些基础，它并不一定能够创立任何可与其实际成就相比的东西……我们没有权利无视希腊天才的埃及父亲和美索不达米亚母亲。"怀海特也说："我们从闪族人那里继承了道德和宗教，从埃及人那里继承了实践。"②

在欧洲17至18世纪发生的启蒙运动中，启蒙思想家发现了中国，并从

① ［美］斯塔夫里阿诺斯：《全球通史：1500年以后的世界》，吴象婴、梁赤民译，上海社会科学院出版社1992年版，第108页。

② 转引自陈启能《文明理论》，福建教育出版社2010年版，第64页。

中国儒家学说中汲取了营养。法国启蒙运动的倡导者伏尔泰把孔子称为宣扬伦理道德的圣人，把中国文化看成最合乎理性的、人道的文化，他说，孔子的“己所不欲，勿施于人”应该成为人们的处世原则。德国古典唯心主义哲学的先驱者莱布尼茨从在华的欧洲传教士写回的报告以及与他们的通信中了解并认识中国，他非常崇拜中国儒家哲学的自然神论，在《致德雷蒙先生的信：论中国哲学》中，他这样写道：这种哲学学说或自然神论是约3000年以来建立的，并且极有权威，远在希腊人的哲学很久很久以前。哲学家沃尔夫继承了莱布尼茨的哲学并使之系统化，对于中国文化，他同样给予了极大的关注。他说：“中国人的哲学基础和我个人的哲学基础是完全一致的。”①他甚至把孔子的伦理学与基督教伦理学相提并论。

悠久灿烂的中华文明也是通过多种形式的交往，以其宽阔的文化包容情怀，吸纳了其他文明的优秀成果，经过不断充实才得以发展的。中华文明在逐步成熟和壮大的同时，又毫不吝啬地将自身的精华传播到世界，推动了世界文明的整体进步。两汉时期，汉武帝派遣使臣张骞于公元前138年和前119年先后两次率大型使团出使西域。张骞的西域之行，扩大了2000多年前中国人的视野，促进了东西方的经济、文化交流。从那时起，中国文化便沿着“丝绸之路”不断输往西方。造纸术、印刷术、火药、指南针，被誉为中国的四大发明。公元三四世纪，中国的造纸术传入朝鲜，后又传到日本。唐代中期，造纸术西传至中亚，后经阿拉伯诸国传到北非和欧洲。造纸术的发明与传播，对中国及世界文化的发展起到了不可估量的作用。西汉末年，印度佛教传入中国。佛教作为一种产生于印度古代社会的外来文化，经过两汉和魏、晋、南北朝、隋、唐等多个朝代，与中国儒家文化和道家文化融合发展，演化成为具有中国特色的宗教文化，极大地影响了中国人的精神生活。在长期的交流融合中，佛教自身也不断受到中华文化的滋养和改造，逐渐与儒、道两家共同构筑起了中华文化的三大支柱，实现了自我更新和完善，获得了新的发展动力，变得更加丰富、灿烂。

伴随着佛教的传入，中国的儒学也在向周边国家乃至欧洲传出。在越南、朝鲜和日本，儒家学说曾是其古代的正统思想，统治者把它奉为治国安邦的圭臬，老百姓则把它当作为人处世的准则。唐朝是中国封建社会发展的

---

① 转引自马树德《中外文化交流史》，北京语言文化大学出版社2000年版，第13页。

顶峰，是当时世界上综合国力最强大的国家，也是中华文明接收融合外来文明最为辉煌的时期。盛世的大唐以其深厚先进的文化、宽广包容的胸怀和雄视中外的开放姿态，广泛吸引、借鉴世界其他文明的优秀成果，成为世界文化交流中心。明末清初，以利玛窦、汤若望、南怀仁为代表的传教士带来了西方崭新的科学技术，促进了中学向务实、理性的治学思想的转变，再一次丰富了中国的传统科学，开阔了中国人的视野，再一次为中华文化注入了新鲜的东西。同时，传教士通过刻苦学习汉语，深研儒家文化，利用传递书信和翻译儒家经典著作的方式把中国悠久的古代文化特别是哲学思想介绍到西方，使欧洲出现“中国热”，这对欧洲的启蒙思想运动产生过重要影响。

二、文化交流互鉴的内涵要义

推动文化交流互鉴，是在全球化背景下提出的一项用来处理不同文化关系和文化发展模式的新理念，它提倡不同文化间应相互尊重、包容差异、平等交往、真诚互助、和谐相处，以实现共赢。

（一）尊重多样

在人类漫长的历史发展过程中，每个民族、每个国家，都在创造着自己的文化。由于地域、历史、传统的不同，以及种种现实因素的影响，不同地域、不同时期、不同传统的人类社会共同体，总是在社会的生产方式、生活方式和思想方式，以及相应的语言、哲学、科学、文学艺术、伦理、宗教、公共机构、国家、政治、法律、技术等文化体系方面，表现出不同程度的独特性。习近平主席指出：“当今世界，人类生活在不同文化、种族、肤色、宗教和不同社会制度所组成的世界里，各国人民形成了你中有我、我中有你的命运共同体。世界上有 200 多个国家和地区，2500 多个民族以及多种宗教。如果只有一种生活方式，只有一种语言，只有一种音乐，只有一种服饰，那是不可想象的。”① 正是这些不同民族、不同肤色、不同历史文化背景的人们，共同创造了丰富多彩的世界。

在世界历史发展的现阶段，经济全球化绝不会消除各个民族、各个国家和各个地区在文化上的差异。在经济全球化的过程中，物质文明有可能逐步

---

① 习近平：《在联合国教科文组织总部的演讲》，《人民日报》2014 年 3 月 28 日，第 2 版。

走向同质化，但制度文明、精神文明必然是多样性的。正如布罗代尔所指出的那样，文明的基本结构“都是历史悠久、长期存在的，而且它们总是各具特色、与众不同的”，“所有文明都把它们视为不可替代的价值”。① “即使假定世界上所有文明或早或晚终将采纳相同的技术，即使人们的生活方式因此也部分趋同，我们在长期内仍将面对事实上非常不同的各种文明。”② 而这也印证了习近平主席反复强调的观点：“文明具有多样性，就如同自然界物种的多样性一样，一同构成我们这个星球的生命本源。”③

文化多样性既是一个事实判断，也是一个价值判断。正如萨义德所言，现在“没有谁能否认民族和文化差异在人类交往过程中所起的积极作用”④。事实也确是如此，多样性文化的共存、相互竞争、相互交流、相互借鉴和融合，推动着人类文明由低级向高级、由简单向丰富的方向发展。作为人类智慧的精神结晶，每一种文化都具有自己独特的内涵和特征，也具有独特的内在价值，在理论和实践上都有可以被别的文化所借鉴和整合的内容。多样文化的存在和发展使得人类文明的百花园内“百花齐放，百家争鸣”，使世界的发展获得了源源不断的动力和活力。在多样性的文化形态中，不同的文化虽然存在着历史长短之分，发展阶段不同之别，但是没有高低优劣的区分，所有国家的人民都为人类总体文明的发展做出了应有的贡献。正如习近平主席所言：“人类文明没有高低优劣之分，因为平等交流而变得丰富多彩，正所谓‘五色交辉，相得益彰；八音合奏，终和且平’。”⑤

当然，强调世界文化的多样性，并不是否定世界文化之间存在着统一性。习近平主席曾以中华文明和阿拉伯文明为例深刻指出：“中华文明与阿拉伯文明各成体系、各具特色，但都包含人类发展进步所积淀的共同理念和共同追求，都重视中道平和、忠恕宽容、自我约束等价值观念。我们应该开

---

① ［法］费尔南·布罗代尔：《文明史纲》，肖昶、冯棠、张文英、王明毅译，广西师范大学出版社 2003 年版，第 48 页。

② ［法］费尔南·布罗代尔：《文明史纲》，肖昶、冯棠、张文英、王明毅译，广西师范大学出版社 2003 年版，第 28 页。

③ 习近平：《共同开创中阿关系的美好未来——在阿拉伯国家联盟总部的演讲》，《人民日报》2016 年 1 月 22 日，第 3 版。

④ ［美］爱德华·W. 萨义德：《东方学》，王宇根译，三联书店 1999 年版，第 451 页。

⑤ 习近平：《弘扬丝路精神，深化中阿合作——在中阿合作论坛第六届部长级会议开幕式上的讲话》，《人民日报》2014 年 6 月 6 日，第 2 版。

展文明对话，倡导包容互鉴，一起挖掘民族文化传统中积极处世之道同当今时代的共鸣点。"① 多样性和统一性本就是一对哲学范畴，世界既有多样性，也有统一性。正如黑格尔所言，辩证法"教人不要自安于单纯的差异，而要认识一切特定存在着的事物之间的内在统一性"②。我们必须运用唯物辩证法的基本观点和基本方法，正确地把握文化统一性和多样性之间的辩证关系。如果过分扩大文化的民族性差异，并将其绝对化，那么就容易导致相对主义。例如，1918 年斯宾格勒出版了轰动一时的名著《西方的没落》。他在书中提出："不同的文明，有不同的现象，讲不同的语言；不同的人类，有不同的真理。"每一种文明，"在其本质最深处，它们是各不相同，各有生存期限，各自独立的"③。斯宾格勒完全排除了各种文化之间相互影响、相互融合的可能。在他看来，每一种文化都是一个密闭的"单子"，即使有外来文化的冲击和干扰，也不能改变这一文明的历史进程。其实，斯宾格勒所理解的那种"纯而又纯"的文化实际上是不存在的。文化之间的交流、融合是文化发展的关键，不吸收外来文化的养料，文化就很难发展。文化相对主义的结果就是导致文化的自我禁锢和生机活力的丢失。

（二）和平共处

对于整个人类来说，世界和平是人类共同追求的目标，也是人类社会发展和进步的首要条件。人类只有生活在和平环境里，才能实现经济社会的发展，才能享受幸福生活、创造灿烂文明。没有和平，就没有和谐。然而，历史的发展并不总遂人愿。人类 5000 年文明史中记录在案的大型战争就有 1 万 4000 多次，平均每年近 3 次。20 世纪的 100 年时间内，两次世界大战，硝烟蜂起。尤其是第二次世界大战，让全世界 80% 的人口和 84 个国家及地区卷入了战争。世界和平力量的增长，使得人们逐渐摆脱战争的阴影，和平也成为当今时代的一大主题。和平并不意味着没有矛盾和分歧，而是意味着不用战争或暴力的手段去解决矛盾和分歧，强调的是用对话、谈判和协商等和平

---

① 习近平：《共同开创中阿关系的美好未来——在阿拉伯国家联盟总部的演讲》，《人民日报》2016 年 1 月 22 日，第 3 版。

② ［德］黑格尔：《小逻辑》，贺麟译，商务印书馆 1980 年版，第 254 页。

③ ［德］奥斯瓦尔德·斯宾格勒：《西方的没落》（上册），齐世荣、田农等译，商务印书馆 1993 年版，第 39 页。

的方式去解决矛盾和分歧。

历史的发展已经反复证明，使用战争或暴力并不能真正实现预期的目标，并不能保障自身基本稳定的利益。伊朗前总统哈塔米曾说："从道德上讲，不同文明对话范式要求我们放弃权力意志，要求我们具有心灵沟通的愿望，具有怜悯之心，还要懂得在当今世界上追求单一的秩序是没有希望的"，"我们今天的任务是改变国际关系的逻辑，使其远离权力的逻辑"。① 作为"一带一路"倡议的提出者，习近平主席以"一带一路"倡议为例深刻指出："'一带一路'建设，倡导不同民族、不同文化要'交而通'，而不是'交而恶'，彼此要多拆墙、少筑墙，把对话当作'黄金法则'用起来，大家一起做有来有往的邻居。"②"要摒弃一切形式的冷战思维，树立共同、综合、合作、可持续安全的新观念，统筹应对传统和非传统安全威胁，防战争祸患于未然。富者愈富、穷者愈穷的局面不仅难以持续，也有违公平正义。要秉承开放精神，推进互帮互助、互惠互利。不同文明凝聚着不同民族的智慧和贡献，没有高低之别，更无优劣之分。要尊重各种文明，平等相待，互学互鉴，兼收并蓄，推动人类文明实现创造性发展。"③ 追求世界文化和谐发展，就必须放弃冷战思维、军备竞赛以及传统的强权政治，而应以和平的方式而不是战争的手段解决对话过程中可能出现的分歧和矛盾，更不能用"全球文化战争"的假设来代替冷战时期的意识形态对抗。

（三）交流共进

文化交流是人类跨入文明门槛到现在，而且还将持续发展的基本实践活动。交流是相对于封闭而言的，它是对不同文化之间跨越时空限制而相互接触、相互作用的客观描述。历史上的诸多文化并不是封闭的，而是开放的系统，不同文化间不断地进行着交流。文化交流的目的或许相去甚远，但文化

---

① Speech by President Khatami at the "Dialogue among Civilizations" Conference at the United Nations, 5 Sept. 2000; Address by Seyyed Mohammad Khatami at the Millennium Assembly of the United Nations, 6 September 2000, The Iranian Journal of International Affairs, Fall 2000, p. 515。

② 习近平：《共同开创中阿关系的美好未来——在阿拉伯国家联盟总部的演讲》，《人民日报》2016 年 1 月 22 日，第 3 版。

③ 习近平：《同舟共济、扬帆远航，共创中拉关系美好未来——在秘鲁国会的演讲》，《人民日报》2016 年 11 月 23 日，第 2 版。

交流本身毫无疑问极大地加速了人类文明的积累，成为文化发展的重要驱动力。习近平主席指出："不同民族、不同国家、不同地域之间的文化交流，好比不同色彩的搭配，在纵横交错、明暗强弱的各式组合之中，新的画面和景色就会出现。"① 著名人类学家博厄斯也指出："人类的历史证明，一个社会集团，其文化的进步往往取决于它是否有机会吸取邻近社会集团的经验。一个社会集团所有的种种发现可以传递给其他社会集团；彼此之间的交流愈多样化，相互学习的机会也就愈多。"②

在当代，开放的世界极大地增强了各种文化共生性，它使得任何一种文化都可以在开放和交往中最大限度地利用世界上的一切先进成果助推自身的崛起；反之，没有任何一种文化可以在孤立的状态下，完全依靠自身的力量实现现代化。因此，面对先进的外来文化，正确的选择是主动接受先进文化，积极面对伴随先进文化带来的"糟粕"，并在涵化基线上加以整合。但就发展的本质而言，仅仅强调文化间的交流是不够的，还必须强调交流的平等性。在资本主义发展的早中期，西方文化与非西方文化之间的交流是建立在炮舰政策基础上的不平等交流，这种不平等交流给弱者带来的不仅是不会跨越式发展，反而是无尽的屈辱和剥削。习近平主席指出："人类文明没有高低优劣之分，因为平等交流而变得丰富多彩，正所谓'五色交辉，相得益彰；八音合奏，终和且平'。"③ 所以，实现世界文化的交流互鉴，始终要求跨文化交流须建立平等交流意识和机制，尊重文化的差异性和多样性，创造性地解决传统性与现代性、民族性与全球性之间的关系。

三、推动中国特色社会主义文化与世界文化的双向交流

世界文化丰富多彩，每一个国家和民族的文化都有自己的优势和长处，不同文化之间的相互学习和借鉴是文化发展的必要条件。党的十九大报告强

---

① 习近平：《中国要永远做一个学习大国》，《人民日报》2014 年 5 月 24 日，第 1 版。

② ［美］弗朗兹·博厄斯：《人类学与现代生活》，刘莎、谭晓勤、张卓宏译，华夏出版社 1999 年版，第 75 页。

③ 习近平：《弘扬丝路精神，深化中阿合作——在中阿合作论坛第六届部长级会议开幕式上的讲话》，《人民日报》2014 年 6 月 6 日，第 2 版。

调指出，必须不断“加强中外人文交流，以我为主、兼收并蓄”①。在新的时代条件下推动中国特色社会主义文化的发展，需要秉持开放的眼光，把本土文化发展同世界文化发展联系起来。

（一）以建构现代性为动力，不断推动中国传统文化的现代转换

中国传统文化是中华民族的精神沃土，是涵养中国特色社会主义文化的重要源泉，也是我们在世界文化激荡中站稳脚跟的坚实根基。但我们也必须看到，“传统文化在其形成和发展过程中，不可避免会受到当时人们的认识水平、时代条件、社会制度的局限性的制约和影响，因而也不可避免会存在陈旧过时或已成为糟粕性的东西。这就要求人们在学习、研究、应用传统文化时坚持古为今用、推陈出新，结合新的实践和时代要求进行正确取舍，而不能一股脑儿都拿到今天来照套照用。要坚持古为今用、以古鉴今，坚持有鉴别的对待、有扬弃的继承，而不能搞厚古薄今、以古非今，努力实现传统文化的创造性转化、创新性发展，使之与现实文化相融相通，共同服务于文化人的时代任务”②。推动传统文化的现代转换，需要现代性的视野。

所谓现代性是指欧洲文艺复兴以来，在资本主义现代化运动中形成的一种社会价值体系。它推崇人道主义、理性主义和科学主义，强调人的“主体性”地位。尽管现代性与以往帝国文明的扩张或大宗教文明的扩张具有某些相似之处，但由于几乎总是不断地涉及经济、政治、文化、心理、价值观、意识形态等方面并呈现出持续长久的力量，因此，它比历史上大多数重大的社会——文化扩展现象都持久强烈，意义深远。它通过一系列制度安排，最大限度地刺激了制度效能、资本效能、科技效能和人的效能，使“资产阶级在它的不到一百年的阶级统治中所创造的生产力，比过去一切时代创造的全部生产力还要多，还要大”③。就此而言，现代性蕴含的生产方式、生活方式和思维方式，是实现社会现代化的必要条件。虽说现代性产生于西欧，一开始就依附于资本主义制度，从而使它呈现鲜明的意识形态属性，并且在社会

① 习近平：《决胜全面建成小康社会　夺取新时代中国特色社会主义伟大胜利——在中国共产党第十九次全国代表大会上的报告》，人民出版社 2017 年版，第 44 页。

② 习近平：《在纪念孔子诞辰 2565 周年国际学术研讨会暨国际儒学联合会第五届会员大会开幕会上的讲话》，《人民日报》2014 年 9 月 25 日，第 2 版。

③ 《马克思恩格斯选集》第 1 卷，人民出版社 1995 年版，第 277 页。

实践中也暴露出“理性过度膨胀”“社会畸形发展”等弊端。但在认识现代性局限的同时，我们不能否定其具有的“共享性”。“现代性不仅是一种新型的文明，而且还是人类共享的文明。它是一种由地方性到世界性，逐渐为人们认识和不同程度接受的具有普遍主义原则的文明。”① 像现代社会所倡导和弘扬的科学、理性、民主、自由、平等的精神，追求个性解放和人的自由发展的精神等，都是现代性的基本特征或共性。离开了这些基本精神，社会现代化将失去基本的动力支持。现代性的启蒙，现代性所蕴含的科学精神、人文精神和理性精神等对处于现代化建设阶段的中国来说意义重大。当然，现代性的建构并不意味着全盘吸收、一切皆用。我们决不能把现代性看作一成不变的万能钥匙，而应将其看作时代发展对人们认识和改造客观世界提出的一种要求，一种开放进取的现代精神。我们吸收西方现代性，主要是通过对其蕴含的现代精神的吸收，建构符合中国国情和发展需要的现代性。如果说在西方，现代性与现代化是相互推动的，那么在中国，由于国情的特殊、传统文化的深厚，决定了中国现代性的建构，对推进现代化具有更加重要的现实意义。

民族文化是一个民族的根，是一个民族存在的重要标志。作为中华民族文化重要组成部分的中国传统文化，是推动中华文明发展的重要动力，必须加以继承和发扬。但是，继承不等于照搬，发扬不等于重复。诞生于封建土壤、适应小农经济的中国传统文化既塑造了中华民族醇厚中和、刚健有为的人文品格和道德风范，但其中所蕴含的官僚主义、等级观念、特权思想、家长制作风、封建迷信等也是中华民族进一步发展的障碍。中国传统文化在今天要继续发挥其作为中华民族发展推动力的作用，就必须在实践的基础上，通过与不同文化思潮的接触和交流，实现自身的现代转换。今天，现代性已成为当代各种问题研究与争论的重要话语背景。推进中国传统文化的现代转换，既需要我们高举马克思主义的旗帜不动摇，也需要我们具有现代性的理论视野。现代性在冲破封建神学和宗教束缚过程中，在科学与民主、理性与主体性、个体自由与社会进步等方面取得了长足的发展。而这些恰恰是中国传统文化所缺失的。当现代性愈益成为当代中国发展的重要时代背景时，推

---

① 苏国勋、张旅平、夏光：《全球化：文化冲突与共生》，社会科学文献出版社 2006 年版，第 126 页。

动中国传统文化的现代转换，就更需要深入研究现代性的话语体系，不断赋予中国传统文化以新的生命力和号召力。

但必须指出的是，推动中国传统文化的现代转换必须具备自觉的民族意识。在全球化时代，自觉的民族意识对于文化的发展意义重大，它意味着世界先进文化成果与民族本土文化相结合，以更具深度的民族智慧理解和阐释世界先进文化，使“外域文化”不断实现本土化。中国传统文化虽然有其无法解决的“短板”，并在近代中国的历史实践中遭尽“怀疑”。但不可否认的是，中国传统文化有着其他民族文化无法比拟的厚重历史、独到的价值追求和几千年的光辉历史实践。因此，毛泽东历来主张：对于传统文化，一定要用唯物辩证法的两点论进行分析，采取批判继承的态度，反对食古不化。改革开放以来，我们党反复强调，要积极继承和发扬中华民族的优秀传统文化，肃清封建主义残余，努力用先进的文化改造落后的文化。因此，推动中国传统文化的现代性转换，必须以自觉的民族意识为前提，更好地实现现代性与中国具体实际相结合，与中国传统文化相融合，通过当前实践来建构适应中国环境的现代性。

（二）积极借鉴世界优秀文化成果，促进社会主义文化创新发展

建设民族文化，必须借鉴和吸收世界文化的共同成果，建设社会主义文化，当然也离不开对世界优秀文化成果的借鉴和吸收。从本质上讲，社会主义文化是一种开放的文化，社会主义文化建设不能割裂与整个人类文化发展历史的联系而孤立地进行，恰恰相反，它必须继承和借鉴人类历史上一切有价值的优秀文化成果，来为自己的发展所用。这应当成为社会主义文化的内在品格和机制。列宁曾指出：“马克思主义这一革命无产阶级的思想体系赢得了世界历史性的意义，是因为它并没有抛弃资产阶级时代最宝贵的成就，相反地却吸收和改造了2000多年来人类思想和文化发展中一切有价值的东西。”①“只有确切地了解人类全部发展过程所创造的文化，只有对这种文化加以改造，才能建设无产阶级文化。”② 在新的时代条件下推动社会主义文化繁荣兴盛，必须积极吸收借鉴国外优秀文化成果。

第一，摒弃文化自负心理。“物无美恶，过则成灾。”所谓文化自负，实

① 《列宁选集》第4卷，人民出版社1995年版，第299页。
② 《列宁全集》第39卷，人民出版社1986年版，第299页。

际上就是一种过度自信，其带来的后果就是在文化的自我满足、自我陶醉中排斥外来文化。一个妄自菲薄、数典忘祖的民族注定是没有前途的，但一个目光狭隘、妄自尊大的民族也是注定不会成功的。习近平主席指出："中华民族历来注重学习，强调'博观而约取，厚积而薄发'，强调'三人行，必有我师焉。择其善者而从之，其不善者而改之'，提倡'博学之，审问之，慎思之，明辨之，笃行之'。中华民族之所以历经数千年而生生不息，正是得益于这种见贤思齐、海纳百川的学习精神。我一直强调中国要做学习大国，不要骄傲自满，不要妄自尊大，而是要谦虚谨慎、勤奋学习，不断增益其所不能。"① 今日中国，伴随着经济社会的快速发展，文化领域也蔓延开一股自负心态，在一些人眼中，似乎中国已经实现了文化强国的战略目标。这种文化心态要不得。尤其需要指出的是，同传统强国相比，中国的崛起代表的是不同文化和意识形态的崛起，中国与传统强国在经济上可以融合，但在一定的历史时间内，中国与西方在文化上的"铁幕"并不会消失，任何妄自尊大都可能引发额外的外来压力。

第二，坚持以我为主、为我所用的原则。习近平主席指出："在文明问题上，生搬硬套、削足适履不仅是不可能的，而且是十分有害的。"② 对外文化交流来说，坚持以我为主、为我所用，就是既要反对闭关自守，又要反对全盘西化。"我们既要立足本国实际，又要开门搞研究。对人类创造的有益的理论观点和学术成果，我们应该吸收借鉴，但不能把一种理论观点和学术成果当成'唯一准则'，不能企图用一种模式来改造整个世界，否则就容易滑入机械论的泥坑。一些理论观点和学术成果可以用来说明一些国家和民族的发展历程，在一定地域和历史文化中具有合理性，但如果硬要把它们套在各国各民族头上、用它们来对人类生活进行格式化，并以此为裁判，那就是荒谬的了。"③ 凡有益于我的，就应积极争取、认真做好；凡有害于我的，就应坚决抵制、严加防范。特别是对于西方思想文化，更需要运用马克思主义立场、观点、方法进行科学辨析，分清哪些是体现人类社会进步本质要求的

---

① 习近平：《携手追寻民族复兴之梦——在印度世界事务委员会的演讲》，《人民日报》2014 年 9 月 19 日，第 3 版。

② 习近平：《在联合国教科文组织总部的演讲》，《人民日报》2014 年 3 月 28 日，第 2 版。

③ 习近平：《在哲学社会科学工作座谈会上的讲话》，人民出版社 2016 年版，第 18 页。

有益文明成果，哪些是与资本主义世界观相联系的腐朽落后的东西。

第三，加强文化人才引进。习近平主席指出："文明交流互鉴，首先是人的交流互鉴。加强国际人才交流合作，有利于我们积极借鉴世界各国优秀文明成果，也有助于推动中华文明创造性转化和创新性发展。更重要的是，这种交流有利于推动不同文明相互尊重，推动世界各国人民相互理解。"①推动社会主义文化繁荣兴盛，必须把握这个时代潮流，在大力培养自己的人才、开发自己的智力和技术的同时，积极引进国外的优秀人才。

第四，鼓励国际文化合作。国际文化合作作为现代人类文明进步的一个重要条件，在全球化不断发展的今天更需要坚持。要鼓励文化单位同国外有实力的文化机构进行项目合作，鼓励外资企业在华进行文化科技研发，学习先进制作技术和管理经验。要鼓励文化机构和哲学社会科学机构参与和设立国际性学术组织，支持和鼓励建立海外中国学术研究中心，支持国外学会、基金会研究中国问题，加强国内外智库交流，推动海外中国学研究。要聚焦国际社会共同关注的问题，推出并牵头组织研究项目，增强中华文化研究和中国哲学社会科学研究的国际影响力。要加强优秀外文学术网站和学术期刊建设，扶持面向国外推介高水平研究成果。对学者参加国际学术会议、发表学术文章，要给予支持。

（三）坚定文化自信，不断推动社会主义文化走向世界

坚持对外开放，在吸收借鉴人类有益文明成果的同时，努力推进中国文化走向世界，是我国文化发展的必由之路。从文化的功能讲，"与他国人民进行文化交往是实施政治影响的一种途径，也是加速向其他社会进行经济渗透的催化剂。禁止或限制向其他社会输出本国文化的国家将使自己在争夺国际影响力的竞争中处于劣势。增加在国外的文化活动增强国家实力；防止，则削弱影响"②。只有实现不同文化之间的互动，才能获得更广泛的理解、信任和支持，才能推动世界文化的和谐发展。

改革开放以来，为能尽快地消除我国文化建设与世界文化之间的差距，同时也为推进我国现代化建设提供智力支持，我国引进了大量的国外学术成

---

① 习近平：《中国要永远做一个学习大国》，《人民日报》2014年5月24日，第1版。

② ［美］傅立民：《论实力：治国方略与外交艺术》，刘晓红译，清华大学出版社2004年版，第34页。

果和先进技术，这对于推动我国思想解放、观念更新、理论创新和文化现代化程度的提高起到了积极的推动作用。尤其在文化产业领域，现代先进技术和文化产业理念的引进，不仅极大地丰富了我们对于文化的理解，而且在产业形态上迅速地建立起初具规模的文化产业体系，并且在消化吸收引进先进技术的过程中迅速地实现文化产品的规模化生产。但必须指出的是，此时中外文化的互动，主要是单向流入性的。在我国与外来文化的交流互动中，存在着巨大的文化“逆差”。随着我国改革开放的深入，综合国力的提高，推动中华文化迈出国门走向世界，实现由“逆差”向“顺差”的转变，日益成为推动中国文化发展的战略要求。江泽民在1997年12月召开的全国外资工作会议上，首次把“走出去”和“引进来”作为同等重要的战略问题提出来，强调“‘引进来’和‘走出去’，是我们对外开放基本国策两个紧密联系、相互促进的方面，缺一不可”①。“走出去”，不仅经济要走出去，文化也要走出去。2010年8月，胡锦涛在党的十七届中共中央政治局第二十二次集体学习时突出强调，要精心打造中华民族文化品牌，提高我国文化产业国际竞争力，推动中华文化走向世界。2014年1月，习近平总书记在党的十八届中共中央政治局第十二次集体学习时强调：“提高国家文化软实力，要努力传播当代中国价值观念。当代中国价值观念，就是中国特色社会主义价值观念，代表了中国先进文化的前进方向。我国成功走出了一条中国特色社会主义道路，实践证明我们的道路、理论体系、制度是成功的。要加强提炼和阐释，拓展对外传播平台和载体，把当代中国价值观念贯穿于国际交流和传播方方面面。”② 中国文化发展实施“引进来”和“走出去”相结合的战略，不仅意味着中国可以更好地从全球吸收和借鉴优秀文化成果，更意味着中华文化开始再次走向世界，并成为影响世界文化发展走向的重要力量。此时的中国不仅是先进文明的“接收者”，也将自近代以来再次成为世界文明的“创造者”。

中国文化的“走出去”战略，集中体现在中国传统文化不断走向世界。勤劳的中华民族曾创造了世界上最为辉煌的物质文明和精神文明，但鸦片战

---

① 《江泽民文选》第二卷，人民出版社2006年版，第92页。

② 习近平：《建设社会主义文化强国　着力提高国家文化软实力》，《人民日报》2014年1月1日，第1版。

争以后，面对西方文化的进入，中国人对自身文化的评价越来越低，从感觉器物的不足到制度的不足，再到文化的不足，每一次对西方文化认识的深入都伴随着对自身文化否定的加深，每一次民族危机的加重也加剧了人们对自身文化的失望。中国人在屡遭顿挫中产生了对自身文化认知上的自卑。这种文化自卑心理在“五四”运动中就集中表现为对中华文化的彻底否定。中华文化似乎成了中国封闭落后的“原罪”。“在后来的一个世纪里，国人对于传统文化始终没有一个准确的定位，认同感也与日俱淡，对于优秀的传统文化也没有了自信。”① 新中国成立后的数次“全面反传统”运动，以及不时泛起的文化虚无主义思潮，使本来就被边缘化的传统文化几乎走上绝境。尽管中国传统文化有许多糟粕，但更多的是精华。在5000年的文明史上，我们的古人留下了浩如烟海的文化典籍，贡献了众多泽及人类、深刻改变世界面貌的发明创造。古代中国在天文历法、地学、数学、农学和人文科学的许多领域，都曾独步一时。直到15世纪以前，中国的科学技术在世界上保持了千年的领先地位。中国传统文化不仅对中国的经济和社会发展发挥了巨大影响，为中国人的文化性格和行为方式的形成奠定了历史基础，而且对人类文明的发展已经产生并将继续产生重要影响。中国传统文化特别是其中优秀的基因绝不会随历史的流逝而淡去其具有的色彩，它是我们开展中外文化交流的重要资源，失去了中国传统文化的中外文化交流将缺乏与中国古代伟大心灵的对话，淡忘中国传统文化的中外文化交流将是不完整的交流、缺乏魅力的交流。

但与此同时，我们也要看到，在看待社会主义先进文化能否“走出去”的问题上，大都讳莫如深。以马克思主义研究为例，随着我国对外开放的推进，有关西方学者对马克思主义研究的著作被大量引进来，并在一定程度上加深了中国政界、学界对马克思主义的理解；但与此同时，我国学者对马克思主义的最新理解，以及有关马克思主义中国化研究的成果却只能在中国的大地上开花结果，很少跨出国门。中华文化是一个复合体系，既包括几千年积淀下来的传统文化，也包括以马克思主义为指导的社会主义先进文化。“走出去”的中华文化，不应仅仅是传统文化，也应包括中国社会主义先进文化。中国社会主义文化虽然根植于中国、从属于社会主义，但其所蕴含的

① 孔寒冰：《中美正在分享全球化》，《环球时报》2006年4月18日，第7版。

和平共处五项原则、世界文明多样性思想、人类命运共同体理念等，不仅是推动当代中国社会发展的指导理论，也是解决当代世界发展困境的有益思想资源。正如习近平总书记所言：“国际社会对中国的关注度越来越高，他们想了解中国，想知道中国人的世界观、人生观、价值观，想知道中国人对自然、对世界、对历史、对未来的看法，想知道中国人的喜怒哀乐，想知道中国历史传统、风俗习惯、民族特性，等等。”① 当然，我们将社会主义文化推向世界，输出的是符合人类发展需要的文化精神，并不是“输出革命”。虽然由于意识形态的差异，世界对中国社会主义文化的广泛认识和接受，还存在一定困难。但是，只要是先进的、进步的、符合人类社会根本利益的文化，终究会得到广泛认同。在推动中国社会主义文化“走出去”的过程中，要善于跨越以前的认知障碍，注意着力打造先进文化独有的感染力和亲和力，共同树立人类公认的文化新标准。

四、提高文化国际传播能力

文化的影响力不仅取决于内容是否具有独特的魅力，而且取决于是否具有强大的传播能力。党的十九大报告指出：“推进国际传播能力建设，讲好中国故事，展现真实、立体、全面的中国，提高国家文化软实力。”② 让中华文化走出去、扎下根，必须着力提高文化的国际传播能力。

（一）国际舆论格局依然是“西强我弱”

国际舆论格局，是指在一定时期内国际舞台上的各种舆论力量相互联系、相互作用所形成的一种结构状态。与国际政治格局、国际经济格局和国际安全格局一样，国际舆论格局是国际政治、经济、安全等格局在意识形态领域的反映和投射，会随着政治、经济、安全等因素的变化而改变。近年来，伴随着我国经济的快速发展、我国国际政治地位的不断提高，国际舆论格局正在发生积极变化，中国的因素不断凸显，中国的信息不断增加，世界

① 中共中央文献研究室：《习近平关于社会主义文化建设论述摘编》，中央文献出版社 2017 年版，第 206 页。

② 习近平：《决胜全面建成小康社会　夺取新时代中国特色社会主义伟大胜利——在中国共产党第十九次全国代表大会上的报告》，人民出版社 2017 年版，第 43—44 页。

对中国的印象不断加深。但与此同时，我们也必须看到，全球传媒市场、娱乐市场、文化市场及其影响下形成的国际舆论市场，仍然主要控制在西方发达国家几个跨国传媒集团手中。习近平总书记深刻指出："国际舆论格局依然是西强我弱。西方主要媒体左右着世界舆论，我们往往有理说不出，或者说了传不开。"① 对于国际舆论格局，我们必须保持清醒的头脑。

西强我弱的舆论格局对于中国国家软实力的提升、国家形象的塑造不可避免地产生了消极影响。"落后就要挨打，贫穷就要挨饿，失语就要挨骂。"② 经过长期不懈的奋斗，我国经济实力、科技实力、国防实力、综合国力已经进入世界前列，党的面貌、国家的面貌、人民的面貌、军队的面貌、中华民族的面貌也发生了前所未有的变化。国际社会对中国的关注度越来越高，国外很多人对中国道路的兴趣越来越浓厚，对中国道路的认识也越来越理性。然而，在一些西方舆论的歪曲引导下，国际社会对我们的误解也不少，"中国威胁论""中国崩溃论""中国霸权论"等论调不时沉渣泛起，极大地损害了我国国家利益和国家形象。客观而言，当今中国"挨打"和"挨饿"的问题已经得到基本解决，但"挨骂"的问题还没有得到根本解决。"中国在世界上的形象很大程度上仍是'他塑'而非'自塑'，我们在国际上有时还处于有理说不出、说了传不开的境地，存在着信息流进流出的'逆差'、中国真实形象和西方主观印象的'反差'、软实力和硬实力的'落差'。"③ 必须尽快抛弃"敏于行而讷于言""酒香不怕巷子深"的传统经验，积极塑造以"主动进取"为基本特征的现代观念，下大力气加强国际传播能力建设，加快提升中国话语的国际影响力，让全世界都能听到并听清中国的声音。

（二）讲好中国故事

讲故事，是国际传播的最佳方式。"讲故事就是讲事实、讲形象、讲感情、讲道理，讲事实才能说服人，讲形象才能打动人，讲情感才能感染人，

① 中共中央文献研究室：《习近平关于社会主义文化建设论述摘编》，中央文献出版社2017年版，第200页。

② 中共中央文献研究室：《习近平关于社会主义文化建设论述摘编》，中央文献出版社2017年版，第211页。

③ 中共中央文献研究室：《习近平关于社会主义文化建设论述摘编》，中央文献出版社2017年版，第212页。

讲道理才能影响人。”① 今天的中国不缺好故事，“我们的国家发展成就那么大、发展势头那么好，我们国家在世界上做了那么多的好事，这是做好国际舆论工作的最大本钱”②。我们有本事做好中国的事情，也要有信心讲好中国的故事。

讲清楚中国的特色。在当今世界200多个国家中，中国是最大的社会主义国家，是最大的发展中国家，是文明唯一没有中断过的国家，是经济发展速度最大的国家之一。这里面蕴含着数不胜数的故事，这些故事既记载了中国人民创造中华文明的豪情壮志，也记载了中国人民探索人类社会发展规律的不懈努力。讲中国的故事，就要“讲好中国特色社会主义的故事，讲好中国梦的故事，讲好中国人的故事，讲好中华优秀文化的故事，讲好中国和平发展的故事”③。面向世界，要讲清楚每个国家和民族的历史传统、文化积淀、基本国情不同，其发展道路必然有着自己的特色；讲清楚中华文化积淀着中华民族最深沉的精神追求，是中华民族生生不息、发展壮大的丰厚滋养；讲清楚中华优秀传统文化是中华民族的突出优势，是我们最深厚的文化软实力；讲清楚中国特色社会主义植根于中华文化沃土、反映中国人民意愿、适应中国和时代发展进步要求，有着深厚历史渊源和广泛现实基础。中华民族创造了源远流长的中华文化，中华民族也一定能够创造出中华文化新的辉煌。当我们把这些都讲清楚的时候，一个历史悠久、快速发展、和平友善的大国形象也将展现在世界面前。

讲清楚中国的未来。随着中国的快速发展，国际社会越来越关注中国“向何处去”的问题，讲好中国故事，就要回答这个问题，解疑释惑，使国际社会全面、客观、理性地看待和认识中国。要讲清楚中国的发展进步，介绍改革开放以来中国经济社会发展取得的巨大成就以及中国人民精神面貌发生的深刻变化，深入阐释中国发展进步的路径、轨迹和原因，用事实说明中国政治制度、经济政策、民生安排的正当性、合理性。讲清楚中国发展面临

① 中共中央文献研究室：《习近平关于社会主义文化建设论述摘编》，中央文献出版社2017年版，第212页。

② 中共中央文献研究室：《习近平关于社会主义文化建设论述摘编》，中央文献出版社2017年版，第208页。

③ 中共中央文献研究室：《习近平关于社会主义文化建设论述摘编》，中央文献出版社2017年版，第212页。

的挑战和我们战胜挑战的措施，用事实说明在中国这样一个拥有14亿多人口的发展中大国搞现代化建设，其困难之多、矛盾之复杂前所未有、世所罕见，中国有信心、有能力克服发展进程中的困难和矛盾，保持经济持续健康发展，推动社会进步。讲清楚中国的未来发展走向，介绍新的时代条件下中国现代化发展的新特点新蓝图新征程，说明中国坚持和平发展、开放发展、共同发展，通过争取和平的国际环境发展自己，又以自身发展维护和促进世界和平。通过这些介绍，增进国际社会对中国的了解，稳定国际社会对中国发展的预期，减少疑虑和误判。

（三）传播好中国声音

习近平总书记指出："要精心做好对外宣传工作，创新对外宣传方式，着力打造融通中外的新概念新范畴新表述，讲好中国故事，传播好中国声音。"① 提升国际传播能力，既要讲好中国故事，也要传播好中国声音。

创新对外话语表达方式。创新对外话语表达是加强我国国际传播能力的内在要求，也是传播好中国声音的必由路径。近年来，国际社会对中国的关注度越来越高，他们想了解中国，想知道中国人的世界观、人生观、价值观，想知道中国人对自然、对世界、对历史、对未来的看法，想知道中国人的喜怒哀乐，想知道中国历史传统、风俗习惯、民族特性。但与这种强大的需求相比，长期以来，由于我们不注重话语表达方式的改进，常常陷入自说自话、别人听不懂的窘境。中国不乏好故事，但缺乏讲故事的技巧。习近平总书记指出："要创新对外话语表达方式，研究国外不同受众的习惯和特点，采用融通中外的概念、范畴、表述，把我们想讲的和国外受众想听的结合起来，把'陈情'和'说理'结合起来，把'自己讲'和'别人讲'结合起来，使故事更多为国际社会和海外受众所认同。"② 要用好新闻发布机制，用好高端智库交流渠道，用好重大活动和重要节展赛事平台，用好中华传统节日载体，用好海外文化阵地，用好多种文化形式，让中国故事成为国际舆论关注的话题，让中国声音赢得国际社会理解和认同。而在这之中，文艺是

---

① 习近平：《胸怀大局把握大势着眼大事　努力把宣传思想工作做得更好》，《人民日报》2013年8月21日，第1版。

② 中共中央文献研究室：《习近平关于社会主义文化建设论述摘编》，中央文献出版社2017年版，第213页。

最好的交流方式，一部小说、一篇散文、一首诗、一幅画、一张照片、一部电影、一部电视剧、一曲音乐，都能给外国人了解中国提供一个独特的视角，都能以各自的魅力去吸引人、感染人、打动人。

完善对外传播话语体系。中国声音能不能传播好，关键要看受众愿不愿意听、能不能听得懂。当前我们在国际上之所以面临着有理说不清的困境，一个重要原因是我们的对外传播话语体系没有完全建立起来。习近平总书记指出："要加强对外话语体系建设，用中国理论阐释中国实践，用中国实践升华中国理论，更加鲜明地展现中国思想，更加响亮地提出中国主张。"①要加大传播力度，让中国创造的"五位一体"总布局、"四个全面"战略布局、经济发展新常态、结构性改革等重大战略思想，中国倡导的中国梦、正确义利观、命运共同体、新型大国关系、共建"一带一路"等重大理念，成为世界表达中国故事的源头、读懂中国的标识。话语的背后是思想，最能触动人心的也是思想。要围绕我国和世界发展面临的重大问题，着力提出能够体现中国立场、中国智慧、中国价值的理念、主张、方案，着力打造融通中外的新概念新范畴新表述，我们不仅要让世界知道"舌尖上的中国"，还要让世界知道"学术中的中国""理论中的中国""哲学社会科学中的中国"，让世界知道"发展中的中国""开放中的中国""为人类文明做贡献的中国"。

打造具有较强国际影响力的载体平台。在国际传播中，媒体是主力军，壮大媒体力量是提高国际传播能力的基础环节。中国是一个媒体大国，但还不是一个媒体强国，在国际上还缺少有较大影响力的一流媒体。改变这种大而不强的状态，需要在继续支持中央媒体走出去、参与国际传媒竞争的基础上，"优化战略布局，集中优势资源，着力打造具有较强国际影响的外宣旗舰媒体。中央媒体要强化驻外机构对外传播职能，加快实施本土化战略，成为国际传播生力军"②。还要着眼网络时代的到来，坚持传统媒体与新兴媒体并举，加快传统媒体与新兴媒体融合发展，以报纸、通讯社、电台、电视

---

① 中共中央文献研究室：《习近平关于社会主义文化建设论述摘编》，中央文献出版社2017年版，第213页。

② 中共中央文献研究室：《习近平关于社会主义文化建设论述摘编》，中央文献出版社2017年版，第214页。

台等传统媒体为依托，在不断加强多语言网络建设的基础上，大力开发和运用数字化、网络化技术，把传统媒体的内容优势和新兴媒体的传播优势有机结合起来，充分运用新技术新应用，创新媒体传播方式，在新一轮传播能力竞争中赢得主动。同时，还要充分利用我国不断增强的对外投资能力、不断壮大的文化产业，不断增加对外文化产业投资，推动中国文化企业走出去，为提高对外传播能力建设提供新的平台、开拓新的渠道。

第十章

维护文化安全

发展是安全的基础，安全是发展的条件。对于社会主义中国来说，文化安全不仅事关文化繁荣发展，更事关国家长治久安和党的执政安全。所谓文化安全，主要指一个国家的精神文化以及建立于其上的主导意识形态、民族语言符号系统以及知识传统、宗教信仰等主要文化要素免于被侵蚀、破坏和颠覆的状态。对这一状态的任何破坏，都构成文化安全问题。文化安全防线被突破，其他防线就很难守住，因为一个政府的瓦解往往是从思想领域开始的，政治动荡、政权更迭可能在一夜之间发生，但思想演化是个长期过程。

一、文化安全是国家安全和党执政安全的重要保障

在当代，国家安全是一个复杂系统，包括政治安全、国土安全、军事安全、经济安全、文化安全、社会安全、科技安全、信息安全、生态安全、资源安全、核安全、生物安全等要素。党的十九届四中全会指出：“以人民安全为宗旨，以政治安全为根本，以经济安全为基础，以军事、科技、文化、社会安全为保障，健全国家安全体系，增强国家安全能力。”① 文化安全同军事安全、科技安全、社会安全一起共同构成了总体国家安全的重要保障。维护总体国家安全，必须发挥文化安全的保障作用。

（一）文化安全是国家安全的重要内容和保障

对于任何一个国家来说，维护国家安全都是永恒的话题，但国家安全的内涵并不是固定不变的，而是随着时代的发展而不断丰富变化。习近平总书记指出：“当前我国国家安全内涵和外延比历史上任何时候都要丰富，时空

① 《中共中央关于坚持和完善中国特色社会主义制度　推进国家治理体系和治理能力现代化若干重大问题的决定》，人民出版社 2019 年版，第 30 页。

领域比历史上任何时候都要宽广，内外因素比历史上任何时候都要复杂。”①具体而言就是：国家安全的内涵由传统安全向非传统安全领域扩张，影响国家安全的因素由物质利益冲突向文化利益冲突拓展，维护国家安全的力量由硬实力向软实力延伸。

第一，国家安全内涵由传统安全领域向非传统安全领域扩张。在传统国家安全领域，受民族国家产生与国际关系体系形成基础的影响，国家安全一直被理解为军事安全、领土安全。20 世纪 70 年代以后，伴随着全球化的发展和能源资源、生态环境、互联网等新问题的出现，人们对国家安全的认识逐渐突破军事领域，由军事安全扩大到经济安全、网络安全、文化安全、生态安全、信息安全、资源安全等非传统安全领域。1992 年 1 月，联合国安理会在一份文件中指出，经济、社会、人道主义和生态领域中的一些非军事性的不稳定因素构成了对和平与安全的威胁。这标志着“非传统安全”这一新的安全范式的形成。

非传统安全观的提出，也极大地拓宽了中国对国家安全认识的视野。2002 年 9 月 13 日，时任中国外交部部长唐家璇在第 57 届联合国大会上发表讲话，他在讲话中指出：“当前国际形势正在发生深刻的变化，安全的内涵不断扩大，安全问题不再是单纯的军事问题，已经涉及政治、经济、金融、科技、文化等诸多领域。”② 这是中国政府首次在国际会议上提出非传统国家安全观。党的十六届四中全会首次提出“文化安全”概念：“增强国家安全意识，完善国家安全战略，健全科学、协调、高效的工作机制，有效应对各种传统安全威胁和非传统安全威胁，严厉打击境内外敌对势力的渗透、颠覆、破坏活动，确保国家政治安全、经济安全、文化安全、信息安全。”③ 在党的十七大、十八大、十九大报告中，我们党对文化安全都给予了高度关注。

党的十八大以来，习近平总书记对于文化安全特别是意识形态安全高度

---

① 习近平：《坚持总体国家安全观　走中国特色国家安全道路》，《人民日报》2014 年 4 月 16 日，第 1 版。

② 《唐家璇呼吁国际社会树立新安全观》，http：//www. people. com. cn/GB/shizheng/3586/20020914/822502. html。

③ 《中共中央关于构建社会主义和谐社会若干重大问题的决定》，人民出版社 2006 年版，第 30 页。

重视，多次指出我们在意识形态和文化安全领域始终面临着十分严峻的挑战。“当前，各种敌对势力一直企图在我国制造‘颜色革命’，妄图颠覆中国共产党领导和我国社会主义制度。这是我国政权安全面临的现实危险。他们选中的一个突破口就是意识形态领域，企图把人们思想搞乱，然后浑水摸鱼、乱中取胜。新形势下，意识形态领域斗争复杂尖锐。”① 特别是互联网的发展，不仅推动了国家安全由传统安全领域向非传统安全领域扩张的速度，更是加剧了文化和意识形态领域斗争的复杂程度。习近平总书记指出，互联网已经成为舆论斗争的主战场，是我们面临的最大变量，搞不好会成为心头之患，“西方反华势力一直妄图利用互联网‘扳倒中国’，多年前有西方政要就声称‘有了互联网，对付中国就有了办法’，‘社会主义国家投入西方怀抱，将从互联网开始’”②。从“维基解密事件”“斯诺登事件”看，西方国家的互联网活动能量和规模远远超出了世人想象。“在互联网这个战场上，我们能否顶得住、打得赢，直接关系我国意识形态安全和政权安全。”③ 对此，我们必须保持清醒的头脑，切实增强忧患意识。

第二，影响国家安全因素由物质冲突向文化冲突拓展。在农业社会，土地、人口是财富之母，影响国家安全的因素主要是土地和人口。国与国之间为了争夺土地、人口，可以不惜发动战争。中国春秋战国时期，各诸侯国之间战争不断，主要就是为了争夺土地和人口，达到“普天之下，莫非王土；率土之滨，莫非王臣”的目的。所以，美国学者爱德华·麦克诺尔·伯恩斯认为：“有史以来，征服领土的欲望一直是使用武力的最强烈的动因。经济与安全上的考虑是推动各国政府捍卫领土的主要原因。工业革命前，进行领土扩张，意味着控制更多的人力和资源。”④ 在工业社会，对于一个国家而言，最重要的已经不是人口和土地，而是原料资源和商品销售，所以，争夺原料资源产地、销售产地就成为引发国家冲突的主要因素。马克思、恩格斯

---

① 中共中央文献研究室：《习近平关于社会主义文化建设论述摘编》，中央文献出版社2017年版，第37页。

② 中共中央文献研究室：《习近平关于社会主义文化建设论述摘编》，中央文献出版社2017年版，第28—29页。

③ 中共中央文献研究室：《习近平关于社会主义文化建设论述摘编》，中央文献出版社2017年版，第29页。

④［美］爱德华·麦克诺尔·伯恩斯：《世界文明史》第三卷，罗经国、赵树濂、邹一民、朱传贤译，商务印书馆1990年版，第237页。

在《共产党宣言》中曾深刻地指出："不断扩大产品销路的需要，驱使资产阶级奔走于全球各地。它必须到处落户，到处开发，到处建立联系。"① 可以看出，无论在农业社会还是工业社会，引发国家冲突的主要是物质性利益冲突。

而在当今时代，伴随着文化经济化、经济文化化的凸显，文化冲突也逐渐成为引发国家冲突的重要因素。"文明冲突论"的提出者亨廷顿强调，在后冷战时期，"最普遍、重要的和危险的冲突不是社会阶级之间、富人和穷人之间，或其他以经济来划分的集团之间的冲突，而是属于不同文化实体的人民之间的冲突"②。美国卡特政府的国家安全事务助理布热津斯基在《大失控与大混乱》中指明："动员人们采取政治行动并从而塑造世界的正是思想。""我们正处在全球政治觉醒的时代，因此，政治思想大概会越来越重要，它要么成为精神凝聚力的源泉，要么就是混乱之源；要么成为达成政治共识的基础，要么就是冲突的祸根。"③ 这些观点虽然呈现出一定程度的"文化决定论"倾向，但也反映了冷战结束以后世界安全局势发展的基本走向。西亚北非为什么这么乱？原因有很多，但西方强行推进的"民主进程"和该地区固有的宗教冲突是个深层原因。

第三，维护国家安全力量由硬实力向软实力延伸。在人类已有的绝大部分历史进程中，军事力量、政治力量等"硬实力"都是维护国家的主要力量。今天，伴随着全球化的发展以及随之而来的国与国之间联系的增多，作为维护国家安全重要手段的军事手段在运用上受到的约束越来越多。特别是随着核武器的出现，有核武器国家之间爆发战争的可能性越来越不可思议，即使是非核战争国家之间爆发战争的可能性也越来越小。这一方面归结于现代战争的强大破坏性和高消耗性，另一方面也归结于人们对战争的批评性态度。在越南战争时期，策划一场反战活动需要耗时数周甚至数月准备宣传册、海报以及打电话等，抗议集会的规模花了四年时间才从 2.5 万人增加到 1969 年的 50 万人。相比之下，2003 年 2 月伊拉克战争前，一个周末的时间，

① 《马克思恩格斯文集》第 2 卷，人民出版社 2009 年版，第 35 页。

② [美] 塞缪尔·亨廷顿：《文明的冲突与世界秩序的重建》，周琪、刘绯、张立平、王圆译，新华出版社 2010 年版，第 5 页。

③ [美] 布热津斯基：《大失控与大混乱：21 世纪前夕的全球混乱》，潘嘉玢、刘瑞祥译，中国社会科学出版社 1995 年版，序言第 2 页。

美国和欧洲就分别聚集起80万人和150万人规模的抗议集会。约瑟夫·奈在《软实力》一书中说："后工业时代的民主国家看重的是福祉，而非荣誉，更不喜欢高伤亡率……现代民主国家不崇尚武士道精神，这意味着动用武力前他们需要煞费苦心地从道义上找个理由以取得民意支持，除非这个国家已经到了生死存亡的紧要关头。对于发达民主国家来说，虽然仍存在发动战争的可能性，但较之一个或半个世纪之前，这种可能性已经大大降低。最强大的几个国家几乎丧失了征服的欲望。"①

军事的安全效能在相对下降，其大多时候是作为维护国家安全的威慑手段和保底手段运用的，而与此同时，非军事手段特别是文化的安全效能则在不断提升。1992年美国时任总统布什在《美国复兴日程》中明确强调，美国的安全由于美国文化对全世界的吸引力而得到补充，这是一种新的可以利用的软力量。1994年，克林顿政府在《美国国家安全战略》中提出了冷战后美国国家安全的"三大支柱"：一是维持超级经济大国的地位，以求霸权永续；二是在全球拓展美国式民主，强行推行美国的意识形态；三是出于自身的安全考虑，制定国家导弹防御系统。这里就把在全球推行美国意识形态视为其维护国家安全的三大支柱之一。美国奥巴马政府于2015年2月公布的《美国国家安全战略报告》，更是将推广"普世价值观"列为美国国家核心利益，并特别指出：我们的价值观是力量和安全的源泉，要在一个经历重大政治变革的世界发挥有效的领导作用，美国必须在国内维护自身的价值观，同时在国外推广普世价值观。2017年12月，特朗普政府公布的《美国国家安全战略》提出，一个支持美国利益、反映美国价值观的世界，可以使美国更加安全、更加繁荣。约瑟夫·奈曾联系美国发动的伊拉克战争特别强调，要"把软力量看作实施新的国家安全战争所能够运用得最重要的工具和手段，因此，决不能低估软力量在国际机制和维护国家安全方面的作用"②。从这个意义上来讲，文化已经不仅仅是创造国家财富的崭新形态，更是平衡国际力量对比的重要因素和维护国家安全的重要保障。

通过以上的分析，我们不难发现，国家安全，从关注的重点到影响的因

---

① ［美］约瑟夫·奈：《软实力》，马娟娟译，中信出版社2013年版，第26页。

② ［美］约瑟夫·奈：《伊拉克战争之后的美国霸权与战略》，《参考消息》2003年9月8日，第6版。

素，从维护的力量到维护的要求，都在不断发生变化，而这些变化都表现出一个共同的特征，即软化和泛化，并有一个共同的指向，即文化因素。可以说，在当今时代，文化安全是国家安全的重要内容，也是维护国家安全的重要保障。

(二) 维护文化安全是巩固党执政安全的客观需要

执政安全是关系到执政党生存与发展的根本问题。苏联解体、中亚北非动荡说明，对于任何一个政党来说，其执政地位都不是一劳永逸的，都存在着执政安全的问题。我们党也不例外。在社会主义建设时期，我们党虽然没有执政安全一说，但影响党执政安全的因素还是存在的。对外，是西方国家的封锁，对内则是生产力的落后和人民生活的极端贫困。所以，邓小平在反思“文化大革命”的基础上，提出“社会主义本质论”和“三个有利于工作标准”都是从生产力方面论述的。认为：“社会主义的本质，是解放生产力，发展生产力，消灭剥削，消除两极分化，最终达到共同富裕。”① “判断的标准，应该主要看是否有利于发展社会主义社会的生产力，是否有利于增强社会主义国家的综合国力，是否有利于提高人民的生活水平。”② 而且还特别强调指出：“在无产阶级专政的条件下，不搞现代化，科学技术水平不提高，社会生产力不发达，国家的实力得不到加强，人民的物质文化生活得不到改善，那末，我们的社会主义政治制度和经济制度就不能充分巩固，我们国家的安全就没有可靠的保障。”③ 应该说，邓小平的这个认识是符合当时中国实际的，也抓住了当时影响我们党执政安全的主要因素。

经过40多年的改革开放，我国的面貌发生了历史性变化，经济总量已经跃居世界第二，人民生活水平也得到大大提高。应该说，这样的执政成绩单应该确保我们党执政安全。但现实却是，影响我们党执政安全的因素依然不少，消极腐败问题、意识形态问题、社会公平问题、生态环境问题，等等，都是影响我们党执政安全的因素。而其中意识形态问题尤其应该引起我们的注意。如马克思主义指导地位、马克思主义信仰受到怀疑，社会道德失范、信仰缺失、价值迷失等问题引起人们越来越多的关注。例如，一些文化

---

① 《邓小平文选》第三卷，人民出版社1993年版，第373页。
② 《邓小平文选》第三卷，人民出版社1993年版，第372页。
③ 《邓小平文选》第二卷，人民出版社1994年版，第86页。

保守主义者以反对“西化”、弘扬传统文化为名，认为马克思主义是异族文化，无法安顿中华民族的生命和灵魂，是导致近百年中国精神丧失以及近年来社会道德缺失、价值迷茫的根本原因，主张用儒家思想取代马克思主义，使之成为国家和社会生活的思想主体和主导；倡导“王道政治”，反对民主政治，主张建立“儒家共同体专政国家”，设立通儒院、庶民院、国体院，以实现社会等级和谐。这实际上就是否定了马克思主义的指导地位和我们党的执政地位。

任何政党的产生和存在都有自己的意识形态前提或文化前提。从逻辑上讲，先有意识形态和意识形态认同才可能有政党，不仅“主义型政党”如此，“选举型政党”也是如此。如果一个政党没有自己的思想、理论、主张或自己的思想、理论、主张受到社会怀疑，它就会失去存在的基础和理由。对于执政党而言，这就意味着失去执政的前提和基础。习近平总书记指出：“马克思主义是我们立党立国的根本指导思想。背离或放弃马克思主义，我们党就会失去灵魂、迷失方向。在坚持马克思主义指导地位这一根本问题上，我们必须坚定不移，任何时候任何情况下都不能有丝毫动摇。”① 亨廷顿在《变化社会中的政治秩序》一书中也指出，在发展中国家，影响执政党执政安全的主要包括以下四个方面：第一，意识形态的主导性；第二，政府治理的绩效性；第三，政治过程的循环性（国家的领导人是否有任期）；第四，社会公众的满意性。在这里，执政党倡导的意识形态即主导文化在整个社会意识形态当中是否具有主导性，是影响执政党执政安全的首要因素。思想基础不牢，地动山摇。同其他防线（如经济防线、军事防线）相比，思想防线具有较强的稳定性，一旦形成就不易改变，但是一旦改变，就会起到决定性的颠覆作用。

二、维护马克思主义在多元文化格局中的指导地位

改革开放以来，伴随着经济体制深刻变革、社会结构深刻变动、利益格局深刻调整、思想观念深刻变化，我国文化多元化的基本格局已经形成。文化多元化必然对现实社会特别是社会主流意识形态产生重大影响，这种影响

① 习近平：《在庆祝中国共产党成立95周年大会上的讲话》，《人民日报》2016年7月2日，第2版。

在我国主要表现为对马克思主义指导思想一元化的影响。一方面，文化多元化造成思想观念活跃局面，带来许多积极、进取的思想观念，这对于更好地坚持和发展马克思主义具有积极的推动作用。另一方面，文化多元化也会滋生许多消极、落后的思想观念，一些非主流或反主流思潮趁机大行其道，对坚持马克思主义指导地位构成严峻挑战。必须看到，文化多元化和价值观念多样，并不等于社会占支配地位的思想可以多元；各种文化形态不是平分秋色的，社会意识多样化更加需要正确的思想导向。实践表明，作为一个拥有14亿多人口、幅员辽阔的多民族大国，形势越是纷繁复杂，社会意识越是多样化，越需要在根本问题上统一思想、凝聚共识。习近平总书记指出："马克思主义及其在中国的发展，为党和人民事业发展提供了既一脉相承又与时俱进的科学理论指导，为增进全党全国各族人民团结统一提供了坚实思想基础。"① 在当代中国，马克思主义指导思想是社会意识的"纲"和"魂"，是保证国家稳定、社会发展进步的思想基础。因此，必须在提倡多样化中坚持弘扬主旋律，不断增强马克思主义对多元文化的指导力、引领力、感染力。

（一）坚定马克思主义理论自信

在纪念马克思诞辰200周年大会上，习近平总书记深刻指出："两个世纪过去了，人类社会发生了巨大而深刻的变化，但马克思的名字依然在世界各地受到人们的尊敬，马克思的学说依然闪耀着耀眼的真理光芒。"② 两个世纪以来，世界风云变幻，历史见证了马克思主义如何从西欧工人运动中的一个学派发展成为当今世界影响力最大的科学思想体系，也见证了马克思主义指导下世界社会主义运动的蓬勃发展和中华民族迈向伟大复兴的铿锵步伐。马克思主义早已穿越了时空的界限，而闪耀着永恒的真理光芒。对此，我们应当抱有坚定的自信。

马克思主义是科学的理论，为人类认识社会发展规律提供了最有力的思想武器。自古至今，人们都在不断地追问社会发展的原因，探索社会发展的规律和趋势，试图揭示人类社会何以产生、何以运行、何以发展的问题。但社会历史现象的异彩纷呈，又在极大地困扰着人们的思想和心灵，以至不时

---

① 习近平：《在庆祝中国共产党成立95周年大会上的讲话》，《人民日报》2016年7月2日，第2版。

② 《十九大以来重要文献选编》（上），中央文献出版社2019年版，第420页。

陷入唯心主义的思想迷途。直至马克思主义产生，人类才真正找到了认识世界的科学工具。马克思主义通过其所创立的唯物史观和剩余价值学说，科学揭示了资本主义运行规律和资本主义必然灭亡的历史趋势，为人类指明了从必然王国走向自由王国的科学路径。正是在这一意义上，恩格斯说，正像达尔文发现有机界的发展规律一样，马克思发现了人类历史的发展规律。历史是最好的试金石。马克思主义创立170多年以来的世界风云变幻，反复证明了马克思对人类历史发展的深刻洞察。当代世界，全球化的时代特征与马克思在《共产党宣言》中的预见极其相似。历史越是久远，社会越是发展，实践越是深入，马克思主义的真理光芒越是璀璨。

马克思主义是人民的理论，为人类实现自身的解放提供了最正确的道路。习近平总书记指出："马克思主义博大精深，归根到底就是一句话，为人类求解放。"① 历史地看，自进入阶级社会以后，人类就开始了对"解放"的探索和追寻。文艺复兴、启蒙运动、法国大革命，人们为战胜人对人的奴役和宗教奴役，创造了一个又一个辉煌篇章。然而，当我们回过头来审视这段历史时，遗憾地发现人类，由于缺乏科学理论的指导，无产阶级总是在"解放"与"奴役"的状态中反复徘徊。同历史上任何学说相比，马克思主义所关心的是全人类的解放，所追求的是建立"自由人联合体"的新社会。这种对人类命运的深切关怀，不仅反映了无产阶级和广大被压迫者的利益和愿望，也代表了社会发展的前进方向和全人类的利益，并为当时身处奴役中的无产阶级指明了奋斗的方向。恩格斯说，马克思可能有过许多敌人，但未必有一个私敌。马克思主义之所以具有跨越国度、跨越时代的影响力，就是因为它始终植根于人民之中，为人民实现自身解放指明了科学正道。

马克思主义是实践的理论，引领世界社会主义运动，实现了人类社会发展史上最伟大的历史飞跃。马克思从来"不是书斋里的学者"，"不是唯恐烧着自己手指的小心翼翼的庸人"；马克思主义不是世界之外的遐想，而是改变世界的强大思想武器。在马克思主义的指导下，社会主义实现了从空想到科学的转变，从理论到实践的转变，从一国运动到多国运动的发展。在中国，马克思主义不仅为中国共产党的成立奠定了思想基础，更为中国革命建

① 习近平：《在纪念马克思诞辰200周年大会上的讲话》，《人民日报》2018年5月5日，第2版。

设改革提供了强大思想武器，指引中国成功走上全面建成社会主义现代化强国的康庄大道。在新民主主义革命和社会主义革命时期，中国共产党人把马克思主义基本原理同中国革命和建设的具体实际结合起来，推翻了压在人民头上的“三座大山”，建立了社会主义制度，为中华民族复兴奠定了根本政治前提和制度基础。改革开放以来，中国共产党人把马克思主义基本原理同改革开放的具体实际结合起来，开启了建设中国特色社会主义新的伟大实践，使中国大踏步赶上了时代，实现了中华民族从站起来到富起来的伟大飞跃。进入新时代，中国共产党人把马克思主义基本原理同新时代具体实际结合起来，开启了在新的时代条件下建设中国特色社会主义的新征程，推动中华民族迎来了从富起来到强起来的伟大飞跃。

进入新时代，以习近平同志为核心的党中央着眼国内外形势变化，带领人民进行伟大斗争、建设伟大工程、推进伟大事业、实现伟大梦想，解决了许多长期想解决而没有解决的难题，办成了许多过去想办而没有办成的大事，推动党和国家事业发生历史性变革，党的面貌、国家的面貌、人民的面貌、军队的面貌、中华民族的面貌发生了历史性变化，中华民族前所未有地接近伟大复兴的目标、前所未有地接近世界舞台中心。中华民族从站起来到富起来再到强起来的伟大历程充分表明：马克思主义的命运早已同中国共产党的命运、中国人民的命运、中华民族的命运紧紧连接在一起；历史和人民选择马克思主义是完全正确的，中国共产党把马克思主义写在自己的旗帜上是完全正确的，坚持马克思主义基本原理同中国具体实际相结合、不断推进马克思主义中国化时代化是完全正确的！

（二）让马克思主义依然成为时代的最强音

《共产党宣言》开篇写道：“一个幽灵，共产主义的幽灵，在欧洲游荡。为了对这个幽灵进行神圣的围剿，旧欧洲的一切势力，沙皇和教皇、梅特涅和基佐、法国的激进派和德国的警察，都联合起来了。”“共产主义已经被欧洲的一切势力公认为一种势力。”① 历史地看，1848 年的欧洲在资本主义生产方式的刺激下所创造的生产力，“比过去一切时代所创造的全部生产力还要多，还要大”②。在这样的背景下马克思主义为什么还能将工人群众汇集

① 《马克思恩格斯选集》第 1 卷，人民出版社 2012 年版，第 399 页。
② 《马克思恩格斯选集》第 1 卷，人民出版社 2012 年版，第 405 页。

到自己的旗帜之下，而成为资产阶级“公认的对手”呢？归根到底是因为马克思主义已经成为那个时代的最强音，它对资本主义本质的揭露、对资产阶级本性的批判以及对未来共产主义社会的设想，反映了人民的心声，所以工人群众发自内心地信仰它。当马克思主义进入中国时，迎接它的是资产阶级民主主义、无政府主义以及改良主义、民族主义等诸多“主义”的挑战，但它仍穿越了时空的界限而成为指引中国革命前进的灯塔。“二战”结束以后，伴随着一系列社会主义国家的建立，马克思主义获得了前所未有的认同。但就是这样一种已经被历史证明具有科学性、先进性、实践性的伟大理论，为什么会在苏联、东欧的社会主义建设实践中逐渐走向历史的死胡同呢？原因不在于马克思主义，而是马克思主义在这些国家已经被教条化了、被“阉割”了。曾任保加利亚共产党中央政治局委员的利洛夫认为，“马克思主义是人类思想最伟大的成就，没有人如此深刻地分析资本主义。但马克思主义必须发展，遗憾的是，19 世纪蓬勃发展的马克思主义，20 世纪却在苏东停止了发展。本来理论应先于体制和政策，但我们的理论却远远落在了实践的后边。理论没有回应进入后工业时代的问题，也没有预见世界发展的趋势”。理论不能回答社会现实问题，现实也就不需要这种理论。

今天的中国在马克思主义特别是中国化马克思主义的指导下创造了人类历史上少有的发展奇迹，但我们也要看到，经济的发展并不必然带来理论的发展，如果我们在经济社会发展的过程中，忽略或漠视了理论发展的自觉，马克思主义在中国也可能被教条化、被边缘化。要让马克思主义在当代中国信仰体系始终占据主导地位，必须推动马克思主义的与时俱进，使其始终成为时代的最强音。

要有时代眼光。习近平总书记在哲学社会科学工作座谈会上指出：“当代中国的伟大社会变革，不是简单延续我国历史文化的母版，不是简单套用马克思主义经典作家设想的模板，不是其他国家社会主义实践的再版，也不是国外现代化发展的翻版，不可能找到现成的教科书。”① 马克思主义诞生于 170 多年前，列宁主义诞生于 110 多年前，毛泽东思想诞生于 80 多年前，邓小平理论诞生于 30 多年前。今天的世界已经发生了翻天覆地的变化，中国也已经发生了翻天覆地的变化，世界多极化、经济全球化、文化多元化、

---

① 习近平：《在哲学社会科学工作座谈会上的讲话》，人民出版社 2016 年版，第 21 页。

社会信息化不断发展。在这样的时代背景下，我们不能期待马克思主义、列宁主义、毛泽东思想甚至是邓小平理论解决、回答所有时代问题。如果马克思主义不能对新时代问题在理论上进行回应，就不可能引领实践的发展，也就不可能获得人们的认同。

要有民族文化情怀。我们党历来就有民族文化情结。毛泽东在提出马克思主义中国化命题时，就明确指出马克思主义必须和中华民族文化相结合。习近平总书记全面而深刻地阐述中华传统文化与马克思主义、中国特色社会主义的内在关系。在习近平总书记看来，中华优秀传统文化是中华民族的突出优势，是中国特色社会主义道路的历史文化渊源，是社会主义核心价值观的根和本，是中国特色国家治理体系形成和发展的基础，是中国特色哲学社会科学成长发展的深厚基础，是我们最深厚的文化软实力。创新发展马克思主义，必须秉持民族文化情怀。但是这种民族文化情怀，绝不是一种表面的繁华和浮躁的喧嚣。现在国学很热，一些地方政府铺排出盛大的仪式祭奠孔子、祭奠黄帝炎帝，各种各样的“国学讲坛”“国学讲堂”打着普及国学的幌子吸引了一些眼球，也狠狠地捞了一笔票子。懵懂的孩子在大人的指导下穿上长袍马褂去读“四书”“五经”。这些都不是真正的民族文化情怀。真正的民族文化情怀，应该是一种科学研究基础上的传承，理性分析基础上的弘扬，全面把握基础上的自信，也就是习近平总书记在哲学社会科学工作座谈会上讲的“薪火相传、代代守护，与时俱进、推陈出新”。

（三）提高党员干部的马克思主义理论修养

刘少奇在《论共产党员的修养》中指出：“如果不掌握马克思列宁主义这个武器，如果没有马克思列宁主义理论的高度修养，要在革命斗争的一切重要问题上，站稳无产阶级的正确立场；要在情况复杂和变化剧烈的情况下，在需要走迂回曲折道路的时候，都能够确定对无产阶级革命事业最有利的方针政策，都能够代表无产阶级革命斗争的整体利益和长远利益，是根本无法做到的。”① 不能占领理论的制高点，就无法深刻把握人类社会发展规律；缺乏马克思主义理论的素养，就很难做到政治上的坚定。理论上清醒，政治上才能坚定。习近平总书记指出：“马克思主义理论素养是共产党人综

---

① 《刘少奇选集》上卷，人民出版社1981年版，第116—117页。

合素质的核心和灵魂。”① 俄罗斯学者博尔金在分析苏共垮台的原因时说：“我分析了党的各个机构，特别是领导机构的活动，越来越倾向于这样一个结论：苏共的许多病症是不可避免的。造成这种状况的原因当然是多种多样的，但一个重要的原因，是领袖的文化修养退化。”② 许多党员干部特别是高级干部的理论修养、思想方法、精神追求在很大程度上直接决定党的思想路线如何，并进而成为影响社会主义事业兴衰成败的关键因素。马克思主义理论素养的缺失，必然会导致主观世界改造不彻底，容易形成庸俗的世界观、人生观和价值观。

在今天的中国，得益于中国共产党的坚持，马克思主义创新的步伐从未停止。但就现实而言，一些党员干部的马克思主义修养并没有随着马克思主义理论创新步伐的加快而相应提高，反而呈现出一定程度的下降。邓小平曾指出，现在我们的干部中很多人不懂马克思主义。李瑞环也曾经指出，现在，我们领导干部的哲学科学水平，特别是马克思主义哲学的水平，从总体上讲是下降了。这种“不懂”和“下降”既体现在马克思主义知识的贫乏，也体现在对马克思主义立场的淡忘，直接后果就是使一些党员干部不能从人类社会发展规律和马克思主义立场的高度看待和解决社会发展问题，决策中缺乏人民立场和人文关怀，使社会发展付出巨大代价。

习近平总书记指出：“要练就‘金刚不坏之身’，就必须用科学理论武装头脑，不断培植我们的精神家园。”③ 提高马克思主义理论修养，核心要求是要把学习掌握马克思主义理论作为看家本领，做到学而懂、学而信、学而用。所谓学而懂，就是要在老老实实、原原本本学习马克思主义，学习马克思主义哲学、政治经济学、科学社会主义的基础上，在懂其体系、精髓、要求和立场、观点、方法上用功着力。所谓学而信，就是要深刻把握马克思主义的崇高理论境界和精神追求，把马克思主义信仰和中国特色社会主义信念牢固确立起来，在灵魂深处进行一场彻底的思想革命，牢固构建国家、党、社会和个人的精神高地。所谓学而用，就是把马克思主义的世界观方法论引

---

① 习近平：《改革开放三十年党的建设回顾与思考》，《学习时报》2008 年 9 月 8 日，第 1 版。

② ［俄］瓦·博尔金：《戈尔巴乔夫沉浮录》，李永金译，中央编译出版社 1996 年版，第 384 页。

③ 习近平：《推进党的建设新的伟大工程要一以贯之》，《求是》2019 年第 19 期。

入实践、指导实践、服务实践，建立既体现党和国家的理论原则、思路要求，又符合本领域本部门实际的实践理念，解决问题，促进工作，有所作为。

（四）在现实生活中夯实马克思主义的根基

理论要高屋建瓴，因为它要引领社会发展；实践则要落到实处，因为它要解决生产生活问题。在《德意志意识形态》中，马克思、恩格斯在谈到马克思主义哲学与德国哲学的区别时指出："德国哲学从天国降到人间；和它完全相反，这里我们是从人间升到天国。这就是说……我们的出发点是从事实际活动的人，而且从他们的现实生活过程中还可以描绘出这一生活过程在意识形态上的反射和反响的发展……不是意识决定生活，而是生活决定意识。"① 列宁也曾指出："大多数人是根据实际生活得出自己信念的，他们不相信书本和空谈。"② 但在社会主义运动过程中，生活却往往被遗忘掉。20世纪50年代，匈牙利领导人拉科西·马加什公开宣称，改善人民生活就是牺牲我们的未来；波兰共产党总书记瓦迪斯瓦夫·哥穆尔卡号召人们要勒紧裤腰带实现社会主义工业化。由于忽视人们生活的需求，苏东国家先后爆发了"面包荒""肥皂荒""药品荒"，人民群众怨声载道，党群关系、干群关系极度紧张。历史表明，信仰的先进性必须通过实践的先进性来论证。如果马克思主义的先进性不能转化为实践的先进性，仅仅表现在媒体上、口头上，表现在政治报告、宣传文章里，那么这种"先进性"实际上是一种虚幻的假象。

对于我们党来说，要避免这种虚幻假象的产生，核心是尊重人民群众的历史主体地位和关心人民群众的生活需求。一是尊重人民群众的历史主体地位。人民群众是历史的创造者，这是历史唯物主义的基本观点。在革命年代，对于中国共产党而言，人民群众手里掌握着革命的资源，中国共产党要生存发展，就必须依靠人民群众，所以共产党提出政策、制定法规的一个重要出发点是动员群众支持自己，从"三大纪律八项注意"到"减租减息""平均地权"无不如此。此时，马克思主义不用刻意宣传，人民群众都会发自内心地认同。社会主义建设时期，资源逐渐由人民群众手中转移到政府手

① 《马克思恩格斯选集》第1卷，人民出版社1995年版，第73页。
② 《列宁全集》第35卷，人民出版社1985年版，第374页。

里，即使是人民群众购买日常用品也需要政府发放的各种票据，官僚主义逐渐产生，毛泽东意识到了这个问题，他通过“三反”“五反”直至发动“文化大革命”，试图解决这个问题，虽然这种解决方式带来了一系列问题，但在高度集中的计划经济下人民群众还是始终认为党、政府、领导干部是代表自己利益的，此时不存在信不信马克思主义的问题。改革开放以后，阶层不断分化，资源越来越向资本和权力聚集。在这样的背景下，中国共产党还要不要依靠人民？这是时代之问，也是百姓之问！对此我们党给予了肯定答复。习近平总书记指出：“人民是历史的创造者，是决定党和国家前途命运的根本力量。必须坚持人民主体地位，坚持立党为公、执政为民，践行全心全意为人民服务的根本宗旨，把党的群众路线贯彻到治国理政全部活动之中，把人民对美好生活的向往作为奋斗目标，依靠人民创造历史伟业。”①但在现实中，一些领导干部并没有把人民群众看作历史发展、社会财富的主要创造者，漠视人民群众权利的言行屡见不鲜，党群关系、干群关系在一些地方比较紧张。所以，我们在实践层面上解决马克思主义信仰缺失问题的核心，是在利益分化的大背景下解决如何敬畏人民的问题。

二是人民群众的生活需求。在革命年代，老百姓最关心吃饭问题。青年毛泽东曾说，世界什么问题最大？吃饭问题最大。在旧中国，谁解决了吃饭问题，谁就能收获民心。1934 年，蒋介石发起新生活运动，确立“礼义廉耻”为“国之四维”，并解释“礼是规规矩矩的态度，义是正正当当的行为，廉是清清楚楚的辨别，耻是切切实实的觉悟”。新生活运动由于脱离人民群众真实需要、脱离国家面临的主要矛盾，虽然蒋介石大力提倡，但并没有在人民群众中引起多大反响。而反观中国共产党，在深入了解人民群众之疾苦、之所盼基础上提出的“打土豪、分田地”的主张，立即得到人民群众的响应和支持。那么，今天的老百姓最关注什么？他们已经不再关注吃饭问题，他们更关注发展问题、公平问题、收入分配问题、生存环境问题、食品安全问题等。习近平总书记指出：“没有扎扎实实的发展成果，没有人民生活的不断改善，空谈理想信念，空谈党的领导，空谈社会主义优越性，空谈

① 习近平：《决胜全面建成小康社会　夺取新时代中国特色社会主义伟大胜利——在中国共产党第十九次全国代表大会上的报告》，人民出版社 2017 年版，第 21 页。

思想道德建设，最终意识形态工作也难以取得很好的成效。”① 如果我们党和政府回避人民群众所关注的这些问题，无论怎么宣传马克思主义、宣传党的创新理论，效果都会大打折扣。

三、牢牢掌握意识形态工作领导权

意识形态工作是党的一项极端重要的工作。党的十八大以来，以习近平同志为核心的党中央高度重视意识形态工作，反复强调要打好意识形态斗争主动仗，牢牢掌握意识形态工作的领导权、管理权、话语权。党的十九大报告更是将“牢牢掌握意识形态工作领导权”确立为“坚定文化自信，推动社会主义文化繁荣兴盛”的“第一任务”。在新的时代条件下，推动文化繁荣兴盛，巩固党的执政地位，必须牢牢把握意识形态工作领导权。

（一）意识形态是影响执政党执政安全的重要因素

政党，是一定阶级为了取得或维持政权而组织起来的政治组织。政党的形成和发展，既要有物质基础、组织基础、阶级基础，也要有思想基础、意识形态基础。对于执政党而言，如果一个政党没有自己的一套思想、理论、主张或自己的思想、理论、主张受到社会怀疑，则意味着失去执政的前提和基础。所以，毛泽东说：“凡是要推翻一个政权，总要先造成舆论，总要先做意识形态方面的工作。革命的阶级是这样，反革命的阶级也是这样。”②

第一，意识形态为政党执政提供“合法性”依据。合法性是一个政党进行国家治理和维护社会稳定的基础。在一般条件下（主要是指相对于革命战争时期的和平建设时期），对于执政党而言，其执政的合法性主要受四个方面因素的影响：意识形态的主导性，政府治理的绩效性，政治过程的循环性，社会公众的满意性。执政党倡导的意识形态在整个社会意识形态当中是否具有主导性，是影响执政党执政合法性的首要因素。如果一个执政党倡导的意识形态受到了民众或本党党员的怀疑，对于该党来说，则是最大的执政危机。尤其需要指出的是，随着现代社会民主化进程的不断提高，政党以强制的手段强化社会控制以维护自己执政地位的空间正在不断缩小，公众自我

---

① 习近平：《胸怀大局把握大势着眼大事　努力把宣传思想工作做得更好》，《人民日报》2013 年 8 月 21 日，第 1 版。

② 《建国以来毛泽东文稿》第 10 册，中央文献出版社 1996 年版，第 194 页。

选择的空间不断扩大，这就使得各国执政党无不把加强意识形态调控、增加社会民众对自身的意识形态认同作为维护自身执政安全的重要手段。也正因为此，西方资产阶级政党为了维护自身的执政地位，无不用人权理论、人道主义、自由主义等意识形态理论，为自己披上一层神圣的光环。与此同时，要搞乱一个社会、颠覆一个政权，意识形态领域往往也就成为敌对势力最先选择的突破口。纵观当前我们党所面临的意识形态挑战，无论是西方国家实施的“西化”、分化战略，还是国内涌现的各种反马克思主义社会思潮，无不把混乱思想、蛊惑人心作为实现其政治目的的首选路径。

第二，意识形态为政党制定政策提供理论依据。美国公共政策学教授托马斯·戴伊指出，任何决策系统的合法性不仅取决于该系统满足于社会公众需求的有效性，而且取决于该系统的决策规则与社会公众价值信仰的一致性。威廉森·默里也曾指出，意识形态塑造决策者的期望和目标。世界上一些不同的政党之所以在对内或对外决策过程中能提出相同或相似的方案，一个重要原因就是这些政党具有相同或相似的意识形态。在 20 世纪 30 年代，以罗斯福为首的美国民主党为了摆脱资本主义危机，主张扩大国家干预经济和社会生活的力度，积极建立所谓的福利国家，把凯恩斯主义作为自己的指导思想。而与此同时，西欧一些国家的社会民主党、社会党和工党也都把民主社会主义和凯恩斯主义结合起来，实行国家干预经济的政策。到了 20 世纪 70 年代末 80 年代初，以里根为首的美国共和党和以撒切尔夫人为首的英国保守党，都先后摒弃国家干预经济的政策而推行自由放任的经济政策，新自由主义大行其道。从这种意义上说，政党的意识形态不仅决定着一定社会的政治制度，也直接决定着政党所制定政策的内容和性质。

第三，意识形态对政党的团结具有强大的凝聚作用。意识形态是政党重要的思想政治工具，在政党政治活动中发挥着凝聚成员思想共识、规范成员行为的思想导向作用。如果一个政党的成员缺乏对所属政党意识形态的认同，就必然会四分五裂、毫无凝聚力。纵观世界政党发展史，因为内部分裂而导致执政地位丧失的党派不胜枚举。苏共丢失政权，一个重要原因就是一些苏共党员甚至是领导层成员丧失了理想信念，成了否定苏共历史、否定社会主义的急先锋，成了传播西方意识形态的大喇叭，苏共党内从思想混乱演变到组织混乱，丧失政权也就成为历史的必然。意大利共产党创始人安东尼奥·葛兰西曾提出，在保持整个社会集团的统一中，意识形态起了团结统一的“水泥”作用。澳大利亚学者安德鲁·文森特也认为，意识形态可以整合政党并使其成员凝聚和团结在一定的目标之下。维护政党团结，既要靠严格的政党纪律，也要靠高度的意识形态认同。

（二）各级党委要负起政治责任和领导责任

意识形态工作是政治性强、涉及面广、影响力大的系统工程，需要统筹谋划、强化协作，需要多方联动、全员参与。“各级党委要负起政治责任和领导责任，加强对宣传思想领域重大问题的分析研判和重大战略性任务的统筹指导，不断提高领导宣传思想工作能力和水平。”①

要胸怀大局、把握大势、着眼大势，切实把意识形态工作的领导权牢牢抓在手里。历史地看，党管意识形态工作是我们党的优良传统，也是我们党的政治优势，正是依靠这种优势，我们党才能在波云诡谲的意识形态斗争中始终掌握主动权。但我们也要看到，在当前具体的工作中，一些领导干部忽视宣传思想工作、意识形态工作，教训也不少。一些领导干部对意识形态工作不想抓、不会抓、不敢抓，觉得政治性太强、驾驭起来不容易，不如集中精力先把经济搞上去，认为这才是“实干兴邦、空谈误国”的表现。还有一些地方，选人用人不考虑能力、专业和特长，只考虑资历和所谓待遇，最后提拔起来的多是些不懂意识形态工作的干部，思想落伍守旧、满脑子灌输思维，张嘴就是外行话，不仅影响了工作，也损害了队伍。毛泽东曾指出：“掌握思想领导是掌握一切领导的第一位。”② 干革命就要把“笔杆子跟枪杆子结合起来”，在“文武两个战线”上开展斗争。“各地党委的第一书记应该亲自出马来抓思想问题，只有重视了和研究了这个问题，才能正确地解决这个问题。”③“不应该只委托宣传部长、文教部长、教育和文化厅、局长这些同志去做而自己不去管他们。”④ 邓小平也强调：“拿笔杆是实行领导的主要方法。领导同志要学会拿笔杆。”⑤ 信息时代，思想传播的渠道方式、新闻舆论的受众心理都发生了很大变化。越是这样，越需要各级党委像重视经济工

---

① 习近平：《胸怀大局把握大势着眼大事　努力把宣传思想工作做得更好》，《人民日报》2013 年 8 月 21 日，第 1 版。

② 《毛泽东文集》第二卷，人民出版社 1993 年版，第 435 页。

③ 《毛泽东文集》第七卷，人民出版社 1999 年版，第 282 页。

④ 《建国以来重要文献选编》第十册，中央文献出版社 1994 年版，第 163 页。

⑤ 《邓小平文选》第一卷，人民出版社 1994 年版，第 145 页。

作那样抓意识形态工作，越需要党委主要负责同志带头阅读本地区本部门主要媒体的内容，带头把住本地区本部门媒体的导向，带头批评各种错误观点和错误倾向。在选人用人上，要把是不是重视意识形态工作，能不能做好意识形态工作，作为衡量一个领导干部是否成熟、能否委以重任的重要标志。

要勇于担当、敢于亮剑，旗帜鲜明地站到意识形态斗争第一线。当今世界是一个人人都有麦克风的时代，个性表达和思想解放是大势所趋，兼容不同观念、包容异质思维，体现着社会的文明程度。对于思想领域的争论，我们党的基本态度是包容，但对于那些恶意攻击党的领导、攻击社会主义制度、歪曲党史国史军史、造谣生事的言论要给予坚决反击。但一些领导干部面对意识形态领域的斗争却做起了“开明绅士”。有些对大是大非问题绕着走，态度暧昧，独善其身，怕丢分，怕人家说自己不开明。这种怕“惹麻烦”、不担当的干部多了，意识形态领域就难免出现“劣币驱逐良币”的现象，宣传思想工作就难以排除“被动接招、疲于应对”的尴尬。战场上没有开明绅士，在大是大非面前也没有开明绅士。对于意识形态领域的问题，必须敢于亮剑，作为党的干部，不能用“不争论”“不炒热”“让说话”为自己的不作为开脱，决不能东西摇摆、左右迎合。在事关党和国家命运的政治斗争中，所有领导干部都不能做旁观者。

敢于亮剑，要有亮剑精神，还得手有“利剑”。现在已经进入了互联网时代，做好意识形态工作也必须网络化。“网络已是当前意识形态斗争的最前沿。掌握网络意识形态主导权，就是维护国家的主权和政权。各级党委和党员干部要把维护网络意识形态安全作为守土尽责的重要使命，充分发挥制度体制优势，坚持管用防并举，方方面面齐动手，坚决打赢网络意识形态斗争。”① 事实证明，我们的意识形态工作已经看到了这种趋势。但我们也要看到，做好网络意识形态工作绝不是挂在墙上、喊在嘴里就能实现的，也不是架起计算机、装上应用软件就能完成的，它需要脚踏实地的作为。要大力发展互联网等新兴工具，充分运用微信公众号、微博客户端等人民群众喜闻乐见的平台，努力使其成为宣传发布、深度解读、集中传播马克思主义的新阵地。当然，勇于担当、敢于亮剑，不等于胡干、乱干，打好意识形态斗争

---

① 中共中央文献研究室：《习近平关于社会主义文化建设论述摘编》，中央文献出版社2017年版，第36页。

主动仗，还要讲究战略战术，人家打运动战、游击战，我们也不能只打正规战、阵地战，要机动灵活，人家怎么打我们就怎么打，针锋相对，出奇制胜。不能被人家牵着走，不能因为战术刻板而耽误战略大局。

（三）宣传思想部门要守土有责负责尽责

习近平总书记指出："宣传思想战线的同志要当战士、不当绅士，不做'骑墙派'和'看风派'，不能搞爱惜羽毛那一套。宣传思想战线的同志要履行好自己的神圣职责和光荣使命，以战斗的姿态、战士的担当，积极投身宣传思想领域斗争一线。"① 做好意识形态工作，宣传思想部门承担着十分重要的职责，必须守土有责、守土负责、守土尽责。

首先，要在党性上强起来。意识形态事关国家长治久安，事关党的执政安全，必须旗帜鲜明地坚持党性原则。现在，有的人专门拿党史军史改革开放史说事，用所谓"反思""新解""发现新大陆"等手法，否定中国近现代革命史，诋毁社会主义革命、建设、改革开放历程和取得的成就，大搞历史虚无主义，瓦解党的领导和中国特色社会主义的合法性正义性；有的"言必称希腊""话必言西方"，大力兜售新自由主义、西方宪政民主、西方"普世价值观"，试图瓦解中国特色社会主义经济制度、政治制度、文化制度。面对诸如此类问题，所有宣传思想部门，所有宣传思想战线上的党员、干部，都要旗帜鲜明、大张旗鼓、理直气壮地坚持党性原则。坚持党性原则，核心是坚持正确政治方向，站稳政治立场，坚持不懈地宣传党的理论和路线方针政策，大张旗鼓地宣传中央重大决策部署，态度鲜明地宣传中央关于形势的重大分析判断，坚决同党中央保持高度一致，坚决维护中央权威，在错误思潮和舆论面前，不退缩、不逃避、不放任、不媚俗、不奉迎，敢于斗争，敢于亮剑，真正做到"千磨万击还坚劲，任尔东西南北风"。

其次，要在业务素质上强起来。做好意识形态工作，宣传思想干部除了政治上可靠外，还需要在理论上、笔头上、口才上或其他专业上有"几把刷子"。时代在发展，环境在变化，人们对意识形态工作的要求也越来越高、越来越多样化。总体上看，当前宣传思想干部是适应工作发展需要的，但同应对意识形态领域斗争的复杂形势要求相比，同人们日益多元化的思想文化

---

① 中共中央文献研究室：《习近平关于社会主义文化建设论述摘编》，中央文献出版社2017年版，第45页。

需求相比，同快速发展的互联网技术相比，还存在一定差距。特别是面对当前我国意识形态领域所呈现出的国际干扰与国内策应交织在一起、经济问题与思想问题交织在一起、历史问题与现实政治交织在一起、学术研究与政治渗透交织在一起、合法外衣与非法行径交织在一起、公开渠道与隐蔽手段交织在一起的新特点，一些宣传思想干部还是显得力不从心，陷入“老办法不灵，硬办法不能，新办法不会”的窘境。宣传思想干部不能人进了全球化、多元化、信息化时代，脑子还留在计划经济时代，必须尽快放下那些曾经获得的巨大成功但现在已经明显过时的经验和思想，为推动意识形态工作发展确立正确的方向，选择正确的路径。要有“本领恐慌”的清醒认识，不断学习、终身学习，不断提高自身的综合素质。要提高驾驭意识形态领域复杂局面的能力，坚持正确的思想方法，在善于治理方面有所作为。要有改革创新的能力，善于推动理论创新、新闻传播创新、文艺文化产品创作生产的创新，开创工作新局面。

最后，要在工作作风上强起来。做好意识形态工作要有一定的形式，但绝不能搞形式主义；要有一定的声势，但更要注重实效。习近平总书记曾深刻指出，现在正面宣传很有成效，但也存在一些值得注意的问题：有的宣传居高临下、空洞说教，照搬照抄领导讲话和政策文件，挖掘解读不够，生动鲜活不足，群众敬而远之；有的宣传存在模式化、套路化现象，语言生硬、形式刻板，亲和力、贴近性不够；有的宣传形式上轰轰烈烈、豪华艳丽，实效性不强。这些问题的出现，既有能力素质不适应形势发展需要的问题，更有工作作风不扎实的问题。形式主义的东西看起来很美，实际上毫无吸引力。马克思曾指出，理论只要说服人，就能掌握群众；而理论只要彻底，就能说服人。所谓彻底，就是抓住事物的根本。就意识形态工作而言，越是深刻揭示社会现实与矛盾，反映社会发展的根本趋势与基本规律，体现人民群众的根本利益和长远发展，就越能打动人、说服人、吸引人。历史也表明，掌控主要媒体资源，不一定能占领意识形态阵地；占领意识形态阵地，根本不在于是否占领了媒体资源，而在于是否占领了理论的制高点、道义的制高点、生活的制高点。意识形态工作只有改变工作作风，摒弃形式主义，多一些“沾泥土”“冒热气”的宣传报道，多一些短、实、新的作品文章，真正贴近实际、贴近生活、贴近群众，才能真正占领思想舆论阵地。

（四）最大限度地把知识分子团结在党的周围

在全体社会成员中，知识分子无疑是一个特殊的群体，他们既是理论的重要创造者，也是理论的重要宣传者。从当代中国多样化意识形态的存在发展及作用机制看，它们总是首先兴起于“知识阶层”，然后推向“社会大众”；从近年来中外意识形态斗争过程看，以美国为首的西方国家对我国进行意识形态渗透和攻击呈现出一系列新特点，其中一个突出的特点就是把知识分子作为传播其思潮和价值观的基本力量，采用各种手段扶持和培植亲西方知识势力。美国前国务卿赖斯说过，控制中国不能主要依靠武力，要通过控制中国精英来影响中国决策，辅之以控制战略威慑，使中国更加符合美国的国家利益。这不是危言耸听，而是各种敌对势力既定的战略。

伴随着经济社会的深刻变革和对外开放的不断扩大，我国知识分子队伍也出现了一些新变化，表现出一些新特点。第一，规模不断扩大。目前我国知识分子规模稳居世界第一。第二，构成复杂多元。知识分子中既有中国共产党党员，也有非党员；既有在政府、科研院所工作的，也有在私企、外企中工作的。第三，自我意识、个体意识强。知识分子特别是青年知识分子视野开阔、专业水平高、创新能力强，他们通过自主选择、公平竞争找到适合自己的岗位，在服务经济社会发展的同时实现着自身的人生价值，但也有的人坚持以自我为中心，不能很好地处理个人、集体、社会的关系。第四，利益诉求和政治诉求多元多样并相互交织。其中大多是合理性的诉求，但也有的人不同程度地存在着理想信念迷惘、价值观念扭曲、社会责任感不强等问题，甚至出现了少数人与党和政府疏远疏离的倾向。

面对队伍规模不断扩大、构成日益复杂多元的知识分子队伍，习近平总书记深刻指出：“知识分子有思想、有主见、有责任，愿意对一些问题发表自己的见解。各级党委和政府、各级领导干部要就工作和决策中的有关问题主动征求他们的意见和建议，欢迎他们提出批评。对来自知识分子的意见和批评，只要出发点是好的，就要热忱欢迎，对的就要积极采纳。即使一些意见和批评有偏差，甚至不正确，也要多一些包容、多一些宽容，坚持不抓辫子、不扣帽子、不打棍子。人不是神仙，提意见、提批评不能要求百分之百正确。如果有的人提出的意见和批评不妥当或者是错误的，要开展充分的说理工作，引导他们端正认识、转变观点，而不要一下子就把人看死了，更不要回避他们、排斥他们。各级领导干部要善于同知识分子打交道，做知识分子的挚友、诤友。"① 可以说，"团结和引导"是当前我们党对待知识分子的基本态度。这就要求宣传思想部门要加强同知识分子的联系，多深入知识分子中去，同知识分子交朋友，特别是同那些学术造诣高、社会影响大的知识分子建立良好沟通关系，及时向他们宣传中央对一些重大问题的判断和工作的大政方针，及时听取他们的意见，做到上情下达、下情上传。要深化思想引导，扎实推进理论武装和理论普及工作，引导知识分子加强马克思主义中国化最新成果学习，加强党史国史学习，坚定中国特色社会主义道路自信、理论自信、制度自信、文化自信。同时，要关注那些具有特殊性的知识分子，下功夫做好网络意见领袖、网络作家、签约作家、自由撰稿人等群体的工作，引导他们发挥好建设性作用。

四、积极营造风清气正的网络空间

在今日中国，互联网堪称"最大变量"，它不仅意味着一种新的生产方式、生活方式，也意味着一种新的思维方式、行为方式。习近平总书记指出："网络空间是亿万民众共同的精神家园。网络空间天朗气清、生态良好，符合人民利益。网络空间乌烟瘴气、生态恶化，不符合人民利益。谁都不愿生活在一个充斥着虚假、诈骗、攻击、谩骂、恐怖、色情、暴力的空间。互联网不是法外之地。"② 如何营造风清气正的网络空间，让网络成为凝聚共识的助手，而不是搅乱社会的推手，是必须面对的时代课题。

（一）把包容多样与坚决管控统一起来

同传统媒介相比，网络具有对社会大众的全时空开放性，借助网络，不论是正面言论还是负面言论，是"正能量"还是"负能量"，都能直接"登堂入室"。面对错综复杂的网络舆情，必须把包容多样与坚决管控统一起来。

所谓包容多样，就是要尊重差异，以海纳百川的胸怀包容网络上五花八门的观点和想法。古人讲"夫和实生物，同则不继。以他平他谓之和，故能

① 习近平：《在知识分子、劳动模范、青年代表座谈会上的讲话》，《人民日报》2016年4月30日，第2版。

② 习近平：《在网络安全和信息化工作座谈会上的讲话》，人民出版社2016年版，第8页。

丰长而物归之。若以同裨同，尽乃弃矣”。包容而不抹杀差异，多样而不强求一律，才能推动社会发展。在人人都有“麦克风”的网络时代，兼容不同思想观点、包容异质思维，体现着整个社会的文明程度；在个性表达和思想解放已成基本共识的当代中国，没有哪一种思想观点具有完全“普适性”。面对网民五花八门的观点看法，既不能消极回避、冷眼旁观，也不能贴上标签、一棍子打死，必须多一些包容和耐心，对建设性意见要及时吸纳，对不了解情况的要及时宣介，对模糊认识要及时廓清，对怨气怨言要及时化解，对错误看法要及时引导和纠正。包容多样，才能集纳民智、反映民意、保障民利。

多元的时代需要包容多样的声音，但包容并不意味着可以肆无忌惮地模糊是非，多样也不意味着主导价值观念的不复存在。更为重要的是，网络上发生的事情已经远远不是网民们的“自娱自乐”，而是已经深深影响到现实社会中人们的言行举止。网络是虚拟的，但伤害是真实的。互联网不是法外之地，网上也不是“政治特区”。“千夫诺诺，不如一士谔谔。”对那些利用网络宣扬与社会主义意识形态基本理念和核心价值相对立，与社会主义现代化建设方向相背离的错误思潮，要坚决批判；对那些利用网络鼓吹极端思想、传播低俗信息、散布虚假广告等言行要坚决管控。这是中国特色治网之道的基本要求，也是世界各国治网的普遍做法。当然，坚决管控、积极斗争要针对不同的情况采取不同的措施，对网络上一般性争论和模糊认识，还是要靠真理的力量，靠深入细致的思想政治工作，用真理揭露谎言，让科学战胜谬误。

（二）把正面宣传与舆论监督统一起来

改革开放使中国创造了人类历史上少有的发展奇迹，但奇迹般的发展速度也使各种发展中的矛盾和问题以浓缩的方式一下子释放出来。奇迹与困惑并存、辉煌与问题交织，共同构成了现实中国的复杂面貌。在这样的背景下，中国的网络舆论场也在不断上演着点赞与吐槽交错、支持与抹黑交织的“活话剧”。

成功是最好的老师，没有一种高明的说教能与成功辩论。改革开放以来中国所取得的伟大成就，使我们有足够的底气和信心为之点赞。但今日中国又是复杂的、多面的，仍有许多亟须解决的问题。历史和现实说明，越是应对巨大挑战和困难，就越需要壮大主流思想舆论，发挥正面宣传鼓舞干劲、凝聚共识的作用。处于爬坡过坎关键期的中国，比任何时候都需要14亿人心往一处想、劲往一处使。心往一处想，社会思想就有了主心骨；劲往一处使，社会发展就有了动力源。托夫勒曾说，谁掌握了信息，控制了网络，谁就拥有了世界。面对纷繁复杂的网络舆情，必须做强网上正面宣传，积极培育健康、向上向善的网络文化，用社会主义核心价值观和人类优秀文明成果滋养人心、滋养社会，做到正能量充沛、主旋律高扬。

当然，正面宣传并不是说只能有一个声音、一个调子。在崇尚多元、自由的网络世界中，一味地求同而斥异，不仅无法吸引网民，反而会让网民渐行渐远。马克思曾说，报刊按其使命来说，是社会的捍卫者，是针对当权者的孜孜不倦的揭露者，是无处不在的耳目，是热情维护自己自由的人民精神的千呼万唤的喉舌。对于互联网来说，舆论监督和正面宣传是推动其发展的一体两翼。敢于曝光工作中存在的问题，敢于揭露社会丑恶现象，激浊扬清、针砭时弊，是互联网精髓之所在。9亿多网民，就是9亿多双眼睛。在互联网的推动下，个人的力量从没有像今天这么强大，个人的声音从来没有可以如此广泛地传播。站在时代发展的高度审视网络舆论监督，尽管它还存在这样或那样的不足，但其所展现的巨大效能是任何人都不能否定的。无论是平常百姓的日常行为，还是政治权力的运行运作，在强大的网络监督下只会变得更加规范。

（三）把优化网络环境与优化社会环境统一起来

相对于传统媒体，互联网是开放的。这种开放性促进了互联网的快速发展，也催生了全新的话语系统，释放了大量反正统情绪。同现实相比，网络上辩论总是很尖锐，很激动，有时甚至很极端。当谩骂、粗暴、攻击、暴力、掐架、谣言充斥整个网络的时候，超越的已经不仅是网络伦理的底线，还有现实法律的边界，损害的已经不仅是网络本身，还有网下的社会和人。任何游戏都有规则，网络所释放的言行如果拒绝规则，终会把自己变为“丛林法则”盛行的“暗黑之地”，最终将影响中国现实社会的道德品质。优化网络环境，实际上就是优化我们的生活环境、学习环境和工作环境。

马克思主义认为，对一种新的社会意识、社会状态，不应从宗教和人的头脑中，而应当从它“所处的世纪”和现实生活中探寻。网络是生活的镜像，网络中的情绪表达，大多源于现实的困惑，而社会发展中的各种问题，也总会在网上得到体现。生产力发展不起来，生活得不到改善，官僚主义严重，社会腐败猖獗，贫富差距悬殊，公平正义缺失，生态环境恶化，这些事关百姓福祉的问题都会在网络上得到集中反映。历史反复证明，解决思想问题的关键不是看掌握了多少媒体资源，而是看是否占领了生活制高点。没有扎扎实实的发展成果，没有人民生活的不断改善，空谈理想信念，空谈党的领导，空谈社会主义优越性，空谈思想道德建设，最终意识形态工作也难以取得很好的成效。打造天朗气清、生态良好的网络空间，需要我们在网上下功夫，更需要在“优化经济、政治、文化、社会、生态环境”上下功夫，进一步推进经济发展、政治民主、文化繁荣、社会和谐和生态良好。百姓生活安康，网络才能天朗气清。

（四）把全党动手与发动人民统一起来

网络不只和计算机有关，它还决定我们的生存。对于执政的中国共产党来说，做好网络舆论工作不是可有可无的小事情，而是事关执政安全的大事件。实践表明，经济建设搞得再好，也不能一俊遮百丑。人心的凝聚和政治的整合离不开经济发展的支撑，但因缺乏沟通、引导而导致的误解对立也不少见。在网络世界中，不善于表达，就会被表达；不主动应对，就会疲于应对。习近平总书记指出：“做好宣传思想工作必须全党动手。”① 做好网络舆论工作，也必须构建全党动手参与的大格局。今天，我们党已经有9000多万名党员，400多万个基层党组织，每一个党员，每一个党组织，都是这个大格局中的一个环节。只有全党发力、全党作为，在热点面前不当“鸵鸟”，在难点面前不做“开明绅士”，才能凝聚起净化网络生态的强大合力。

在互联网已经深入生产生活每个角落的今天，没有人能置身度外。确保网络空间清朗，是党和政府义不容辞的政治责任，也是亿万民众共同的社会责任，需要每一个人投身其中、尽一份力。在互联网进入中国20多年来的时间里，正是得益于网民的自治自律和社会力量的广泛参与，我国的互联网事业才获得了飞跃式的发展。今天，面对日趋复杂的网络舆情，我们党必须进一步提升人民群众参与网络治理的积极性，把互联网企业、社会组织、普

---

① 习近平：《胸怀大局把握大势着眼大事　努力把宣传思想工作做得更好》，《人民日报》2013年8月21日，第1版。

通网民、网络大V、知识分子以及网络科技人才等方方面面力量调动起来，打一场网络生态综合治理的人民战争。而对于广大网民来说，也应遵循“志于道，据于德，依于仁，游于艺”的美德，珍惜网络空间带来的自由便捷和博大精深，做网络高德智士。政府有责任担当，媒体有专业操守，个人有道德底线，网络空间的乌烟瘴气才会越来越少。

五、认清西方“民主输出”的真面目

民主是长久以来人们的不懈追求，也是人类政治文明发展进步的重要内容和标志。然而，当代一些西方国家所搞的“民主输出”，非但不是造福人类社会的善举，反而是祸害人类社会的恶行。我们要透过美丽的面纱，自觉认清和抵制西方“民主输出”，切实维护国家政治安全。

（一）当今世界动荡的主要祸根

“民主输出”是西方垄断资产阶级在殖民主义已经破产的历史条件下，通过经济、政治、文化、外交等种种新的隐蔽方式干涉、控制、支配发展中国家和地区的政策和活动。长期以来，一些西方国家把“民主输出”作为长期战略，力图把广大发展中国家和地区变为他们所谓“民主”的俘虏，以建立起由他们主宰的世界体系的附庸。

历史地看，西方实施“民主输出”战略的手段包括以下几个方面：一是利用现代传媒和文化产品在全球范围大肆宣扬西方关于民主的价值观念。一些西方发达国家凭借其经济科技实力，利用在媒体控制和文化产业方面的优势操控国际舆论，以“软实力”方式大举实施“民主输出”的进攻，向全球各地特别是广大发展中国家进行意识形态渗透。二是把“民主输出”以及“人道主义干涉”作为对发展中国家进行经济技术援助的附加条件。他们在向曾遭受殖民主义盘剥的经济文化落后国家进行“多边援助”时往往附加经济之外的各种条件，以迫使对方吞下他们事先预备的“民主”“人权”苦果。三是通过培植或寻找政治代理人向发展中国家进行民主方面的渗透。以“拉出去、打进来”的办法在发展中国家培植亲西方的所谓“民主组织”和“民主力量”，并与后者联手对发展中国家进行“民主输出”。四是利用发展中国家的社会矛盾特别是民众对政府的不满情绪，加大以促成“颜色革命”为指向的“民主输出”力度。少数西方大国利用这些国家在现代化进程中遇到的种种矛盾和问题，变本加厉地搞“民主输出”，以煽动和助推其国内反政府势力的暴力运动。这些花样不断翻新的“民主输出”，已经成为当今世界动荡的根源。

历史地看，一些西方大国发动的诸多局部战争，往往是打着“民主”旗号进行的。在他们看来，凡与西方“民主”格格不入的国家都是西方文明的敌人，西方都有权以武力方式对其进行“人道主义干涉”。这种理念和主张，实际上是把西方国家的主权凌驾于别国主权之上，也必然导致倚强凌弱的武力滥用。冷战后一些西方大国相继发动的海湾战争、科索沃战争、阿富汗战争、伊拉克战争以及利比亚战争等，几乎打的全是“民主”这张牌。而这些强行发动的战争不仅给相关地区造成了巨大的人道主义灾难，而且增加了整个世界的不安宁因素。对此，习近平总书记深刻指出：“冷战结束以来，在西方价值观念的鼓捣下，一些国家被折腾得不成样子了，有的四分五裂，有的战火纷飞，有的整天乱哄哄的。伊拉克、叙利亚、利比亚这些国家就是典型。”①

恐怖主义在世界各地的蔓延，往往也与西方“民主输出”有关。西方国家大搞“民主输出”的严重后果之一是加深了诸多发展中国家对发达国家的依附性，扩大了世界范围的贫富差距和两极分化，从而既助长了弱势国家对发达国家的仇恨情绪，又恶化了有关国家和地区的政治生态和社会局势。这恰恰是恐怖主义赖以产生和发展的重要基础。面对恐怖主义威胁，西方国家以“人道主义干涉”的武力方式跨国进行打击，结果又进一步加剧了某些国家和地区的动荡局势，反而对恐怖主义起了火上浇油的作用。伊拉克、阿富汗持续不断的恐怖袭击和自杀式爆炸，是对美国“人道主义干涉”的反恐策略的嘲讽。

“民主输出”严重危害人类和平与发展事业，究其深层缘由，就在于它违背了人类文明特别是政治文明多样性发展规律。习近平总书记曾指出：“每个国家和民族的历史传统、文化积淀、基本国情不同，其发展道路必然有着自己的特色。”② 西方国家的民主政治是其社会历史条件的产物，本质上是无法在异国他乡“复制”的。况且，西方国家日益加深的社会矛盾和弊

① 中共中央党史和文献研究院：《习近平关于总体国家安全观论述摘编》，中央文献出版社2018年版，第33—34页。

② 《习近平谈治国理政》，外文出版社2014年版，第6页。

端，以及近年来频频发生的包括特朗普上台、英国脱欧在内的政治“黑天鹅”事件，表明其民主政治模式存在明显缺陷。如果硬将西方国家带有“先天不足”的政治制度输送到情况大不相同的发展中国家，就必然会给后者造成致命性破坏，从而引发不该出现的动荡和倒退。这是当代人类社会最深刻的教训之一。

（二）“颜色革命”是我国面临的现实危险

2015 年 12 月 25 日，习近平主席在视察解放军报社时指出：“当前，各种敌对势力一直企图在我国制造‘颜色革命’，妄图颠覆中国共产党领导和我国社会主义制度。这是我国政权安全面临的现实危险。”① 纵览 21 世纪以来的国际安全形势，可以发现，在西方国家的策动下，世界已经发生了三个波次的“颜色革命”：第一个波次是“中亚波”，第二个波次是“西亚北非波”，第三个波次则是“远东波”。在“远东波”中，作为社会主义大国的中国则是西方策划“颜色革命”的主要目标。

据 2016 年 5 月 20 日《环球时报》转载日本《朝日新闻》的报道：美国国家民主基金会向中国有关“民主和人权”问题的团体提供总额高达 9652 万美元的资金支持。这 9652 万美元被给予中国境内约 103 家团体，其中有关西藏问题的团体获得约 625 万美元，有关新疆问题的团体获得约 556 万美元。他们都进行所谓民主和人权活动，包括“世维会”等被中国认定为“疆独”组织的团体。报道还指出，美国国家民主基金会以支持世界各地的“民主化”为目的，每年向推进“人权和民主化”的非政府组织、政党等提供约 1200 笔资助。美国国家民主基金会虽然号称非盈利组织，但其大半资金由美国政府提供。

2014 年 8 月在香港爆发的“占中”事件，以及 2019 年爆发的“反修例”暴力冲击事件，实际上就是港版“颜色革命”。媒体调查，“占中”资金大部分来源于美国国家民主基金会等幕后组织。2014 年 10 月 4 日，香港《东方日报》引述美国地缘政治智库研究者卡塔卢奇的研究指出：今次“占中”行动，与美国在全球多地暗中推动的颠覆政府活动类似，美国势力早已渗透香港，借此牵制中国，而策动和参与“占中”行动的多名人士，与美国相关组

① 中共中央文献研究室：《习近平关于社会主义文化建设论述摘编》，中央文献出版社 2017 年版，第 37 页。

织的关系密切，如“占中”发起人之一、香港大学副教授戴耀廷、香港公民党主席余若薇等……美国渗透香港的目的，是想令香港成为外国势力颠覆中国的中心。

在2019年香港爆发的“反修例”暴力冲击事件中，一些西方国家通过利用反对派和“港独”分子煽动民众进行所谓的“抗争”，裹挟绑架民意，企图动摇瓦解中央及特区政府对香港的管治权。2019年2月底3月初，时任美国驻港澳总领事唐伟康公开指责香港特区政府“修例”和“一国两制”，公然干预香港事务。3月，美国副总统彭斯会见了赴美游说的香港反对派人士。5月，国务卿蓬佩奥会见了香港反对派人士，公然妄议香港特区的“修例”事务。6月，美国众议院院长佩洛西公开声称，发生在香港的示威游行是“一道美丽的风景线”。7月，彭斯、蓬佩奥和时任美国国家安全事务助理博尔顿再次会见香港反对派人士。对于美国的一系列行动，香港2019年7月7日出版的《大公报》指出：“反修例”风波是美国策动的一次针对中国的“颜色革命”，美方希望以大规模社会示威行动掩盖推动“颜色革命”。2019年7月23日，中国外交部发言人指出：“从近期媒体披露的一些情况，可以明显看出在香港发生的暴力事件有外国势力在背后操纵、策划甚至组织实施的迹象。美方能否向世界诚实地、明确地回答，美方在近期香港事态中扮演了怎样的角色?！到底意欲何为?！美方再没有自知之明，至少也应该清楚一点，那就是：香港是中国的香港，中国政府决不容许任何外国势力搞乱香港。我们奉劝美方趁早收回他们在香港伸出的黑手。”① 2020年5月22日，全国人大常委会副委员长王晨在向十三届全国人大三次会议作关于《全国人民代表大会关于建立健全香港特别行政区维护国家安全的法律制度和执行机制的决定（草案）》的说明中指出：“近年来，一些外国和境外势力公然干预香港事务，通过立法、行政、非政府组织等多种方式进行插手和捣乱，与香港反中乱港势力勾连合流、沆瀣一气，为香港反中乱港势力撑腰打气、提供保护伞，利用香港从事危害我国国家安全的活动。”② 这些行为和活动严重挑战“一国两制”原则底线，严重损害法治，严重危害国家主权、安全、发

① http：//www. xinhuanet. com/world/2019 -07/23/c_ 1124789907. htm。

② 《王晨作关于〈全国人民代表大会关于建立健全香港特别行政区维护国家安全的法律制度和执行机制的决定（草案）〉的说明》，《人民日报》2020年5月29日，第5版。

展利益。

可以看出，伴随着中华民族伟大复兴步伐的加快，一些西方国家正在不断地加大“民主输出”和“颜色革命”的力度。他们试图以香港为“桥头堡”，以青年人为主要对象，以互联网为主要传播工具，以我国经济社会发展中出现的社会矛盾为“引子”，无视中国取得的历史性进步，采用欺瞒、蛊惑、渲染、抹黑等形式，将经济问题政治化、社会问题意识形态化、中国问题国际化，企图在中国也搞成“颜色革命”。对此，我们必须做好应对风险挑战的各种准备。

(三) 坚决反对和抵制西方“民主输出”

西方推动“民主输出”、策划“颜色革命”，是对世界人民和广大发展中国家的极大威胁。现在，还有一些人认为西方“普世价值”经过了几百年，为什么不能认同？西方一些政治话语为什么不能借用？接受了我们也不会有什么大的损失，为什么非要拧着来？对此言论，我们必须从维护我国安全和发展的根本利益出发，旗帜鲜明地加以反对和抵制。

高度警惕和防范西方“民主输出”对我国的侵蚀影响。自从人类社会发展进入“一球两制”后，坚持社会主义制度的国家始终受到来自资本主义制度国家的打压、围堵。新中国成立初期，我们一直受到资本主义国家的政治、经济和军事封锁。改革开放以来，中国开放的大门越开越大，但同资本主义国家一直处于合作加竞争的状态。我们抓住机遇加快发展，短短40多年由一个“一穷二白”的国家一跃成为世界第二大经济体，日益走近世界舞台中央，引起世界各国的广泛关注。尽管我们努力向世界传达和平发展的信息，然而许多敌对势力仍然把我国视为另类和异端，鼓吹“中国威胁论”“中国崩溃论”。在2017年12月出台的《美国国家安全战略》报告中，美国已经将中国与美国的竞争定性为“属于专制国家与崇尚自由社会的国家之间的根本性对抗”。这就把斗争的重心集中放到了制度层面。实际上，无论是中美经贸摩擦，还是在香港爆发的一系列暴力事件，都不是“偶发事件”，而是两种制度“根本性矛盾”“结构性矛盾”的必然结果。这两种制度的结构性矛盾，是不以人的意志为转移的，必将伴随我国全面建设社会主义现代化强国的全过程。对此，我们必须有高度的政治警觉。由此出发，既要及时揭露和抨击敌对势力的政治图谋，又要办好自己的事情以增强底气和实力；

既要划清民主问题上的重大是非界限，又要筑牢社会主义先进文化高地。

理直气壮地宣传我国关于民主的正确主张。发展民主是中国共产党人始终不渝的奋斗目标和价值追求。1945 年 7 月，在延安的窑洞门口，黄炎培向毛泽东提出了“共产党如何跳出历史周期律”的历史之问，毛泽东有力地回答道：我们已经找到新路，我们能跳出这历史周期律。这条新路，就是民主。只有让人民监督，政府才不会松懈，只有人人都起来负责，才不会人亡政息。长期以来，我们党经过不懈探索，构建了具有中国风格和中国气派的民主政治。在我们看来，民主是历史的范畴，其内涵要随着时代的发展而发展；一个国家实行什么样的民主，要由该国人民根据本国的社会制度、历史传统和现实条件来决定；只要选择的民主有利于人民当家作主、有利于经济社会发展、有利于国家和谐稳定，它就是最好的。在民主问题上，既要提倡不同国家之间相互借鉴有益成果和经验，又要反对人为地搞所谓“输出”。在任何时候，我们都不会把自己的民主观强加于人，同时完全有理由捍卫自己的民主观。

坚定不移地走中国特色民主发展道路。人类文明的多样性，决定了世界各国的民主发展道路都具有自己的特色。就选举民主而言，应该说没有选举民主，就没有民主政治，但选举民主并不是民主政治的全部。古今中外的实践也表明，保证和支持人民当家作主，通过依法选举、让人民的代表来参与国家生活和社会生活的管理是十分重要的，通过选举以外的制度和方式让人民参与国家生活和社会生活的管理也是十分重要的。人民只有投票的权利而没有广泛参与的权利，人民只有在投票时被唤醒、投票后就进入休眠期，这样的民主是形式主义的。民主的本质是人民作主。人民作主的核心是共议、是“有事好商量”。习近平总书记指出：“在中国社会主义制度下，有事好商量，众人的事情由众人商量，找到全社会意愿和要求的最大公约数，是人民民主的真谛。”① 新中国成立后特别是改革开放以来，我们能够在几十年时间里完成西方发达国家几百年才完成的建设任务，能够把一个落后的农业大国发展成为世界第二大经济体，能够使十几亿人口实现由普遍贫穷到全面小康的重大跨越，这一切都为中国特色民主发展道路提供了最有说服力的佐证。无论现在和将来，我们都要坚定地沿着自己的民主发展道路走下去。

---

①《十八大以来重要文献选编》（中），中央文献出版社 2016 年版，第 73 页。

参考文献

[1]《马克思恩格斯文集》第1—9卷，人民出版社2009年版。

[2]《列宁选集》第1—4卷，人民出版社2012年版。

[3]《毛泽东选集》第一—四卷，人民出版社1991年版。

[4]《邓小平文选》第一—三卷，人民出版社1993、1994年版。

[5]《习近平谈治国理政》（一、二、三），外文出版社2014、2017、2020年版。

[6] 习近平：《决胜全面建成小康社会　夺取新时代中国特色社会主义伟大胜利——在中国共产党第十九次全国代表大会上的报告》，人民出版社2017年版。

[7]《十八大以来重要文献选编》（上、中、下），中央文献出版社2014、2016、2018年版。

[8]《十九大以来重要文献选编》（上），中央文献出版社2019年版。

[9] 中共中央党史和文献研究院：《习近平关于总体国家安全观论述摘编》，中央文献出版社2018年版。

[10] 中共中央文献研究室：《习近平关于社会主义政治建设论述摘编》，中央文献出版社2017年版。

[11] 中共中央文献研究室：《习近平关于社会主义经济建设论述摘编》，中央文献出版社2017年版。

[12] 中共中央文献研究室：《习近平关于社会主义文化建设论述摘编》，中央文献出版社2017年版。

[13] 中共中央文献研究室：《习近平关于社会主义社会建设论述摘编》，中央文献出版社2017年版。

[14] 中共中央文献研究室：《习近平关于科技创新论述摘编》，中央文

献出版社2016年版。

[15] 张岱年、程宜山：《中国文化与文化论争》，中国人民大学出版社1990年版。

[16] 汪澍白：《二十世纪中国文化史论》，中国青年出版社1999年版。

[17] 陈先达：《马克思主义信仰十讲》，人民出版社2018年版。

[18] 夏兴有：《中国道路的文化基因》，广西人民出版社2017年版。

[19] 高国庆：《历史性跨越：文化改革发展这五年》，中国言实出版社2017年版。

[20] 费孝通：《中国文化的重建》，华东师范大学出版社2014年版。

[21] 徐长安：《中国传统文化与现代化》，海潮出版社1997年版。

[22] 沈福伟：《中西文化交流史》（第2版），上海人民出版社2006年版。

[23] 苏国勋、张旅平、夏光：《全球化：文化冲突与共生》，社会科学文献出版社2006年版。

[24] [美] 熊玠：《大国复兴》，李芳译，湖北教育出版社2016年版。

[25] [美] 塞缪尔·亨廷顿：《文明的冲突与世界秩序的重建》，周琪、刘绯、张立平、王圆译，新华出版社2002年版。

[26] [日] 福泽谕吉：《文明论概略》，北京编译社译，商务印书馆1960年版。

[27] [美] 亨利·基辛格：《论中国》，胡利平、林华、杨韵琴、朱敬文译，中信出版社2012年版。

[28] [美] 迈克尔·巴尔：《中国软实力》，万竹芳译，中信出版社2013年版。

[29] [美] 兹纽比格·布热津斯基：《大棋局》，中国国际问题研究所译，上海人民出版社1998年版。

[30] [美] 斯图尔特·施拉姆：《毛泽东的思想》，田松年、杨德等译，中国人民大学出版社2013年版。

后　记

中国共产党既是中华优秀传统文化的忠实传承者和弘扬者，又是中国先进文化的积极倡导者和发展者。自成立之日起，中国共产党就以高度的文化自觉在实践创造中不断进行文化创造，在历史进步中不断推动文化进步。特别是党的十八大以来，以习近平同志为核心的党中央，面对世界百年未有之大变局，面对民族复兴的文化要求，面对日益激烈的文化竞争，以建设文化强国为目标，围绕文化建设中的古今关系、中西关系、义利关系以及安全与发展关系等进行了不懈探索，形成了具有鲜明新时代特色的文化观，极大地丰富了马克思主义文化理论。

2021 年对于中国共产党来说是具有极其重大意义的一年，中国共产党将迎来成立 100 周年纪念日。百年大党恰是风华正茂！深入分析中国共产党文化观，不仅是一个重大的文化命题，也是一个重大的政治问题，对于进一步理解中国共产党的文化立场、文化情怀、文化视野，坚定“四个自信”特别是文化自信有着积极的理论与实践价值。新时代中国共产党文化观，内涵丰富，涉及面广，作者虽拼尽全力以求完善，但受限于自身能力，难免有疏漏之处。在写作过程中，笔者阅读、学习和参考了大量相关研究成果，其中主要文献已标明，但由于种种原因还有一些未能注明甚至遗漏，在此，谨向作者和出版机构表示衷心感谢。

作者于北京西郊百望山下

后记